CHAPTER  考察編

かんがえる／

休暇小屋の分析と考察

はじめに

カップ・マルタンの休暇小屋を現地実測から原寸制作まで

八代克彦（ものつくり大学 教授、世界を変えたモノに学ぶ原寸プロジェクト実行委員長）

プロジェクトの背景と活動の経過

本制作は 2010年6月に故神本武征元学長の「本学を元気にし、本学の存在感をアピールする企画募集」に採択されたプロジェクトである。「世界を変えたモノに学ぶ／原寸プロジェクト」と題し、建設・製造両学科協働で世界的な名作住宅や工業製品などを 原寸で忠実に再現し、生きた教材として学内に常設展示するとともに、本学のユニークなものづくり教育を世界に向けてアピールすることを目的としてスタートした。手始めに、フランスの世界的建築家ル・コルビュジエの終の棲家を制作することとし、2010年9月パリのル・コルビュジエ財団での予備調査を行う。続いて2011年2月には学生・教職員総勢16名で現地実測調査を敢行。その成果をもとに家具・照明金物を含め、2011年度卒業制作として両学科で共同制作した。その後に数か月を要し、2012年11月にレプリカを完成させた。本書は、その一部始終を可能なかぎり図面を中心に書籍化したものである。

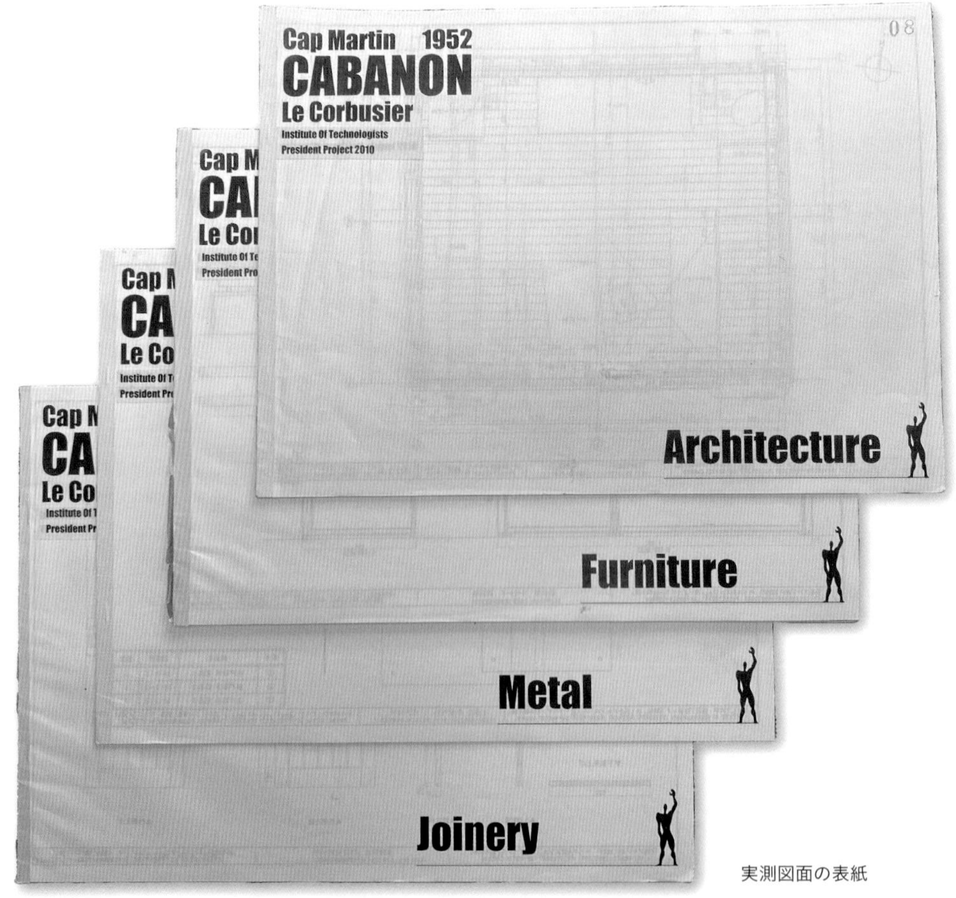

実測図面の表紙

建築

No.	記　号	図面名称	縮　尺	作成日	図面担当
1	A-01	平面図	1：20	20120210	梅津さとみ
2	A-01－01	平面詳細図	1：20	20120210	梅津さとみ
3	A-01－02	平面図（家具）	1：20	20120210	梅津さとみ
4	A-01－03	平面図（建具）	1：20	20120210	梅津さとみ
5	A-01－04	平面図（金物）	1：20	20120210	梅津さとみ
6	A-02－01	南立面図	1：20	20120210	梅津さとみ
7	A-02－02	東立面図	1：20	20120210	梅津さとみ
8	A-02－03	北立面図	1：20	20120210	梅津さとみ
9	A-02－04	西立面図	1：20	20120210	梅津さとみ
10	A-03－01	南北断面図	1：20	20120210	梅津さとみ
11	A-03－02	東西断面図	1：20	20120210	梅津さとみ
12	A-04－01	西面展開図	1：20	20120210	梅津さとみ
13	A-04－02	北面展開図	1：20	20120210	梅津さとみ
14	A-04－03	東面展開図	1：20	20120210	梅津さとみ
15	A-04－04	西面（内側）展開図	1：20	20120210	梅津さとみ
16	A-05－01	基礎伏図	1：20	20120210	梅津さとみ
17	A-05－02	床伏図	1：20	20120210	梅津さとみ
18	A-05－03	屋根伏図	1：20	20120210	梅津さとみ
19	A-05－04	東面軸組図	1：20	20120210	梅津さとみ
20	A-05－05	南面軸組図	1：20	20120210	梅津さとみ
21	A-05－06	北面軸組図	1：20	20120210	梅津さとみ
22	A-05－07	西面軸組図	1：20	20120210	梅津さとみ
23	A-06	電気設備位置図	1：20	20120210	梅津さとみ
24	A-07	天井伏図	1：20	20120210	梅津さとみ

家具

No.	記号	図面名称	縮尺	作成日	図面担当
1	F-01	ベッド　三面図・断面図	1：20 1：10	20120227	吉田翔
2	F-01－01	ベッド　前台輪	1：5	20120227	吉田翔
3	F-01－02	ベッド　後台輪	1：5	20120227	吉田翔
4	F-01－03	ベッド　側台輪	1：5	20120227	吉田翔
5	F-01－04	ベッド　左前脚	1：5	20120227	吉田翔
6	F-01－05	ベッド　右前脚	1：5	20120227	吉田翔
7	F-01－06	ベッド　左前脚	1：5	20120227	吉田翔
8	F-01－07	ベッド　右前脚	1：5	20120227	吉田翔
9	F-01－08	ベッド　前床枠	1：5	20120227	吉田翔
10	F-01－09	ベッド　後床枠	1：5	20120227	吉田翔
11	F-01－10	ベッド　側床枠	1：5	20120227	吉田翔
12	F-01－11	ベッド　竪框	1：5	20120227	吉田翔
13	F-01－12	ベッド　側化粧板	1：5	20120227	吉田翔
14	F-01－13	ベッド　帆立板	1：5	20120227	吉田翔
15	F-01－14	ベッド　根太	1：5	20120227	吉田翔
16	F-01－15	ベッド　床板	1：5	20120227	吉田翔
17	F-01－16	ベッド　背板	1：5	20120227	吉田翔
18	F-01－17	ベッド　摺り桟（大）	1：5	20120227	吉田翔
19	F-01－18	ベッド　摺り桟（小）	1：5	20120227	吉田翔
20	F-01－19	ベッド　煽り止め	1：5	20120227	吉田翔
21	F-01－20	ベッド　摺り桟板（大）	1：5	20120227	吉田翔
22	F-01－21	ベッド　摺り桟板（小）	1：5	20120227	吉田翔
23	F-01－22	ベッド　引き出し前板（大）	1：5	20120227	吉田翔
24	F-01－23	ベッド　引き出し前板（小）	1：5	20120227	吉田翔
25	F-01－24	ベッド　引き出し側板	1：5	20120227	吉田翔
26	F-01－25	ベッド　引き出し向板（大）	1：5	20120227	吉田翔
27	F-01－26	ベッド　引き出し向板（小）	1：5	20120227	吉田翔
28	F-01－27	ベッド　引き出し底板（大）	1：5	20120227	吉田翔
29	F-01－28	ベッド　引き出し底板（小）	1：5	20120227	吉田翔
30	F-01－29	ベッド　取手（大）	1：5	20120227	吉田翔
31	F-01－30	ベッド　取手（大）	1：5	20120227	吉田翔
32	F-01－31	ベッド　ヘッドレスト	1：5	20120227	吉田翔
33	F-01－32	ベッド　足先板	1：5	20120227	吉田翔
34	F-01－33	ベッド　引き出し垂木	1：5	20120227	吉田翔
35	F-02	サイドテーブル　三面図・断面図	1：10　1：5	20120227	吉田翔
36	F-02－01	サイドテーブル　天板・地板	1：5	20120227	吉田翔
37	F-02－02	サイドテーブル　側板	1：5	20120227	吉田翔
38	F-02－03	サイドテーブル　背板	1：5	20120227	吉田翔
39	F-02－04	サイドテーブル　引き出し前板	1：5	20120227	吉田翔
40	F-02－05	サイドテーブル　引き出し側板（左）	1：5	20120227	吉田翔
41	F-02－06	サイドテーブル　引き出し側板（右）	1：5	20120227	吉田翔
42	F-02－07	サイドテーブル　引き出し向板	1：5	20120227	吉田翔
43	F-02－08	サイドテーブル　引き出し底板	1：5	20120227	吉田翔
44	F-02－09	サイドテーブル　取手	1：5	20120227	吉田翔
45	F-02－10	サイドテーブル　幕板	1：5	20120227	吉田翔
46	F-03	洗面棚　姿図・断面図	1：20　1：10	20120227	渡辺薫恵
47	F-03－01	洗面棚　側板	1：10	20120227	渡辺薫恵
48	F-03－02	洗面棚　前板	1：10	20120227	渡辺薫恵
49	F-03－03	洗面棚　後縁	1：10	20120227	渡辺薫恵
50	F-03－04	洗面棚　前板	1：5	20120227	渡辺薫恵
51	F-03－05	洗面棚　天井後板	1：5	20120227	渡辺薫恵
52	F-03－06	洗面棚　後板	1：5	20120227	渡辺薫恵
53	F-03－07	洗面棚　収納棚	1：5	20120227	渡辺薫恵
54	F-03－08	洗面棚　下収納棚	1：5	20120227	渡辺薫恵
55	F-03－09	洗面棚　収納棚　面材	1：5	20120227	渡辺薫恵
56	F-03－10	洗面棚　後下棚	1：5	20120227	渡辺薫恵
57	F-03－11	洗面棚　面材	1：5	20120227	渡辺薫恵
58	F-03－12	洗面棚　収納扉	1：5	20120227	渡辺薫恵
59	F-03－13	洗面棚　シンク板	1：5	20120227	渡辺薫恵
60	F-03－14	洗面棚　取手	1：5	20120227	渡辺薫恵
61	F-04	テーブル　三面図	1：5	20120222	近藤彰太
62	F-04－01	テーブル　断面図	1：5	20120222	近藤彰太
63	F-04－02	テーブル　脚	1：5	20120222	近藤彰太
64	F-04－03	テーブル　面縁材a	1：5	20120222	近藤彰太
65	F-04－04	テーブル　面縁材b	1：5	20120222	近藤彰太
66	F-04－05	テーブル　面縁材c	1：5	20120222	近藤彰太
67	F-04－06	テーブル　中部	1：5	20120222	近藤彰太
68	F-04－07	テーブル　底部	1：5	20120222	近藤彰太
69	F-04－08	テーブル　上部	1：5	20120222	近藤彰太
70	F-05	本棚　三面図	1：5	20120222	近藤彰太
71	F-05－01	本棚　断面図	1：5	20120222	近藤彰太
72	F-05－02	本棚　天板	1：5	20120222	近藤彰太
73	F-05－03	本棚　底部	1：5	20120222	近藤彰太
74	F-05－04	本棚　仕切り板	1：5	20120222	近藤彰太
75	F-05－05	本棚　側板	1：5	20120222	近藤彰太
76	F-05－06	本棚　脚	1：5	20120222	近藤彰太
77	F-05－07	本棚　横板	1：5	20120222	近藤彰太
78	F-05－08	本棚　側板	1：5	20120222	近藤彰太
79	F-06	箱型スツール　三面図・断面図	1：5	20120222	近藤彰太
80	F-06－01	箱型スツール　上部	1：5	20120222	近藤彰太
81	F-06－02	箱型スツール　正面	1：5	20120222	近藤彰太
82	F-06－03	箱型スツール　側板	1：5	20120222	近藤彰太
83	F-07	コート掛け　平・立・断面	1：10	20120227	栗田徹
84	F-07－01	コート掛け（長）	1：1	20120227	栗田徹
85	F-07－01	コート掛け（短）	1：1	20120227	栗田徹
86	F-09	ヘッドボード　三面図・側面図	1：10　1：5	20120227	吉田翔
87	F-09－01	ヘッドボード　背板	1：5	20120227	吉田翔
88	F-09－02	ヘッドボード　上段	1：5	20120227	吉田翔
89	F-09－01	ヘッドボード　中段	1：5	20120227	吉田翔
90	F-09－01	ヘッドボード　下段	1：5	20120227	吉田翔
91	F-09－01	ヘッドボード　側板	1：5	20120227	吉田翔
92	F-10	天袋1	1：5	20120227	渡辺薫恵
93	F-10－01	天袋1　左戸板	1：5	20120227	渡辺薫恵
94	F-10－02	天袋1　右戸板	1：5	20120227	渡辺薫恵
95	F-10－03	天袋1　取手	1：5	20120227	渡辺薫恵
96	F-10－04	天袋1　戸板受け材	1：5	20120227	渡辺薫恵
97	F-10－05	天袋1　受け材	1：5	20120227	渡辺薫恵
98	F-11	天袋2	1：5	20120227	渡辺薫恵
99	F-11－01	天袋2　左戸板	1：5	20120227	渡辺薫恵
100	F-11－02	天袋2　右戸板	1：5	20120227	渡辺薫恵
101	F-11－03	天袋2　取手	1：5	20120227	渡辺薫恵
102	F-11－04	天袋2　戸板受け材	1：5	20120227	渡辺薫恵
103	F-11－05	天袋2　受け材	1：5	20120227	渡辺薫恵
104	F-12	飾り棚	1：3	20120315	梅津さとみ
105	F-12－01	飾り棚　断面図	1：3	20120315	梅津さとみ
106	F-12－02	飾り棚　上面枠	1：3	20120315	梅津さとみ
107	F-12－03	飾り棚　側面枠	1：3	20120315	梅津さとみ
108	F-12－04	飾り棚　下面枠	1：3	20120315	梅津さとみ
109	F-12－05	飾り棚　上下板	1：3	20120315	梅津さとみ
110	F-13	トイレットペーパーホルダー	1：2	20120315	梅津さとみ
111	F-13－01	トイレットペーパーホルダー　横枠	1：3	20120315	梅津さとみ
112	F-13－02	トイレットペーパーホルダー　竪枠	1：3	20120315	梅津さとみ

建具

No.	記号	図面名称	縮尺	作成日	図面担当
1	D-01	引戸	1：10	20120227	栗田徹
2	D-01－01	引戸　上部横桟	1：5	20120227	栗田徹
3	D-01－02	引戸　中部横桟	1：5	20120227	栗田徹
4	D-01－03	引戸　下部横桟	1：5	20120227	栗田徹
5	D-01－04	引戸　縦框	1：5	20120227	栗田徹
6	D-01－05	引戸　片実羽目板	1：5	20120227	栗田徹
7	D-01－06	引戸　両実羽目板	1：5	20120227	栗田徹
8	D-02	網戸	1：10	20120227	栗田徹
9	D-02－01	網戸　上部横桟	1：5	20120227	栗田徹
10	D-02－02	網戸　中部横桟	1：5	20120227	栗田徹
11	D-02－03	網戸　下部横桟	1：5	20120227	栗田徹
12	D-02－04	網戸　戸当たり側縦框	1：5	20120227	栗田徹
13	D-02－05	網戸　戸当たり側縦框	1：5	20120227	栗田徹
14	D-02－06	網戸　横押縁	1：5	20120227	栗田徹
15	D-02－07	網戸　縦押縁	1：5	20120227	栗田徹
16	D-02－08	網戸　取手	1：1	20120227	栗田徹
17	D-02－09	網戸　鍵	1：1	20120227	栗田徹
18	W-01	南・東面　窓（外）	1：5	20120227	渡辺薫恵
19	W-01－01	南面　窓　断面詳細図	1：5	20120227	渡辺薫恵
20	W-02－01	東面　窓　断面詳細図	1：5	20120227	渡辺薫恵
21	W-01－02	南・東面　窓（外）正面縦枠	1：5	20120227	渡辺薫恵
22	W-01－03	南・東面　窓（外）正面横枠	1：5	20120227	渡辺薫恵
23	W-01－04	南・東面　窓（外）背面上枠	1：5	20120227	渡辺薫恵
24	W-01－05	南・東面　窓（外）背面右枠	1：5	20120227	渡辺薫恵
25	W-01－06	南・東面　窓（外）背面左枠	1：5	20120227	渡辺薫恵
26	W-01－07	南・東面　窓（外）背面下枠	1：5	20120227	渡辺薫恵
27	W-01－08	南・東面　窓（外）押縁	1：5	20120227	渡辺薫恵
28	W-03	南面　窓（内）	1：5	20120227	渡辺薫恵
29	W-04	東面　窓（内）	1：5	20120227	渡辺薫恵
30	W-03-01	南・東面　窓（内）窓板	1：5	20120227	渡辺薫恵
31	W-03-02	南・東面　窓（内）鏡付窓板	1：5	20120227	渡辺薫恵
32	W-03-03	南・東面　窓（内）外側面材	1：5	20120227	渡辺薫恵
33	W-03-04	南・東面　窓（内）上部面材	1：5	20120227	渡辺薫恵
34	W-03-05	南・東面　窓（内）内側面材	1：5	20120227	渡辺薫恵
35	W-03-06	南・東面　窓（内）下部面材	1：5	20120227	渡辺薫恵
36	W-03-07	窓　取手・取手受け	1：1	20120227	渡辺薫恵
37	W-05	南面縦長窓	1：10	20120210	梅津さとみ
38	W-05-01	南面縦長窓	1：5	20120305	渡辺薫恵
39	W-05-02	南面縦長窓　羽目板	1：5	20120305	渡辺薫恵
40	W-05-03	南面縦長窓　上面面材	1：5	20120305	渡辺薫恵
41	W-05-04	南面縦長窓　側部面材	1：5	20120305	渡辺薫恵
42	W-05-05	南面縦長窓　下部面材	1：5	20120305	渡辺薫恵
43	W-06	北面横長窓	1：10	20120210	梅津さとみ
44	W-06-01	北面横長窓	1：5	20120305	渡辺薫恵
45	W-06-02	北面横長窓　羽目板	1：5	20120305	渡辺薫恵
46	W-06-03	北面横長窓　上部面材	1：5	20120305	渡辺薫恵
47	W-06-04	北面横長窓　側部面材	1：5	20120305	渡辺薫恵
48	W-06-05	北面横長窓　下部面材	1：5	20120305	渡辺薫恵
49	W-07	北面縦長窓	1：10	20120210	梅津さとみ
50	W-07-01	北面縦長窓	1：5	20120305	渡辺薫恵
51	W-07-02	北面縦長窓　羽目板	1：5	20120305	渡辺薫恵
52	W-07-03	北面縦長窓　上部面材	1：5	20120305	渡辺薫恵
53	W-07-04	北面縦長窓　側部面材	1：5	20120305	渡辺薫恵
54	W-07-05	北面縦長窓　下部面材	1：5	20120305	渡辺薫恵

金物

No.	記　号	図面名称	縮　尺	作成日	図面担当
1	M-01	引戸取手	1：1	20120210	齋藤弘樹
2	M-01－01	引戸取手　部品1	1：1	20120210	齋藤弘樹
3	M-01－01	引戸取手　部品2	1：1	20120210	齋藤弘樹
4	M-04	照明スイッチ	1：1	20120210	鈴木尭幸
5	M-04－01	照明スイッチ　カバーリング	1：1	20120210	鈴木尭幸
6	M-04－02	照明スイッチ　カバー	1：20	20120210	鈴木尭幸
7	M-05	南・東面窓　取手	1：1	20120210	鈴木尭幸
8	M-05－01	南・東面窓　取手台座	1：1	20120210	鈴木尭幸
9	M-05－02	南・東面窓　取手受け	1：1	20120210	鈴木尭幸
10	M-05－03	南・東面窓　取手回り止め1	2：1	20120210	鈴木尭幸
11	M-05－04	南・東面窓　取手回り止め2	2：1	20120210	鈴木尭幸
12	M-07	南・東面窓　蝶番	1：2	20120223	齋藤弘樹
13	M-07－01	南・東面窓　蝶番　部品1	1：1	20120223	齋藤弘樹
14	M-07－01	南・東面窓　蝶番　部品2	1：1	20120223	齋藤弘樹
15	M-07－01	南・東面窓　蝶番　部品3	1：1	20120223	齋藤弘樹
16	M-07－01	南・東面窓　蝶番　軸受	1：1	20120223	齋藤弘樹
17	M-07－01	南・東面窓　蝶番　軸受	1：1	20120223	齋藤弘樹
18	M-07－01	南・東面窓　蝶番　軸受けキャップ	1：1	20120223	齋藤弘樹
19	M-09	ベッド　プレート	1：1	20120210	鈴木尭幸
20	M-10	照明	4：1	20120210	鈴木尭幸
21	M-10－01	照明　飾りネジ1	4：1	20120210	鈴木尭幸
22	M-10－02	照明　飾りネジ2	1：1	20120210	鈴木尭幸
23	M-10－03	照明　アーム	1：1	20120210	鈴木尭幸
24	M-10－04	照明　ステー	1：1	20120210	鈴木尭幸
25	M-10－05	照明　カバー	1：1	20120210	鈴木尭幸
26	M-10－06	照明　ケース	1：1	20120210	鈴木尭幸
27	M-13	コンセント	1：1	20120210	鈴木尭幸
28	M-15	タオル掛け	1：1	20120210	鈴木尭幸
29	M-17	南・東面窓　ピンチﾌﾞﾛｯｸ	1：2	20120210	齋藤弘樹
30	M-19	マイナスビス	1：1	20120223	齋藤弘樹

実測にもとづいて起こした図面リスト

CHAPTER

/1

紹介編

しらべる／カップ・マルタンの休暇小屋について

コルビュジエ生涯の拠り所

コルビュジエは南仏カップ・マルタンの地に終の棲家となる心の拠点を設け、時間をかけてさまざまな実験的な取り組みをしていた。
母親の胎内にも似た安心できる内部空間に心は解放され、建築への啓示を受ける一方、さまざまな思考をしながら文字どおり身も心も素裸の一人の人間として「修行僧のような」時間を過ごしていた。
妻イヴォンヌ・ガリへの誕生日プレゼントだったこの「CABANON（キャバノン）」を、彼は心の拠り所として生涯愛し続けた。そして、今でもその息遣いを感じることができる。

コルビュジエはこの休暇小屋でバカンスを楽しみながらさまざまな思索を重ねた

『私はそこで幸せな修行僧のように生活をしている』

――ル・コルビュジエ、S・ギーディオンへの手紙（1954年4月15日）より

素のル・コルビュジエがいた場所

1965年、海で亡くなった「親爺さん」を引き上げた村人は、後に彼が「高名な建築家ル・コルビュジエ」であることを知る。このエピソードは、コルビュジエが休暇小屋で、身も心も素の1人の人間として過ごしていたことを物語っている。

休暇小屋の出入口に姿を現すコルビュジエ

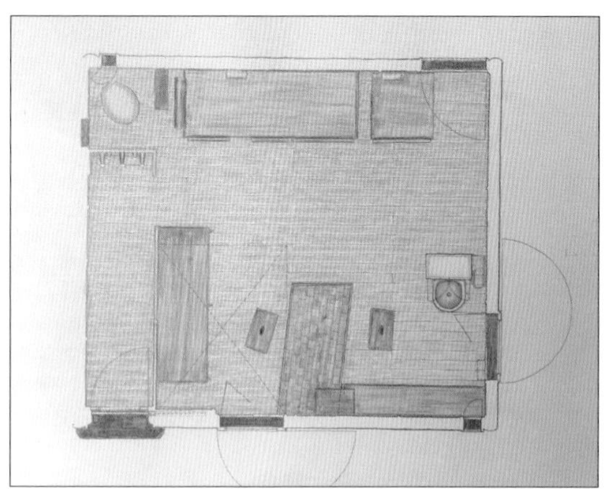

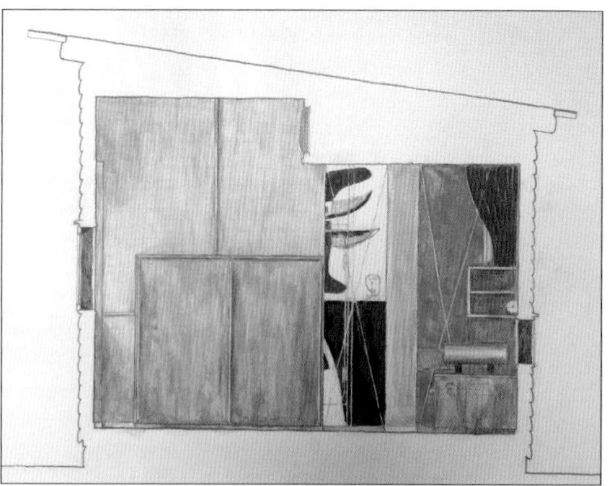

建物を設計するとき、多くはあらかじめ敷地が決定していて、その外的条件から着想を得ることが多い。それに対し、レマン湖畔に建つ「小さな家」のように、一定の用途・要件をもつ建物の理想とするプランが先で、それに適した敷地を後から探す方法もある。この図は周囲の様子をいっさい描かず、建物だけを描いたものである。殻をまとったような外観と小さな窓が内部的要求によるものか、あるいは外部とのつながりによるものなのか、両者を満足する必要十分な窓はあるのかなどを探るためのドローイングである。閉じられた空間に穿たれた四つの小さな窓は重要な存在となり、形状、配置にさまざまな配慮がなされているであろうことが予想される

最小空間のプロトタイプ／個別性と普遍性

第2回近代建築国際会議（CIAM／1929年）のテーマは「生活最小限住居」であった。コルビュジエは工業化も念頭においていた。コルビュジエにとってプレハブ化は品質の向上と廉価な価格の実現であり、産業革命後の時代の要求でもある一方で、後の「スモール・イズ・ビューティフル」（E・F・シューマッハー、1973年）を予感させる。都市化における集合住宅の巨大化が招く非人間的空間に対する一つの回答である。

コルビュジエのもとで当時、CIAMに発表するまで最小限住宅を手伝っていた前川國男は、後に宮内嘉久との対話のなかで次のように語っている。「これは最小限住宅のプランだが、これだけで完結しては困るんだ、と。これが核になって、いろんな展開が、住宅としてでなくて、だね、建築の空間として、ヴァリエーションをつくり出せるようなものでなくてはだめだ、ってそう言ったんだよ」。そして、人体から発して適切な最小限空間を増殖し、つなぐことによって巨大建築でもヒューマンスケールが確保されると語る。

両親の家（「小さな家・母の家」1924年）から約30年のときを経て、65歳の円熟期にさしかかっていたコルビュジエは、カップ・マルタンの休暇小屋とマルセイユのユニテ・ダビタシオンを完成させ（ともに1952年竣工)、1954年に改めて書籍『小さな家』を出版していることはまことに興味深い。コルビュジエにとって「最小限住宅」は生涯で追求すべき大切なテーマであったことを物語るとともに、休暇小屋は「実験住宅」としての側面をもっていた。

休暇小屋はコルビュジエにとって思考・実験・研究の場でもあった。3年後の1955年にはロンシャンの礼拝堂に結実していく。そしてさらに4年後のコルビュジエ72歳のときに「ラ・トゥーレット修道院」（1959年）の完成につながる。

手足に代表される身体性と脳のもつ観念性、この両者を行き来しながら、コルビュジエは休暇小屋で個別性と普遍性の獲得を目指した。

『これだけで完結せず、これが核になっていろんな展開が住宅としてでなく、建築の空間としてヴァリエーションをつくりだせるようにするためのものでなくてはならない』

——ル・コルビュジエ、前川國男に語った言葉

カベ海岸からカップ・マルタン半島を望む

『建築家である前に優れた生活学者であらねばならない』

――ル・コルビュジエ

休暇小屋は海と山と三位一体
― 小空間を補完する周囲の環境 ―

自然が人間に与える感化と影響は計り知れない。カップ・マルタンという地は、コルビュジエの師シャルル・レプラトニエの教えである「すべての芸術の母は自然である」を実践するにふさわしい場であった。

わずか8畳ほどの広さの最小限胎内空間は、眼前に広がる母なる海と背後の父たる山と三位一体であり、カップ・マルタンの休暇小屋が成立するには、カベ海岸とロク・ブリュヌ村の存在が不可欠である。

休暇小屋

木々と同化し、樹木に埋もれた奥にひっそりと佇む。右手前のイナゴマメの樹が結界をつくり、アトリエの存在が別の空間を生む

ロク・ブリュヌ村

フランス プロヴァンス＝アルプ＝コート・ダジュール地域圏、モナコに近接する住宅地。リゾート地として知られ、人口は約1,300万人。南斜面の起伏に富んだこの地は、あらゆるところに中世ロマネスクの自然発生的なヴァナキュラーな香りと迷宮的要素が残る

共同墓地に眠るコルビュジエ夫妻の墓碑

ロク・ブリュヌ村を抜けると、地中海を見下ろす位置にある、コルビュジエ夫妻の眠る共同墓地にたどり着く。小さな墓碑はコンクリート製で、黄金比で立体構成されている。向かって左側がコルビュジエを表し、ホーロー焼き付けの銘板が据えられている

小屋の前からアトリエを見る

休暇小屋とアトリエから生まれる空間

単独に存在する休暇小屋にアトリエが付加されることで、両者との間に新たな空間が生まれる。アトリエは組立式で、粗末な材でできた既製品だが、それが完成することで両者をつなぎながらも分ける「オベリスクが2本」という関係性のある空間が生まれる。

『オベリスクが1本、それは何も意味しない。オベリスクが2本…それは建築である』

――ル・コルビュジエ

大きな螺旋を描きながら階段を下りてアプローチする。地中海が正面になるように、下りきる手前でいったんカーブを反転させている

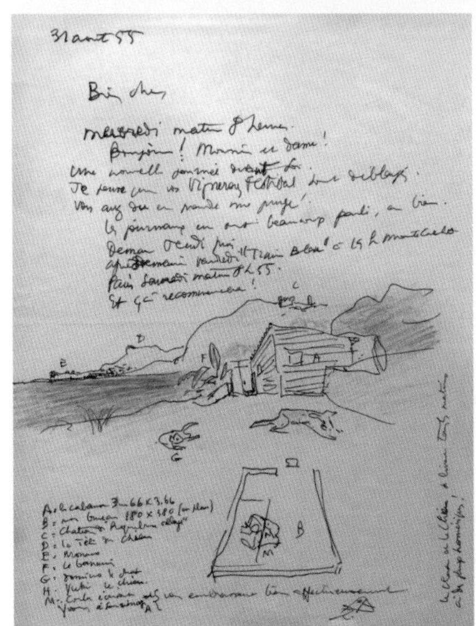

コルビュジエはアトリエの完成を心待ちにしていたようで、母マリーへ送った手紙のなかで休暇小屋とともにアトリエの平面をスケッチしている

アトリエ内には板を渡しただけのテーブルとウィスキーの箱の椅子、そして粗末な棚があるのみ

休暇小屋へのアプローチ。樹木が結界として機能している

『この休暇小屋の住み心地は最高だ。私は、きっとここで一生を終えることになるだろう』

——ル・コルビュジエ、ブラッサイとの対談

終の棲家としての休暇小屋

休暇小屋は、1952年ル・コルビュジエが65歳の円熟期に完成した。妻イヴォンヌへのクリスマスプレゼントだった。しかし、5年後にイヴォンヌは他界する。彼は妻への思いを胸にバカンスやクリスマスになるとここで過ごし、1965年にカベ海岸で遊泳中に亡くなる。生前自らが語っていたとおり、この地が「終の棲家」となった。

目の前のカベ海岸で、海水浴を楽しむコルビュジエ

隣接するヒトデ軒で犬とたわむれる

アトリエの前のコルビュジエ

木材の太鼓落として生じた端材を張った外壁の出隅部分

簡素にして豊か

休暇小屋は、ヴァナキュラーな外壁と工業化による廉価な材料でつくられている。素材は質素だが空間はリッチであり、「最小限空間のプロトタイプとしての総合芸術作品」とも称される。豊かな空間をつくるには材料の良し悪しも大切だが、それ以上に「いかに空気のかたち（空間）を構成するか」が重要であることを示唆している。

そして、「樽に住み清貧に自然に生きる」という古代ギリシャの哲学者ディオゲネス、また方丈に庵を結んだ鴨長明のように、コルビュジエが物質よりも精神的な豊かさを求めていたことの表れでもある。

簡易な工業製品の屋根

基礎部分のディテール

『たとえ素材は質素であろうが粗末であろうが、あるいはディオゲネスが指示するような簡素な計画であろうがまったく質に欠けることなく、私は建築家としての生涯を通して家は宮殿であるという確信に動かされてきたのだ』

――ル・コルビュジエ

机の脇からアトリエ方向を見る　©F.L.C./ ADAGP, Paris & JASPAR, Tokyo, 2023 E5027

卍形の平面と南北のゾーニングで多様な居場所が生まれている　©F.L.C./ ADAGP, Paris & JASPAR, Tokyo, 2023 E5027

ベッドから南面する700mm角の窓を通して地中海方向を望む。斜めに突き出た机が窓への透視効果を強調する

『家は暮らしの宝石箱でなければならない』
――ル・コルビュジエ

さまざまな居場所 ― 濃密な空間 ―

卍形に分割された平面は南北にもゾーニングされ、さまざまな居場所と視線が用意される。緻密に計画された平面と感性的な断面の形状の組み合わせが、濃密な空間をつくる。

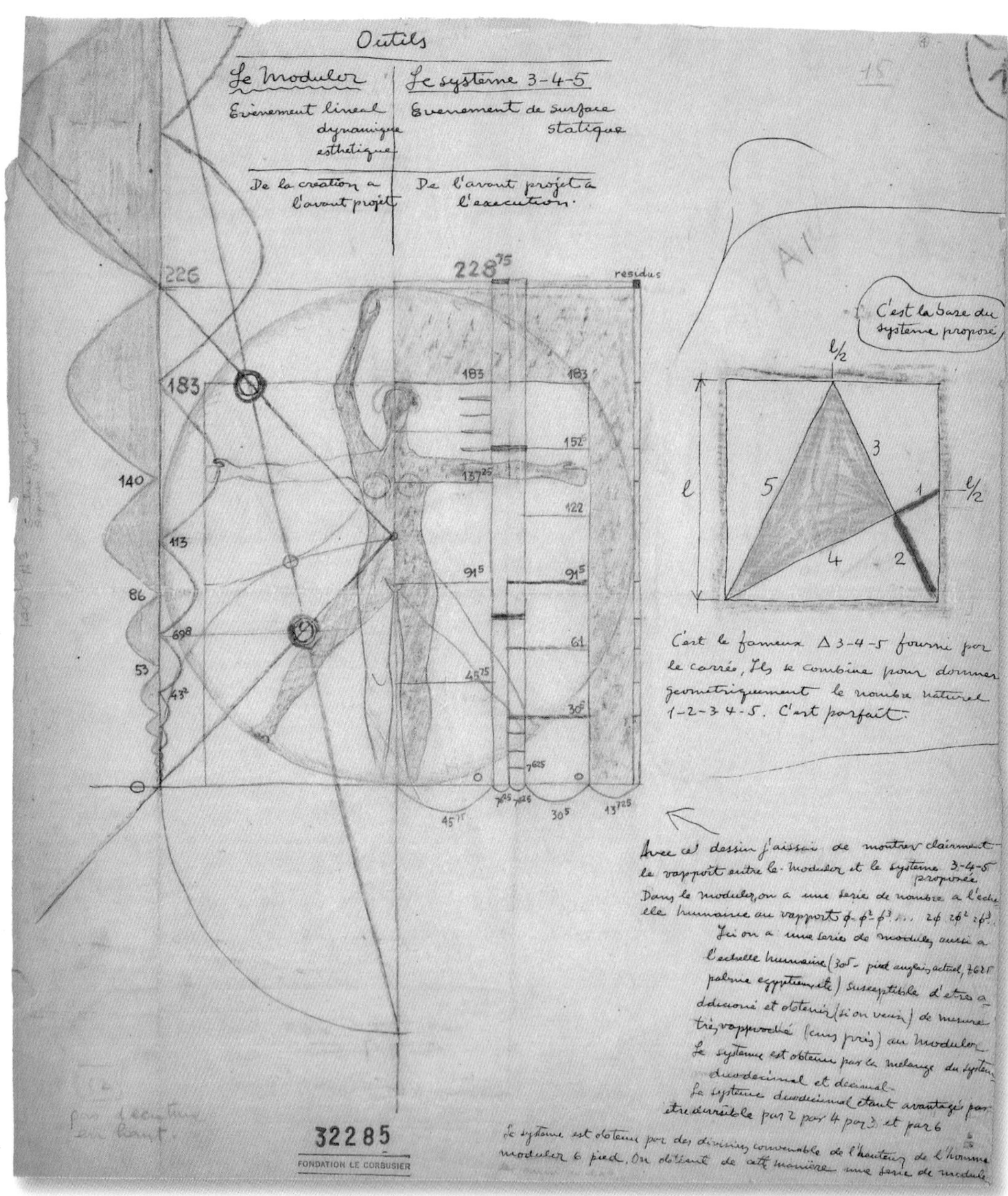

コルビュジエが描いたモデュロール（黄金尺）のスケッチ。身体寸法にもとづいている

モデュロールという
ヒューマンスケール

人体寸法と黄金比を融合させた独自の寸法体系であるモデュロールは、休暇小屋にも適用された。同年に完成したマルセイユのユニテ・ダビタシオンは、最小限空間をモデュロール（黄金尺）で構成した住居単位とし、それらを集合・累積し、大規模建築に適用した例である。休暇小屋ではモデュロールを基本としながらも厳格に拘束することなく、窓の高さなどは現場で変更している。モデュロールが必ずしもコルビュジエにとって絶対的寸法でなかったのは、根底には理論より現場での自らの感性を優先する思想があったからにほかならない。

『モデュロールのお陰で、これ（休暇小屋）を進めていくのは非常に確実さを与えてくれた』

――ル・コルビュジエ「モデュロール」1954年

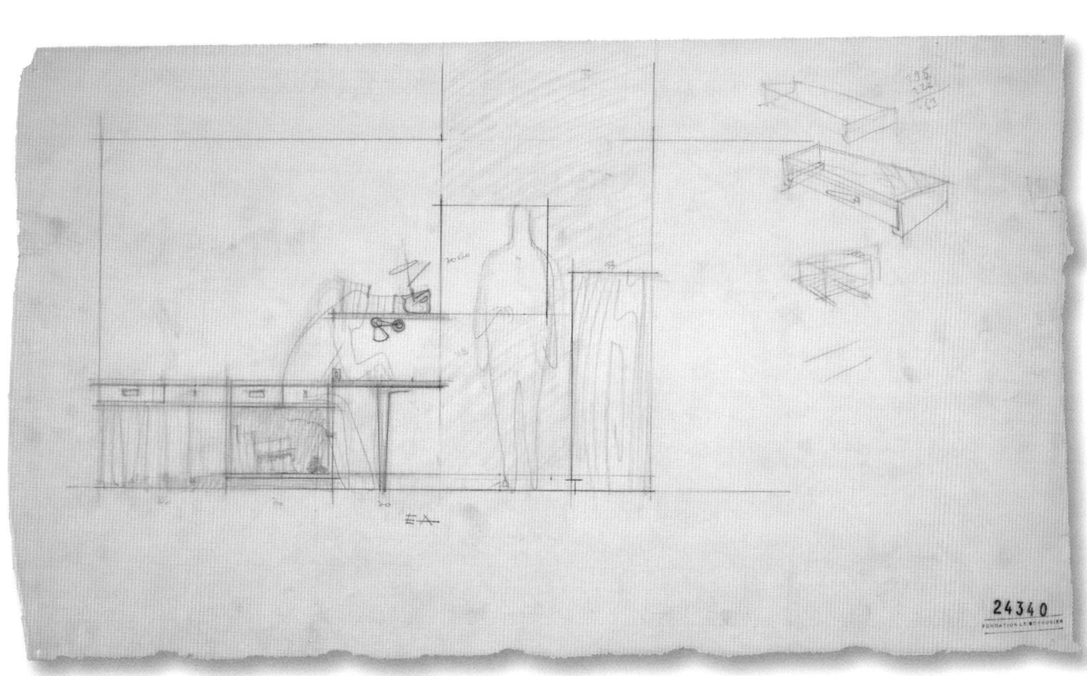

正方形窓の高さ位置を、コルビュジエはモデュロールに固執することなく低く変更した

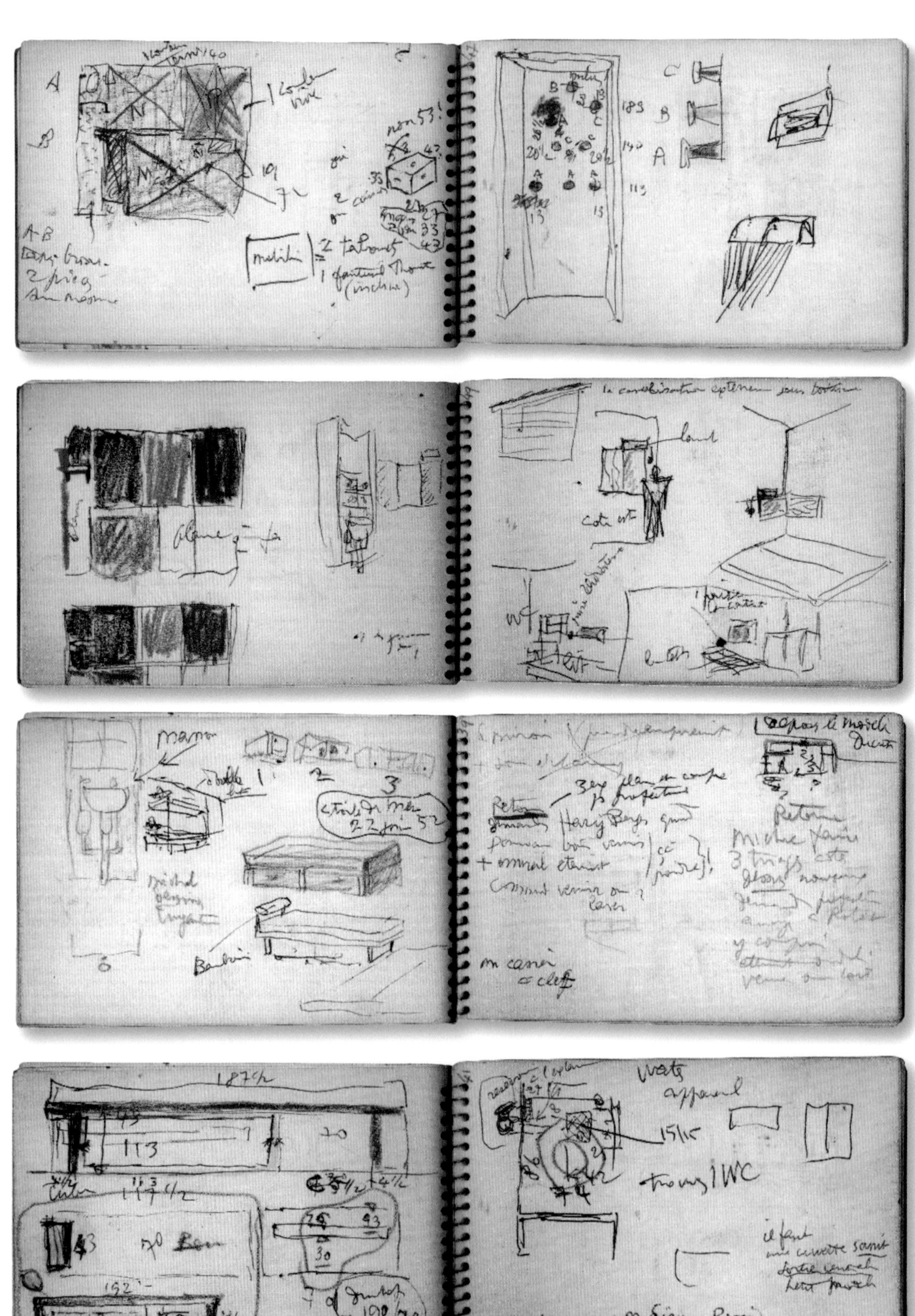

コルビュジエはスケッチブックを常に持ち歩き、手でスケッチを描くことに重要性を感じていた

タンジブル ― 手の大いなる力 ―

『頭と手の合一。そこから肉体と精神が合一した人間の作品が静かに生まれる』(「ル・コルビュジエ展」カタログ、1953年パリ国立近代美術館)

『差し出すのも人間の手であり、受け取るのもまた人間の手である』(『エセー』モンテーニュ)。コルビュジエの弟子の1人であるアンドレ・ヴォジャンスキーは、コルビュジエとモンテーニュの類似性を指摘する。

手の触覚、身体感覚を大切にしたコルビュジエは手や体の触れる部分の多くに曲線を使い、手触り感のある手掛けや把手、机の脚などに手の痕跡を残す。その源泉は、自らの手と頭の対話から生まれた数多くのスケッチにある。

コルビュジエは、70冊におよぶスケッチを遺し、手は第二の脳であることを実践した

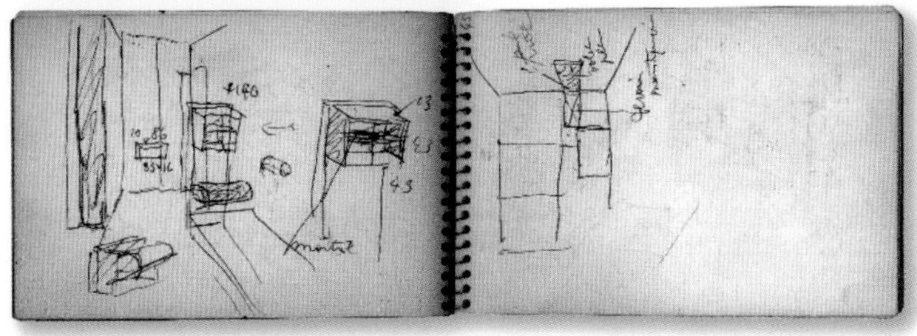

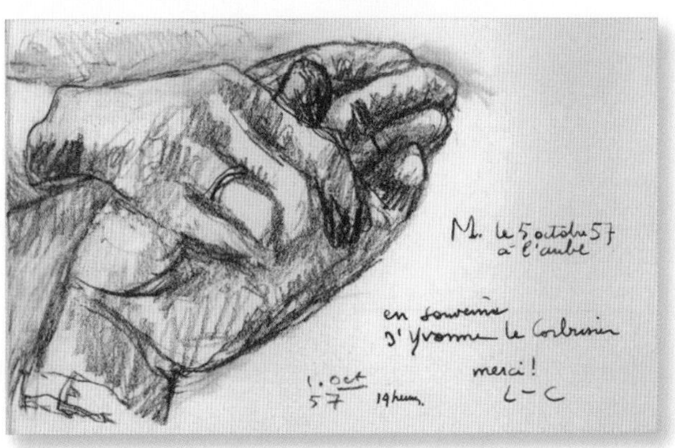

死の床にあった妻イヴォンヌの手を受けて別れと感謝をスケッチに遺している

実測編

はかる／現地での実測と実測の用具

樹脂製ノギスを用いて計測。白手袋を装着して実測に臨んだ

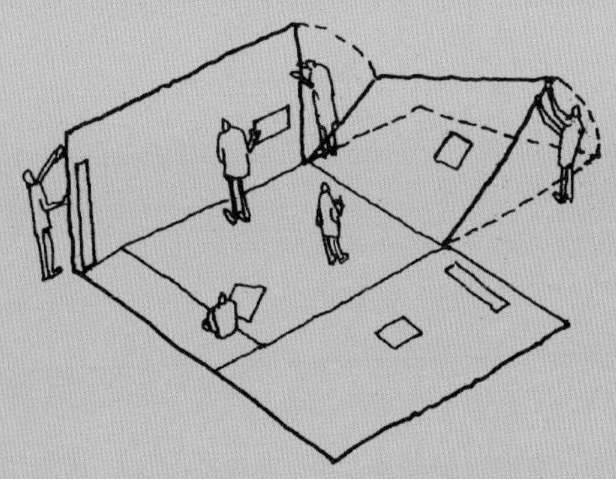

フィールドワーク
—実測でその場に居ることの意味—

私たち実測調査隊に与えられた時間は限られていた。外観は初日に自由に調査することができたが (※)、内部はあらかじめコルビュジエ財団に見学申し込みをしたうえでキュレーターの案内のもと、2日目に実施した。見学時間は20分／回である。限られた時間をより有効に使うために、4チームに分かれて計80分間の実測を行った。

本来は2人のための空間に8人程度が入室し、しかもほかの見学者と一緒のため、身勝手なこともできず、ましてや空間を味わう余裕もない。あらかじめ用意した道具（30頁参照）を用いて、準備してきた役割分担に沿って採寸のみに集中した。写真だけではなく、スケッチなどで補足しておくとさらに印象深く心に刻まれる。

実測という数値化・デジタル化することの客観性と、指先からアウトプットするアナログによるスケッチの主観性は、記録と記憶のメカニズムを構成する重要な対概念である。その場のもつ雰囲気は少なからず五感を通して、自然に身体に入ってくる。そのときの現地ならではの空気感は、その場に身を置いてこそ感得できるものである。

※ 調査を行った2011年当時は、コルビュジエ財団の案内とは別に敷地内を自由に探索し、小屋に近づくことができた。そのおかげで内部の実測時間は少なくても、外壁や外構については時間の制約がなく十分に計測できた。おそらく、世界文化遺産登録の噂もなかったことが幸いした。登録後の2018年に再訪したときは、すでに周囲にはフェンスが張り巡らされ、敷地内に入ることも許されないという有様だった。振り返ると、まさに千載一遇のチャンスに恵まれたのだと思う。

実測の作法

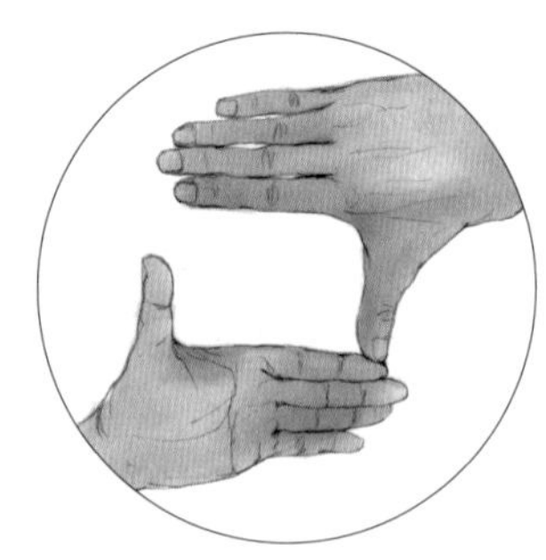

実測の心構え

限られた見学時間のなかで効率よく実測するためには「段取り八分・仕事二分」の原則に従い、あらかじめ準備することが重要となる。確かな準備は現場での効率アップにつながり、準備は仮説を生む。仮説や疑問が出てきて問題と追いかけっこになると何を採取するかが明確になり、おのずとそのための具体的な道具も見えてくる。そのなかで実測の作法（さっぽう）が生まれる。本章では、私たちが行った実測のあらましを紹介したい。
実測の方法に定型はないが、「挨拶と掃除」の心構えが大切なのはどの世界でも同じこと。実測する対象に丁寧に向き合い、実測後はきちんと元通りに片付けて跡を濁さず、礼を尽くすのが基本である。休暇小屋の実測では、白手袋が私たちの誠実な調査姿勢を示す象徴となった。見学前には「一切触れてはいけない」ときつく注意されていたが白い手袋を装着し、ていねいに実測する私たちの様子を見て、その厳禁事項が解けた。おかげで、建具の開閉から家具の奥隅々まで観察し、詳細に実測することが可能となった。なお今回の調査は下足のまま入室したが、上足のときはスリッパよりも足袋が活躍する。

白手袋をして実測に臨んだ

実測の種類と制限内での実測

実測は、アバウトな実測と正確な実測に分かれる。おおまかに実測するには、まずは対象物のプロポーションから見ていくのがよいだろう。そのときには、正方形、白銀比、黄金比のフレームを通して覗いてみる。また、コンベックスなど計測器が使えないときは自分の身体を使って測ることになる。右の図は、古来より用いられてきた身体スケールの一例であり、身体のなかには100㎜・200㎜・300㎜などの寸法が含まれている。歩測で距離を測るには、自分の歩幅を知っておくことが必要である。そして、スケッチも実測のうちと心得る。
正確な実測では、カメラやコンベックスなどの測定器具を用いる。カメラは常に携行し、対象物にメジャーを当てながらまめにシャッターを切るように心がける。メジャーを当てるときは、すぐに数値を測るのではなく、寸法を事前に想像してから測定するとよい。建築物に経年劣化あるいは施工誤差による壁の倒れや床の不陸がある場合、その程度を水準器や下げ振りなどで確認する。
休暇小屋の実測では、世界遺産に登録される前ではあったが、1チームに与えられた時間は20分であり、事前の準備が功を奏した。普段使い慣れた道具を使い、測定する対象が重複しないよう分担を明確に図ることが鍵となった。

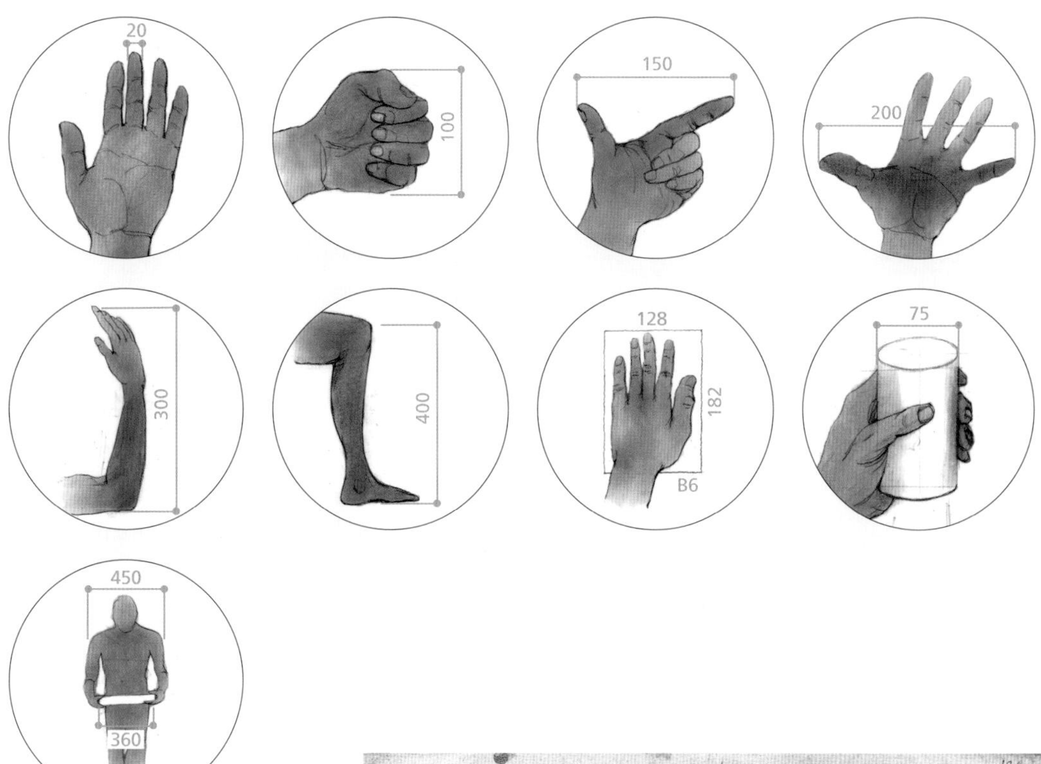

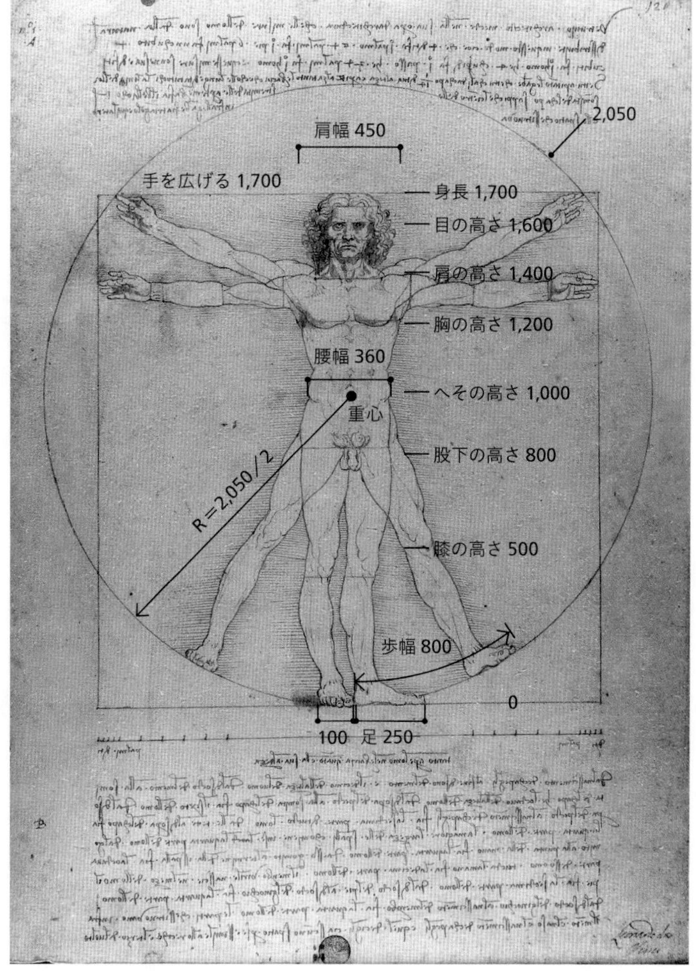

レオナルド・ダ・ヴィンチによるドローイング『ウィトルウィウス的人体図』（image: Luc Viatour）に寸法を加筆

実測七つ道具

準備1：実測に必要な道具を揃える

計測と筆記のための道具はもちろんのこと、携行すべき道具を挙げる。道具は手の延長として、日頃から馴染んだものを使うことが大切である。

・木製折尺、コンベックス／19㎜幅の場合、1人での計測限界高さは3mまで。25㎜幅が望ましい。木製折れ尺はあたりが柔らかい

・手づくりの方眼計測器／木枠に糸を張ったものとアクリル板に方眼を描いたものの2タイプ

・樹脂製ノギス／対象物を傷つけない樹脂製が望ましい

・レーザー測定器／電池切れに注意する

・水準器／建物の垂直、水平が保たれているかを確認するため。傾きが大きい場合は「下げ振り」で計測することもある

・部種別記録ノート／事前把握と調査対象物の重複を避けるためにも部位ごとに作成する

・方位計／スマートフォンでも対応可

・双眼鏡／手の届かない遠いところを確認

・携帯用椅子／現場に着いてすぐに作業を開始するのではなく、その場の環境を感じるためにしばし腰掛けるのに重宝する

・白手袋／真摯な姿勢が無言で伝わるので、手で触れるときは白手袋、靴を脱ぐときは足袋が重宝する

・救急箱／人に対しては切傷、虫刺されなどの処置、車酔い止めなど、物に対しては各種電池、Sカン（S字フック）など

道具の種類

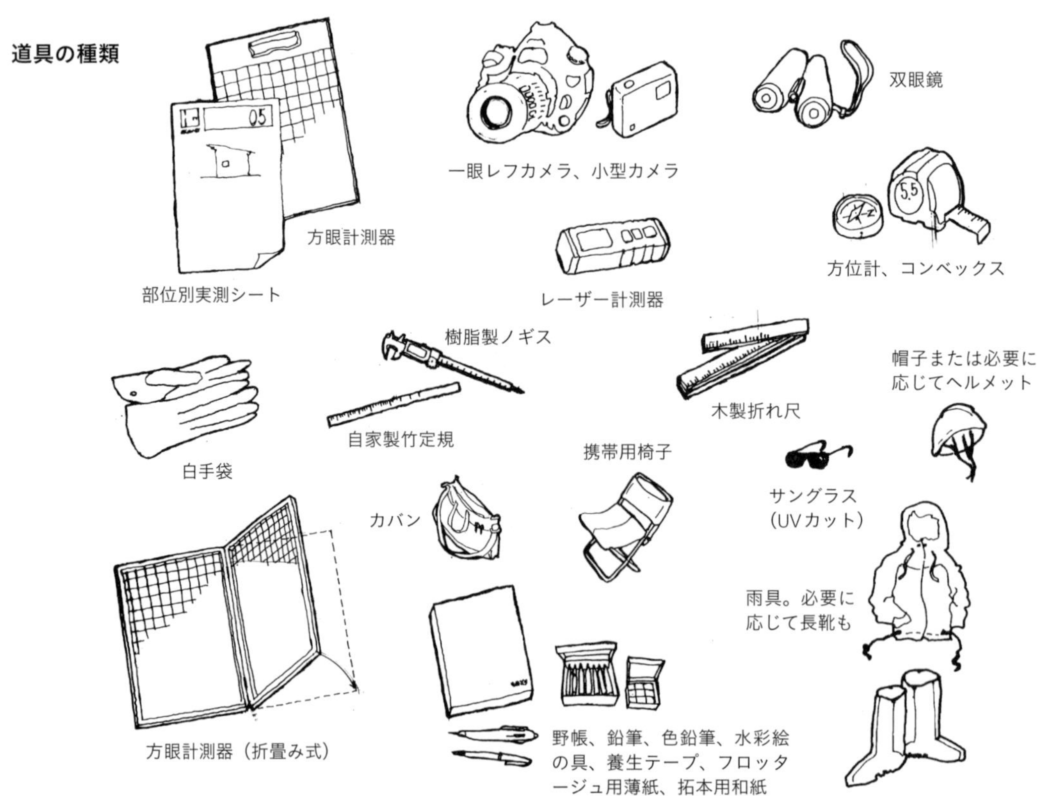

準備2：模型などでイメージしておく

ビデオ映像を鑑賞したり模型を作成したりすることで、ある程度イメージがつかめる。今回の実測では厳格な時間制限があることと、家具などに一切触れることができないことを前提に、関連するイメージトレーニングを行った。

作成した模型（S＝1：5）

役割分担した項目ごとのA4サイズのシート

現場にて：カメラを過信しない

「見る・描く・触れる」間もなく、ただひたすら「測る・記録する」ことに徹するときは方眼計測器を対象物に当て、すかさずカメラのシャッターを切ることになる。しかし後で見ても、何を撮ったものなのかが判然としないことがある。漫然と記録するのではなく、対象をあらかじめ明確に決めてから意識的に撮ることが大切である。

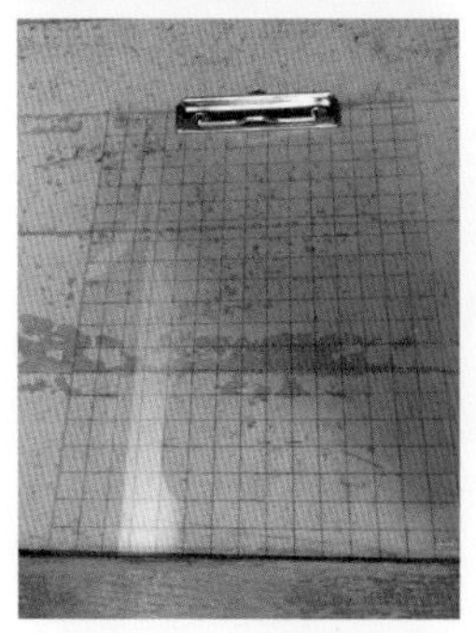

上／あらかじめ用意した自作の方眼計測器。10mm方眼の糸を張ってつくった計測器
下／紙ばさみ兼用のアクリル板に線描15mm方眼の計測器

実測に適した装備の例

実測 1―分担作業を明確にする実測シート

実測前に実測シートを作成

いよいよ実測本番、失敗は許されない。しかも休暇小屋の内部に入室できるのは1班4名で計4班構成の4回。各20分間という厳しい制約が課されている。そこで、事前に綿密な計画を立てた。成田→パリ→ニースと空路乗り継ぎの強行軍の初日（2011年2月24日）に現場の下見と外観廻りの実測（次頁上の写真）、2日目を内部の実測にあてた。なお4つの班は、受け持ち内容によって建築、家具、建具、金物の班に分かれ、実測図面集もこの各班で編纂した。

誰がどこを実測するかと現場で慌てないよう、左下に示す25枚の実測シートを用意した。この実測シート表紙の一覧表は5段構成で、上から平立面5枚、天井伏、前室・便所展開3枚、断面4枚（ここまでが建築班の担当）、家具・什器6枚（同家具班）、建具7枚（同建具班）からなる。このほかにも特に建具に絡んで細かな金物があるので、金物班の白紙も用意した。

2日目の内部の実測では、20分という見学時間の制約のほかにもう一つ大きな制約があった。それは休暇小屋という実物としてのモノ、つまり壁や建具、家具など、いっさいのモノに直に触れない約束である。そこで30～31頁で紹介したお手製の「格子の測定器」を持ち込むとともに、建築への敬意を表すために全員が白い手袋をはめることとした。これには案内係も面食らったようで、最初は怪訝そうに眉をひそめていたが、途中からは白手袋軍団の真摯で必死な思いが伝わったためか「ご自由にどうぞ！」と豹変し、感謝感激のうちに終了した。

あらかじめ準備した実測シートのおかげで、実測中は一人ひとりが手元に集中することができた。

実測前に準備した実測シートの25タイプ

外壁をコンベックスで実測し方眼計測器を当てて撮影する

現地での実測風景。部位ごとに各々が計測、記録、撮影などの役割分担に応じた作業を遂行する

項目で色分けして記載

実測値を短時間で要領よく転記するため、内容に即して4色ボールペンで色分けをした例を示す。鉛筆は消しゴムの消しカスでゴミを出さないことがマナー。芯の折れやすいシャープペンシルも使用を避ける。色鉛筆を併用すると、後で清書するときに読み取りがより確実である。特に水彩色鉛筆は時間があるときに水筆で加筆できるので、記憶がより鮮明になる。

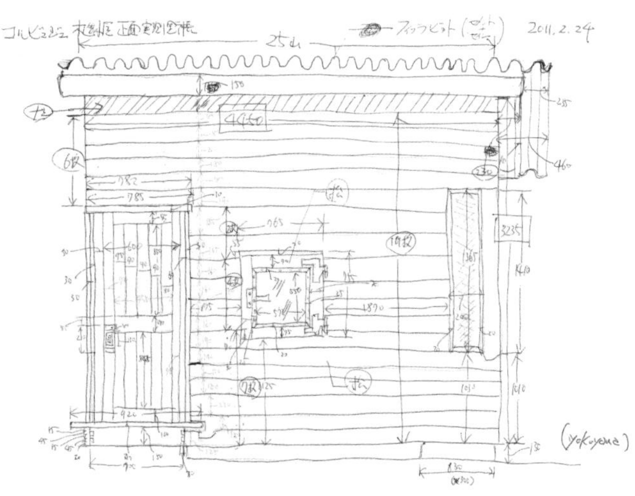

実測 2—フィールドノートへの記録と内部実測

スケッチノートを事前につくる

「よく見る」前に「よく見ない」作業がある。ここで活躍するのが無地のB6版スケッチノートで、分担シート作成前に野帳代わりに使用する「なんでもノート」である。全体を把握するために、ノートの作成は現場に乗り込んで詳細に計測する前に済ませておきたい作業だ。やや逆説的だが、後の「よく見る」実測作業のために俯瞰的に見ることであり、対象をおおまかに捉えて近づきすぎないことを意味する。つまり「よく見ない」ことである。

限られた時間内に効率よく実測を行うためには、事前にある程度優先順位をつけておくことが重要であり、致命的な採寸ミスを防ぐことができる。計測後に写真などで類推可能な寸法などもチェックし、ノートにスケッチとともに記載しておく。上手に描くことよりも、そのときの感動を大切にしたい。

この段取りがすめば、あとは一気呵成（かせい）に物差しを当て、計測にかかる。ここからが32頁で紹介した「実測シート」の出番となる。この段階ではミリ単位の「よく見る」ことが主眼であり、もっぱら計測に集中することになる。こうして得られた全体と部分、2タイプの記録はアウトプットのルートが違うので互いに補完し合い、あとで見返すときに記憶の助けとなる。

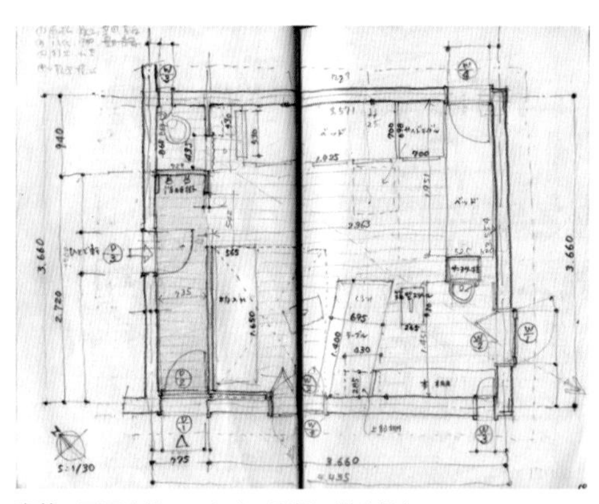

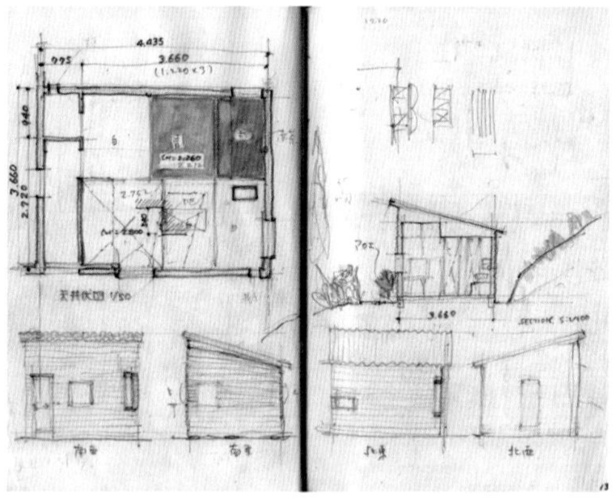

事前に下図を描いておき、現場で描き込む

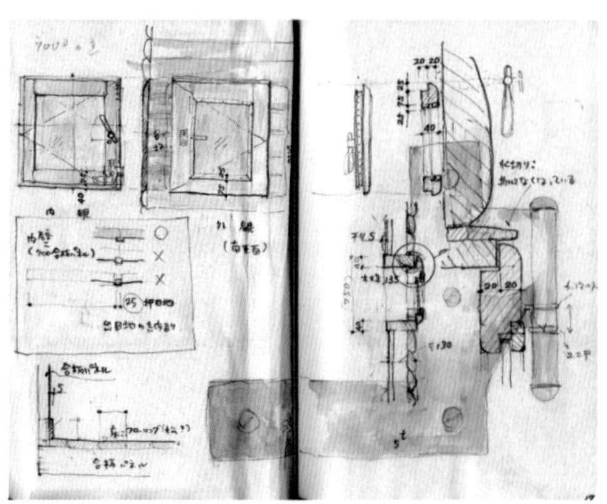

詳細はすべて現場で作成

スケッチノートの表紙の見開き。ノートは閉じてB6、見開きでB5が掌（てのひら）サイズで使いやすい

よく観察し実測する

内部の実測では、スケールを当てて寸法を測り、記載していく。今回の実測ではモノの上に紙を敷き、鉛筆などでこすって対象物の形状や模様を写し取る「フロッタージュ」も行った。手足の触れる部位ではR形状になっていることが分かり、手触り・足触りに対するコルビュジエの配慮を伺い知ることができる。

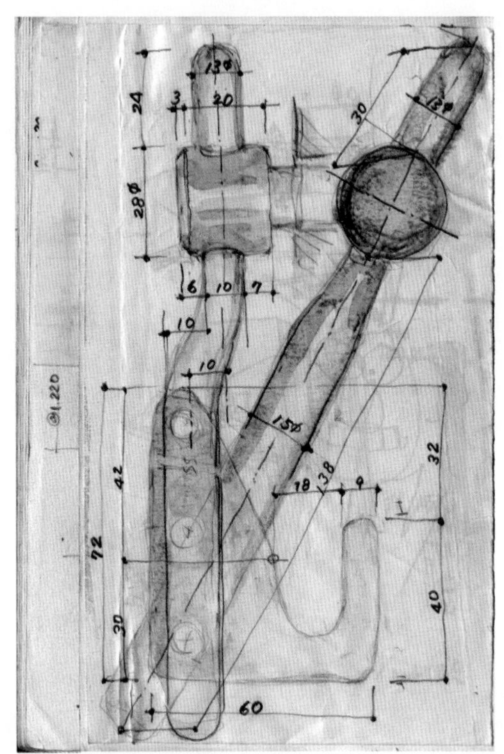

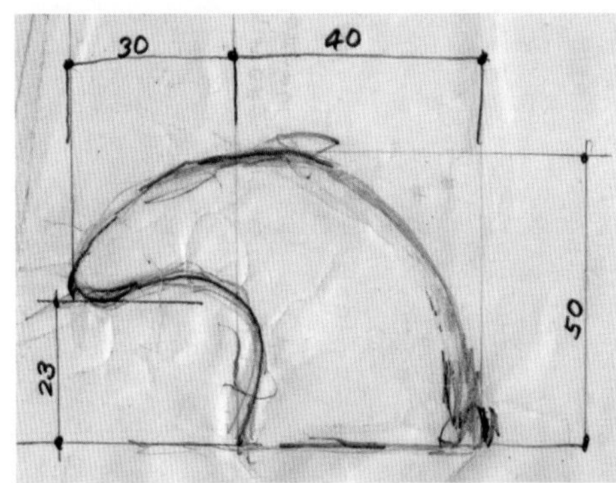

フロッタージュには専用の薄紙、拓本用和紙などを使用する

左／白手袋と木製の折尺は対象物にやさしい
右／実測時に「よく見る」ことで発見することも多い。壁にはコルビュジエが直に書き込んだと思われる寸法の跡が遺されていた

洗面器に取り付けられた蛇口には素人っぽく曲げた形跡がある

CHAPTER 3

図面編

かく／実測をもとに作図する

図面リスト

区分	番号	図面名	縮尺
建築リスト			
D 建築	仕上表		—
	D1	平面詳細図	S＝1：20
	D2	A-A'断面詳細図	S＝1：20
	D3	B-B'断面詳細図	S＝1：20
	D4	天井伏図	S＝1：20
	D5	立面図	S＝1：50
	D6	展開図	S＝1：50
	D7	部分詳細図	S＝1：10
建具リスト			
W 建具	建具表		
	WD1	片引込み框戸	S＝1：10
	WD2	片開き框網戸	S＝1：10
	WD3-1／WD3-2	引違い戸	S＝1：10
	WW1	片開きフラッシュ窓	S＝1：10
	WW2	片開きフラッシュ窓	S＝1：10
	WW3-1／WW4-1	片開きガラス窓	S＝1：10
	WW4-2	片開きフラッシュ折れ戸	S＝1：10
	W5	片開きフラッシュ窓	S＝1：10
家具リスト			
F 家具	家具表		
	F1	コート掛け（造付け）	S＝1：1、S＝1：10
	F2	ヘッドボード（造付け）	S＝1：10
	F3	ベッド	S＝1：10
	F4	サイドテーブル	S＝1：10
	F5	洗面棚（造付け）	S＝1：10
	F6／F7／F8	本棚、机、飾り棚（造付け）	S＝1：10
	F9	箱形スツール	S＝1：10
	F10	クローゼット（造付け）	S＝1：10
	F11	トイレ埋込み棚（造付け）	S＝1：10
金物等リスト			
J 金物等	金物表		
	J1	堀込み引手	S＝1：1（S＝1：2）
	J2	レバーハンドル	S＝1：1（S＝1：2）
	J3	蝶番・マイナスネジ	S＝1：2（S＝1：3）
	J4	シンク	S＝1：2（S＝1：3）
	J5	タオル掛け	S＝1：2（S＝1：3）
	J6	ランプシェード	S＝1：1（S＝1：2）
	J7	照明スイッチ	S＝1：1（S＝1：2）
	J8	閂（かんぬき）	S＝1：1（S＝1：2）
	J9	引手	S＝1：1（S＝1：2）
	J10	木製打掛け	S＝1：1（S＝1：2）

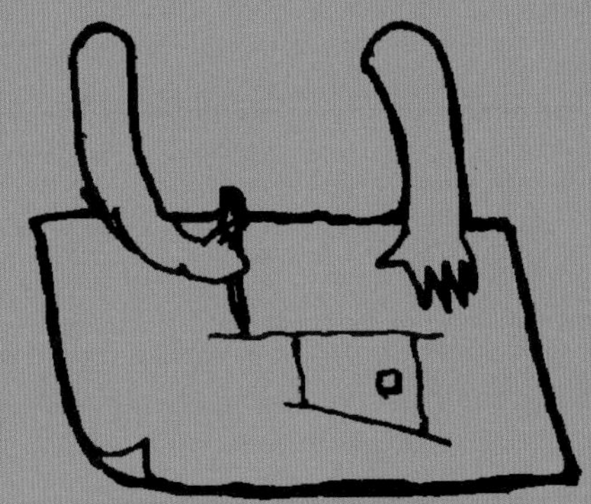

実測で得られた図面総数220枚

2011年2月の現地実測調査結果にもとづき、ものつくり大学キャンパス内にレプリカを建設するため、図面作成を行った。意匠を優先し、実物に限りなく忠実につくることを目指した。実際の構造はパネル構造であるが、在来工法を採用した結果、図面の記載は通り符号を壁芯とし、寸法なども準拠している。つまり、モデュロール寸法の押さえ方は実際に目に見える内法または外法とするので、直接図面上で表記していない部分がある。
図面総数は、建築、建具、家具、金物など計220枚におよんだ。本編はそれらの図面のなかから抜粋して加筆修正を加え、再編成したものである。

図面制作にあたって統一した寸法

現場実測を行うと、原設計と現物との間に形態および寸法の違いを見つけることがある。寸法については実測による誤差もあろうが、施工誤差や現場変更が原因のことがある。
図面の寸法を統一するにあたって、確認申請時の図面を基本としながら、形態は実測調査を優先した。寸法は実測寸法をにらみながら再度見直しを行い、モデュロールに近似する寸法はそれに従うという方針で進めた。

建築

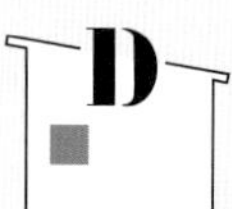

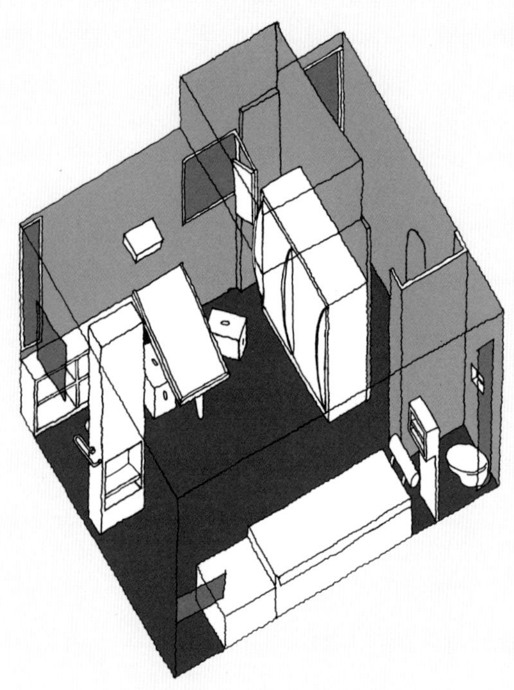

命令書・統括図としての図面

建築図面の目的や機能は大別すると、二つの側面がある。一つは設計者自身ためのコンセプトの表現。二つ目は、第三者に見せて設計意図の確実な伝達を図るためのもの。大学の設計の授業だと往々にして前者止まりとなるが、現寸施工の後者となると単なる絵空事ではなく、他人に具体的に指図するための一種の命令書でもある。「指図」とは図りごとを指し示す意であるが、建築の世界ではまさに設計図を意味した。ここに掲載する図面は自分たちで制作することを前提とするので、学生たちにとっては自分たちに向けた命令書でもあった。

本章で扱う図面は、建築・建具・家具・金物の4部門に分かれるが、建築：architectureの原義はarchi（統率・統合、最上の）-tecture（技術）であり、他の3部門の一つひとつのエレメントがどこにどう置かれるか、レイアウトを指し示す統括図でもある。

建築リスト			縮尺
	仕上表		—
建築	D1	平面詳細図	S = 1：20
	D2	A-A' 断面詳細図	
	D3	B-B' 断面詳細図	
	D4	天井伏図	
	D5	立面図	S = 1：50
	D6	展開図	
	D7	部分詳細図	S = 1：10

仕上表

仕上げ材は工業化を視野に入れつつ、安価でどこにでもある質素な材料が使われている。仕上がりは随所に手の痕跡を残しており、家具と壁画でさらに空間が演出される。

内部

	床	幅木	壁	天井	備考
居室 前室	構造用合板 15 mm厚下地 木製フローリング 12 mm厚（ツガ）WP	ツガ H=50 mm WP	構造用合板 12 mm厚下地 シナ合板 4 mm厚 押し目地張り	構造用合板 12 mm厚下地 シナ合板 6 mm厚 目透し張り WP	
	木製（モミ）フローリング OP		合板 4 mm厚 押し目地張り	合板 6 mm厚 OP 目透し張り	

外部

屋根	波形無石綿スレート（大波板@ 130 mm）6 mm厚
	波形石綿スレート（大波板@ 150 mm）6 mm厚
外壁	構造用合板 18 mm厚アスファルトルーフィング下地、エゾマツ丸太（不燃処理）釘打ち OS
	壁構造木製パネルに太鼓落としの端材の外壁
外構	アプローチ床：コンクリート直仕上げ自然石埋込み
植栽	イナゴマメ、アロエなど

レプリカ　現地

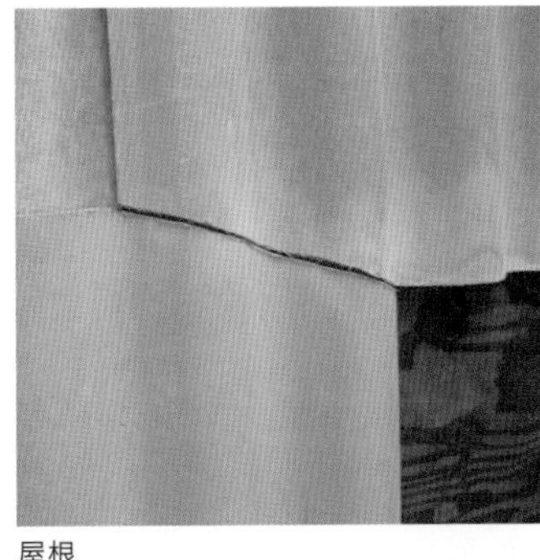

屋根

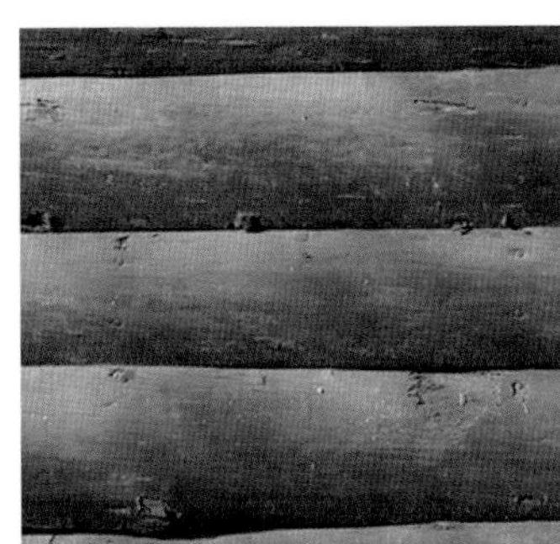

外壁

壁画

床

内壁

天井

平面詳細図

S＝1：20

建築図面のなかでも特に重要な平面図は、部分的で感性的な断面図に比べて、総合的で機能や動線を把握することのできる理性的・知性的側面をより多く担う図面である。「はじめにプランありき」といわれる由縁である。
原設計の寸法は壁厚に影響されない内法寸法を基準としているので、それを遵守したうえで、レプリカ制作にあたっては木造軸組在来工法による基準線を設けて図面化している。
約8畳のワンルームの一見するとシンプルな正方形プランには、モデュロールを基本に緻密な幾何学で構成されており、決して単純でないコンプレックスされた空間が内在している。

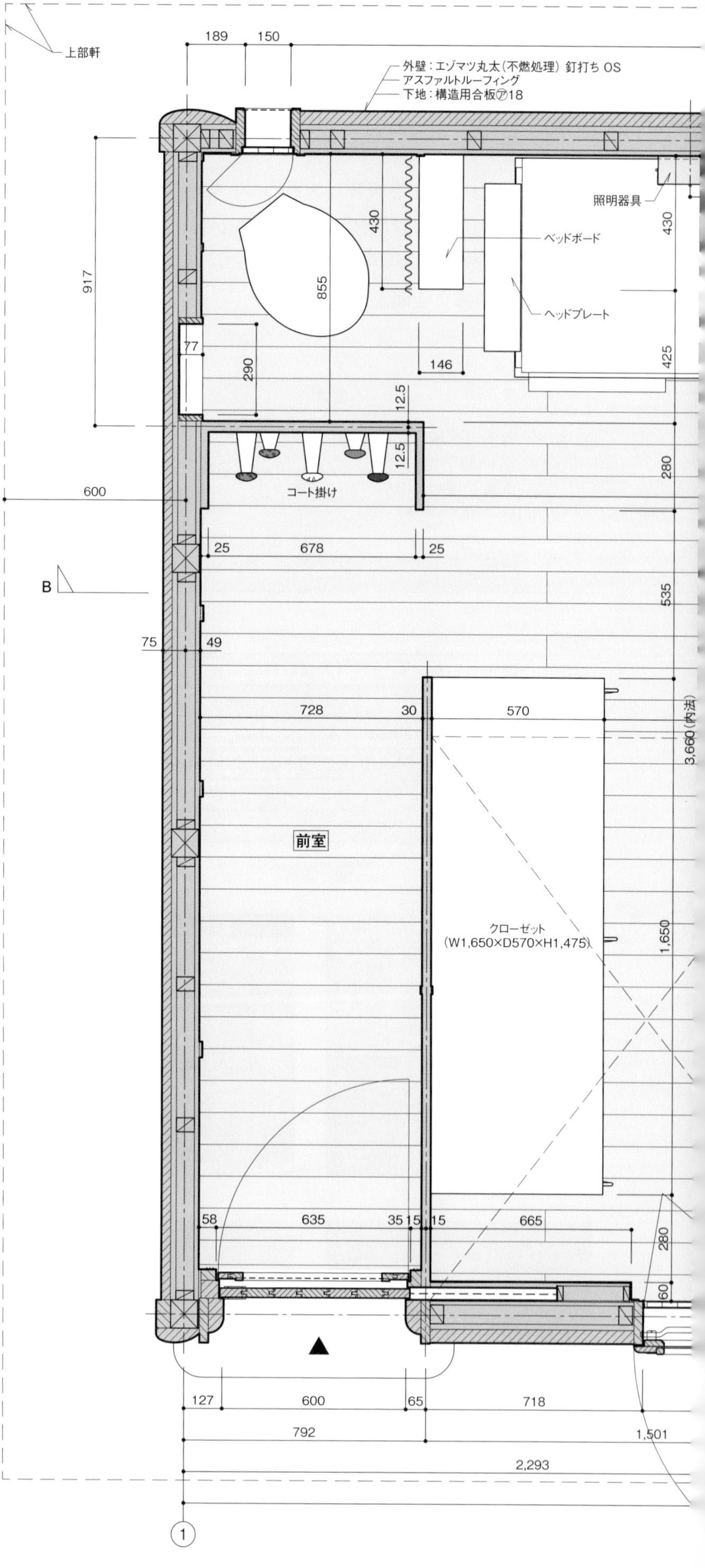

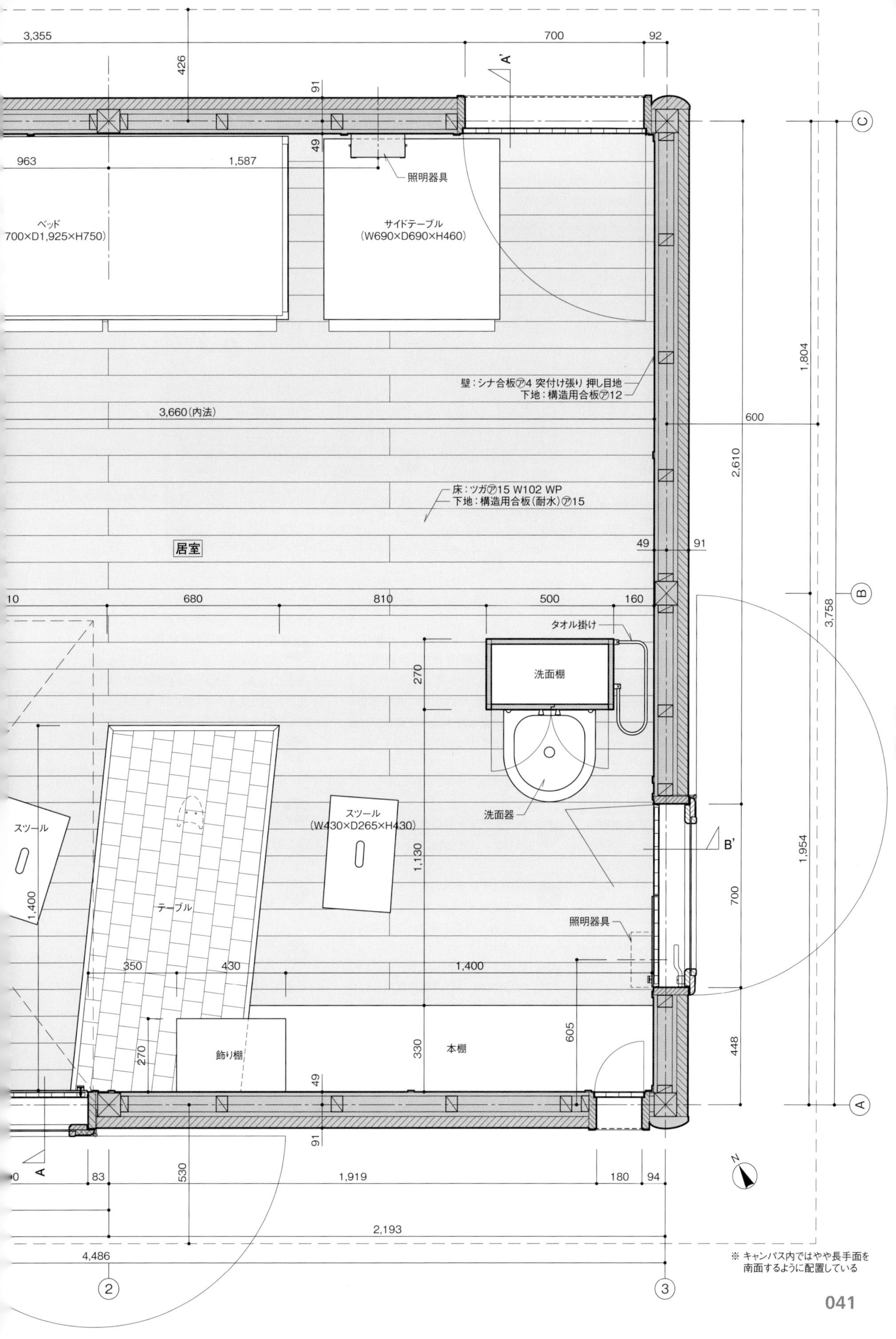
照明器具
ベッド
700×D1,925×H750)
サイドテーブル
(W690×D690×H460)
壁：シナ合板㋐4 突付け張り 押し目地
下地：構造用合板㋐12
3,660(内法)
床：ツガ㋐15 W102 WP
下地：構造用合板(耐水)㋐15
居室
タオル掛け
洗面棚
洗面器
スツール
スツール
(W430×D265×H430)
テーブル
照明器具
飾り棚
本棚
※ キャンパス内ではやや長手面を
南面するように配置している

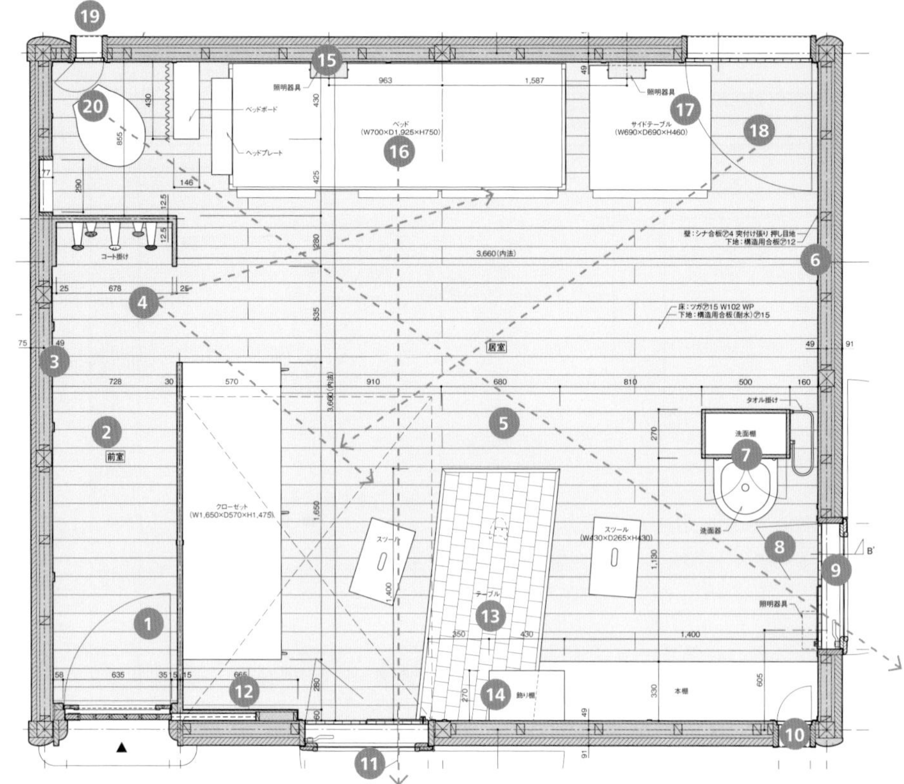

1 出入口の扉は内開きで人を迎え入れ、開く側に主導権がある。室内側から左手で開け、右手で握手が可能な内開き勝手になっている。しかも、開いた把手は壁画を邪魔しないよう、引き戸の引残し部に納まる。また、外壁より突出したステップで玄関をそれとなく示す

2 前室：ヒトデ軒と主室との緩衝帯を兼ねるアクセス空間

3 ヒトデ軒へつながる片開き戸は、壁面でカモフラージュされる

4 目の高さより低い家具で、視界が広がる

5 約8畳間のなかに4つの黄金比長方形（1,8410×840㎜）、1つの正方形（840×840㎜）が卍形にゾーニングされている。さまざまな居場所からのさまざまな視線がある

6 南面する縦長窓からの光がこの壁をなめると、十字架を象徴する押目地が浮かび上がる

7 洗面棚の配置は便所から東側の窓を通る視界を確保した配置にあり、東南の隅にやや閉じたスペースができるとともに、室内空間に奥行きをつくる。さらに壁と離すことで奥まで光が届き、光の壁をつくるだけでなく、壁との隙間はタオル掛けを隠す格好の場になっている

8 角度を変えて外の景色を楽しむだけでなく、洗面鏡にもなる折れ戸

9 窓にはそれぞれの役割がある。この窓は樹木(イナゴマメ)を通して、アトリエ方向へのアイスコープも兼ねる

10 南面する縦長窓は、限られた5つの窓のなかでも通風換気以上に採光窓の意味をもつ。最小限の形状でありながら、南からの光が壁全体をなめ、室内に最大の効果をもたらす

11 南面700㎜角の窓。地中海（水面）を眺めるために腰高を1,000㎜に下げ、モデュロール寸法を変更している。180°開くと2つの正方形が立面の中心になる

12 折れ戸が当たらないようクローゼットとの隙間を確保している

13 斜めに突き出た机は直交グリッドの規則性を破り、空間に動きと錯視をつくる。また平行四辺形の形状が向かい合う2人の視線のズレを生む

14 黄金比で飛び出すようにつくられた飾り棚

15 「静」の北側エリアには光の重心を下げ、照明器具の取付け位置を低く抑えている

16 ベッドから地中海への計算された視線

17 単純な形状に還元された可動家具（サイドテーブル）でインテリア空間の再構成を可能にする

18 横長窓にアフォードされて床に腰を下ろすと、北側への視界は切土による擁壁が見え、反対に室内側を振り返ると折上天井への長い視線がある

19 床からの縦長窓は、トイレ換気のため。室内の最も長い風の道をつくるために対角線に配置。袖壁があることで、片開戸は便器を椅子代わりに使用したときの背もたれになる

20 便器に角度を付けてスペースをつくり、斜めの視線が窓外へ伸びる

トイレスペースの前から対角線の方向を見る

南側の壁面から北側を見る北側のエリアでは窓や照明器具などの位置が低い

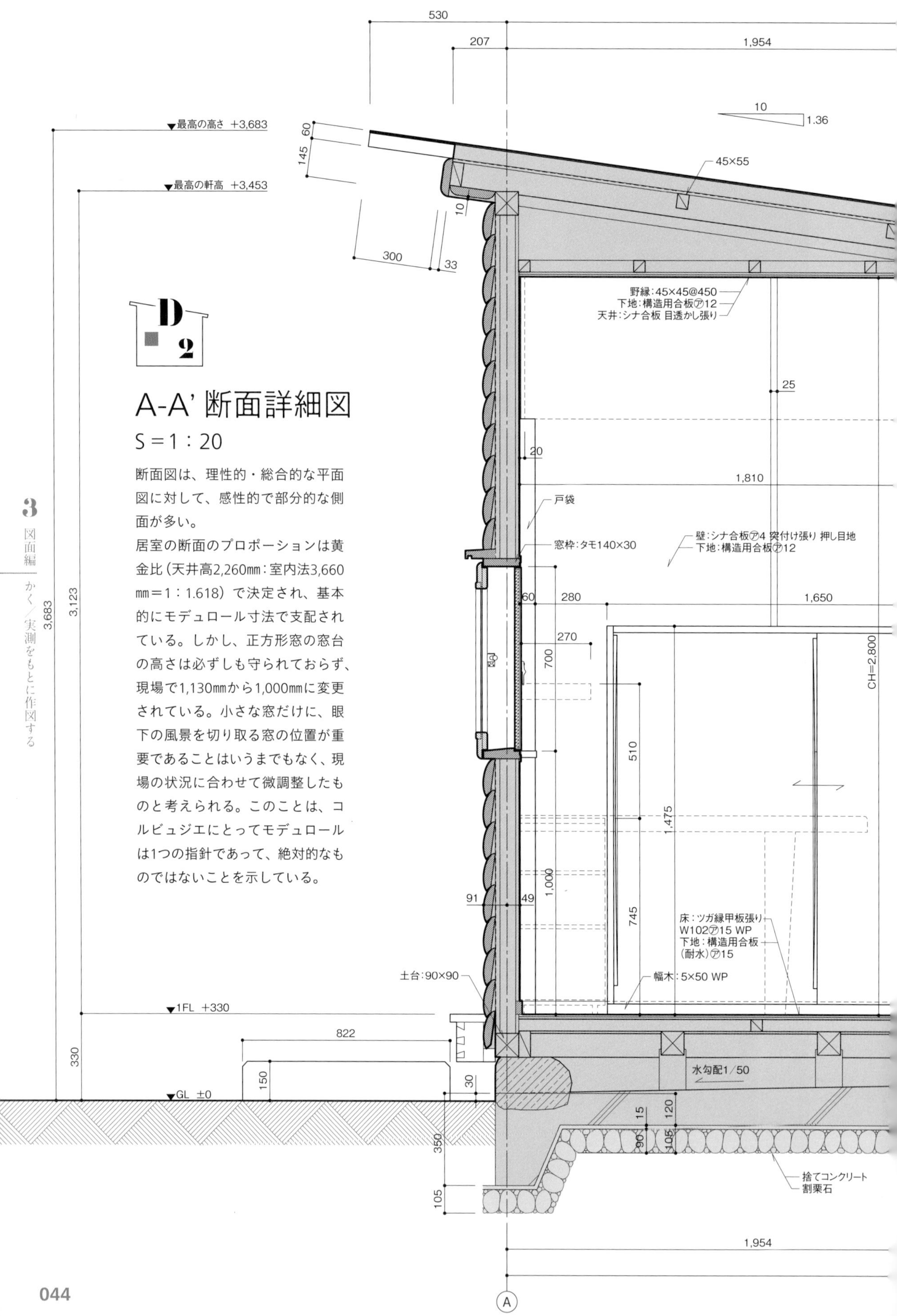

D2

A-A' 断面詳細図

S＝1：20

断面図は、理性的・総合的な平面図に対して、感性的で部分的な側面が多い。

居室の断面のプロポーションは黄金比（天井高2,260㎜：室内法3,660㎜＝1：1.618）で決定され、基本的にモデュロール寸法で支配されている。しかし、正方形窓の窓台の高さは必ずしも守られておらず、現場で1,130㎜から1,000㎜に変更されている。小さな窓だけに、眼下の風景を切り取る窓の位置が重要であることはいうまでもなく、現場の状況に合わせて微調整したものと考えられる。このことは、コルビュジエにとってモデュロールは1つの指針であって、絶対的なものではないことを示している。

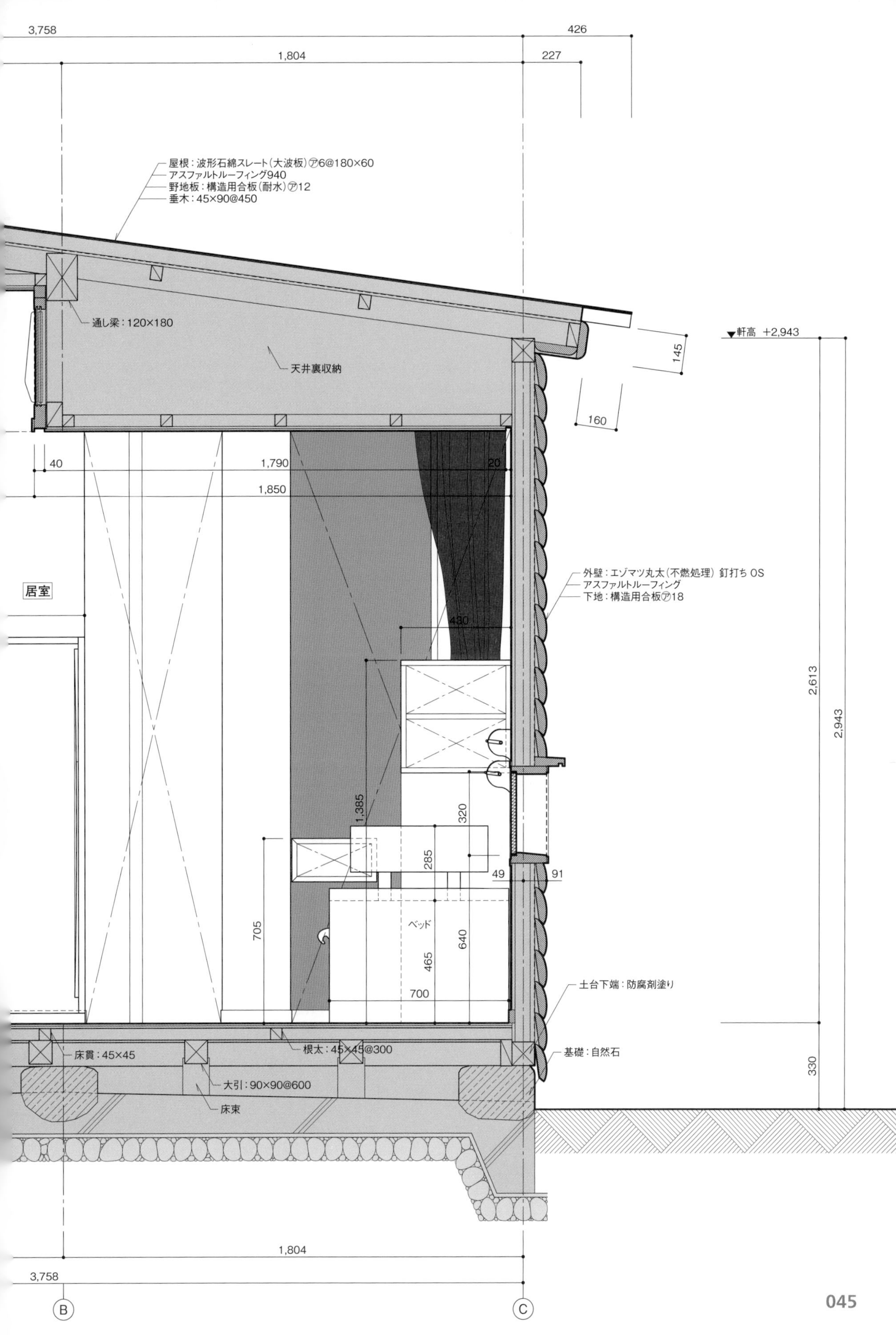
3,758
426
1,804
227
屋根：波形石綿スレート（大波板）㋐6@180×60
アスファルトルーフィング940
野地板：構造用合板（耐水）㋐12
垂木：45×90@450
通し梁：120×180
天井裏収納
145
160
軒高 +2,943
40
1,790
20
1,850
居室
外壁：エゾマツ丸太（不燃処理）釘打ち OS
アスファルトルーフィング
下地：構造用合板㋐18
480
2,613
2,943
1,385
320
285
49
91
705
ベッド
640
465
700
土台下端：防腐剤塗り
床貫：45×45
根太：45×45@300
基礎：自然石
330
大引：90×90@600
床束
1,804
3,758
B
C

D 3

3 図面編 かく　実測をもとに作図する

B-B' 断面詳細図

S＝1：20

正方形の平面なので、A-A'断面図と同様に居室の天井高：室内法は黄金比であることに変わりはない。折上げ天井の境は、廊下を含んだ小屋全体の長手方向と短手方向のセンターを境にして決められている。

前室は西側の「ヒトデ軒」と東側の居室の両者を隔てる緩衝領域であるが、南側の立面を構成するにあたり、コルビュジエは前室を含めた全体を意識して南側の立面を構成している。700㎜角の窓は吊元がセンターライン上にあり、それを基準にして居室の南側半分の天井の割付けがなされている。

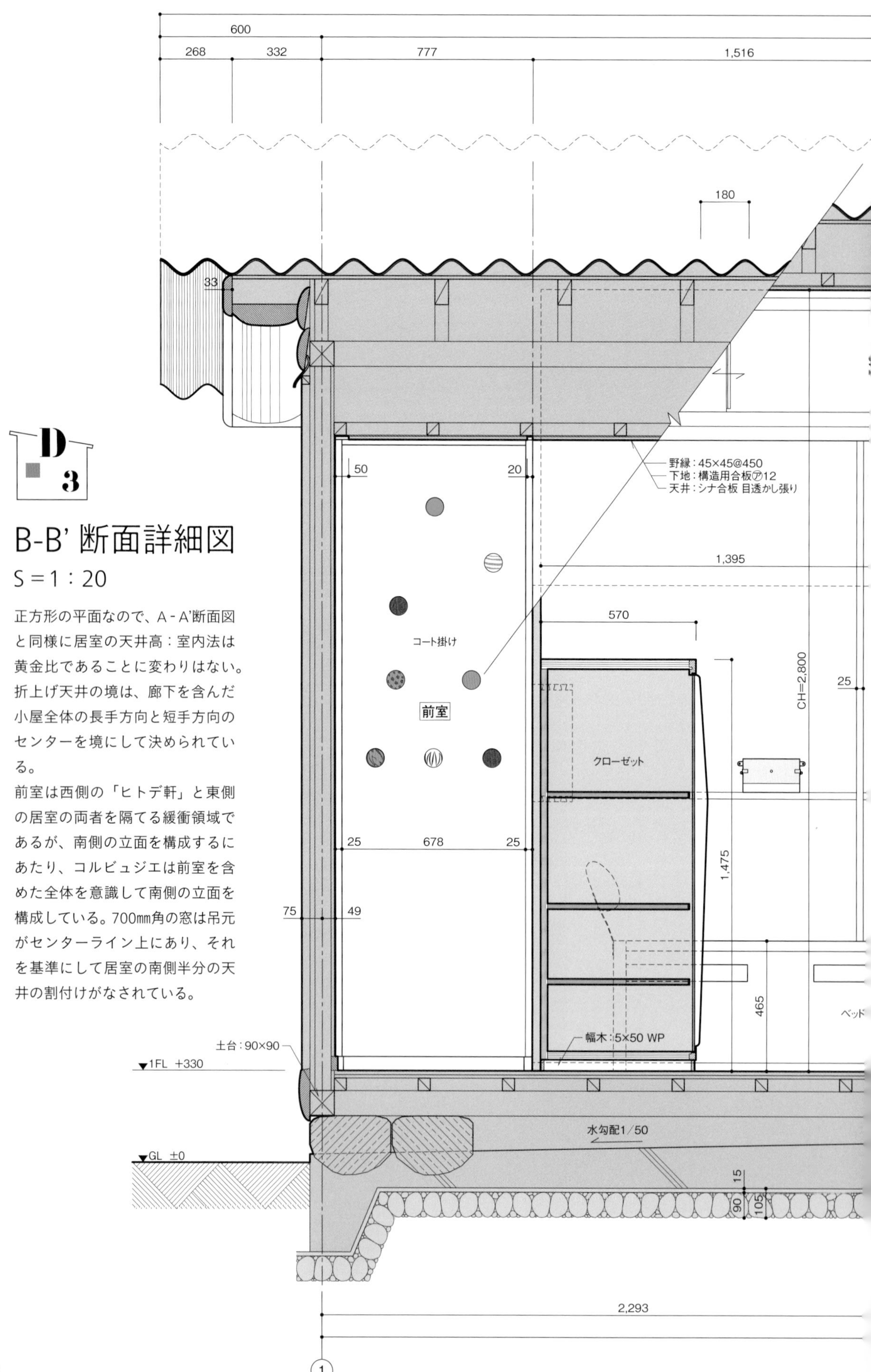

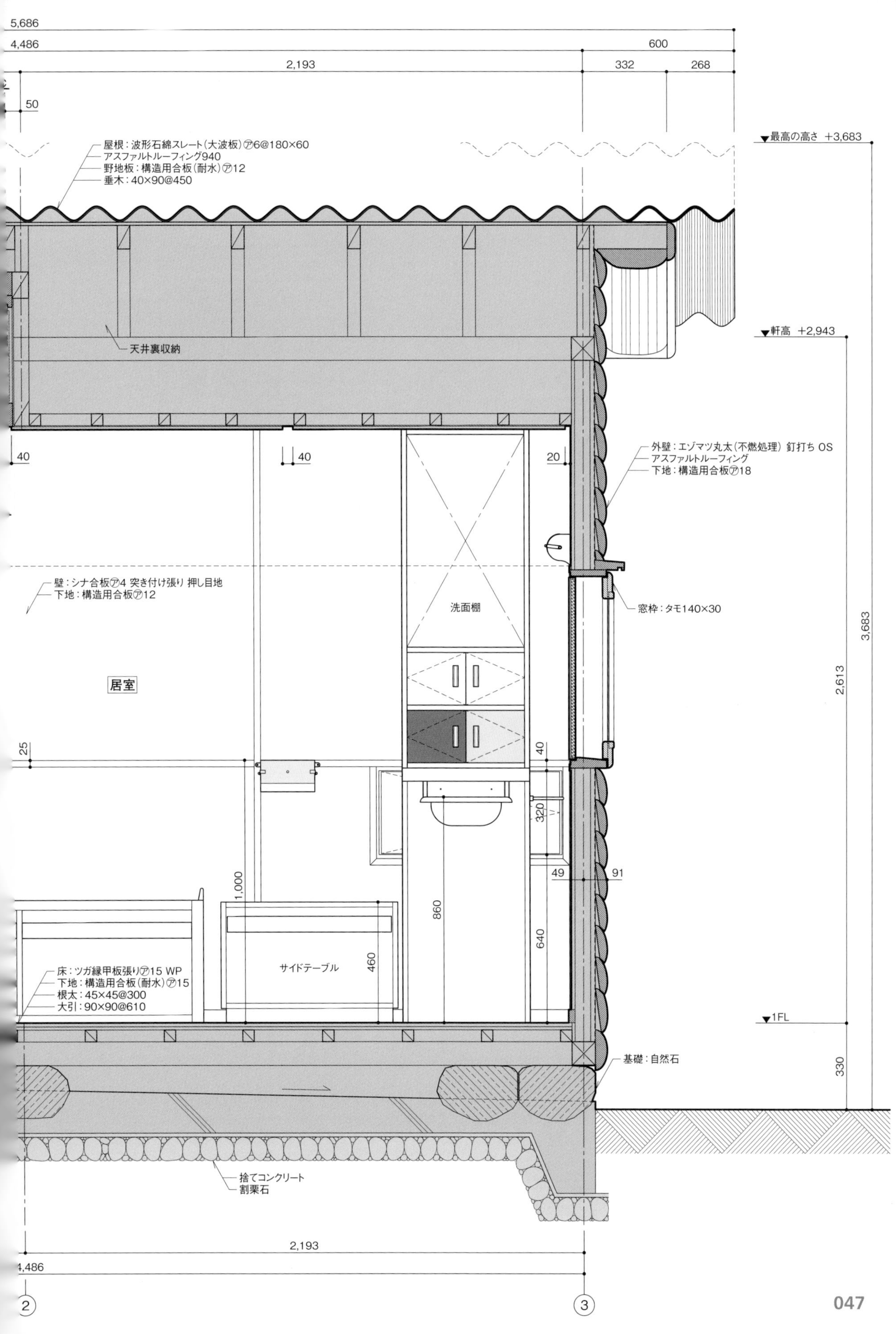
5,686
4,486
600
2,193
332
268
50
屋根：波形石綿スレート（大波板）⑦6@180×60
アスファルトルーフィング940
野地板：構造用合板（耐水）⑦12
垂木：40×90@450
最高の高さ +3,683
天井裏収納
軒高 +2,943
40
40
20
外壁：エゾマツ丸太（不燃処理）釘打ち OS
アスファルトルーフィング
下地：構造用合板⑦18
壁：シナ合板⑦4 突き付け張り 押し目地
下地：構造用合板⑦12
洗面棚
窓枠：タモ140×30
3,683
居室
2,613
25
40
320
49
91
1,000
860
640
サイドテーブル
460
床：ツガ縁甲板張り⑦15 WP
下地：構造用合板（耐水）⑦15
根太：45×45@300
大引：90×90@610
1FL
基礎：自然石
330
捨てコンクリート
割栗石
2,193
4,486
2
3

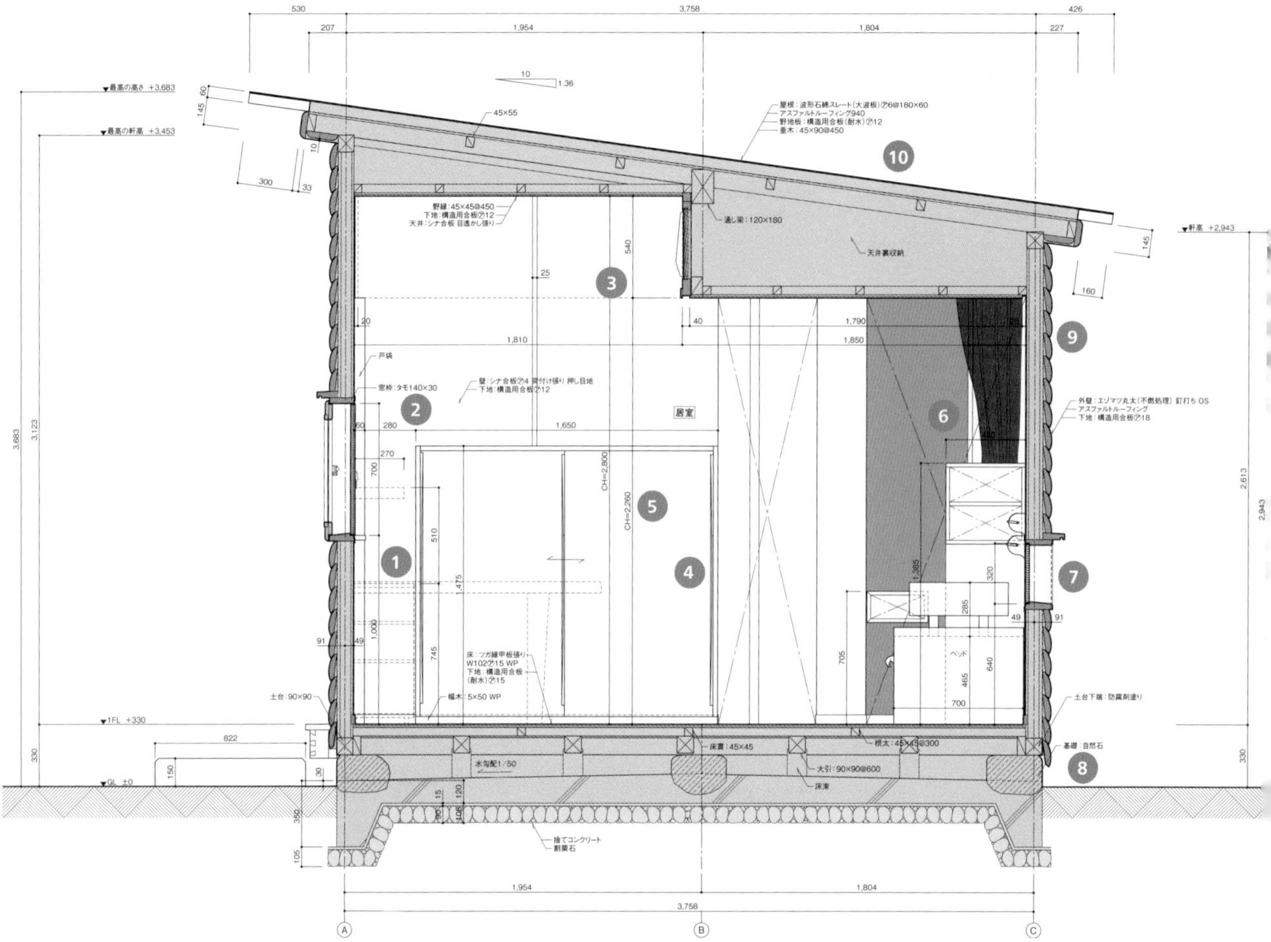

A-A' 断面詳細図 S＝1：40

❶ 窓下の腰の高さは原設計1,180㎜（モデュロール寸法）から1,000㎜に変更されている

❷ 折れ戸が当たらない隙間

❸ 法的制約（床面積に相当する呼吸に必要な空気量の割合から算出された容積を満たす）から生まれた折上げ天井。天井の高さを変えることで、単調なワンルーム空間に広がりと変化が生まれる

❹ 目の高さより低いクローゼットが空間を広く見せる

❺ 臍（へそ）の高さ1,130㎜の2倍が手を挙げた高さとなるモデュロール寸法による天井高

❻ 緑（壁）とカーテン（赤）の補色対比をより効果的にするため、お互いの色の接触を避け独立性を高めてきれいに見せる

❼ 窓の位置を低くして床座を示唆する横長窓

❽ 湿気、水対策で1FLを現地より約130㎜上げている

❾ 現場での変更のうち注目すべきは外装材で、アルミからヴァナキュラーな素材（コルシカ島のスギの端材）になったとされる

❿ 北側に傾斜した片流れ屋根は内部空間の断面から自然に導かれる形状。南側の折上天井以外、残りの天井の懐を屋根裏収納として無駄がない

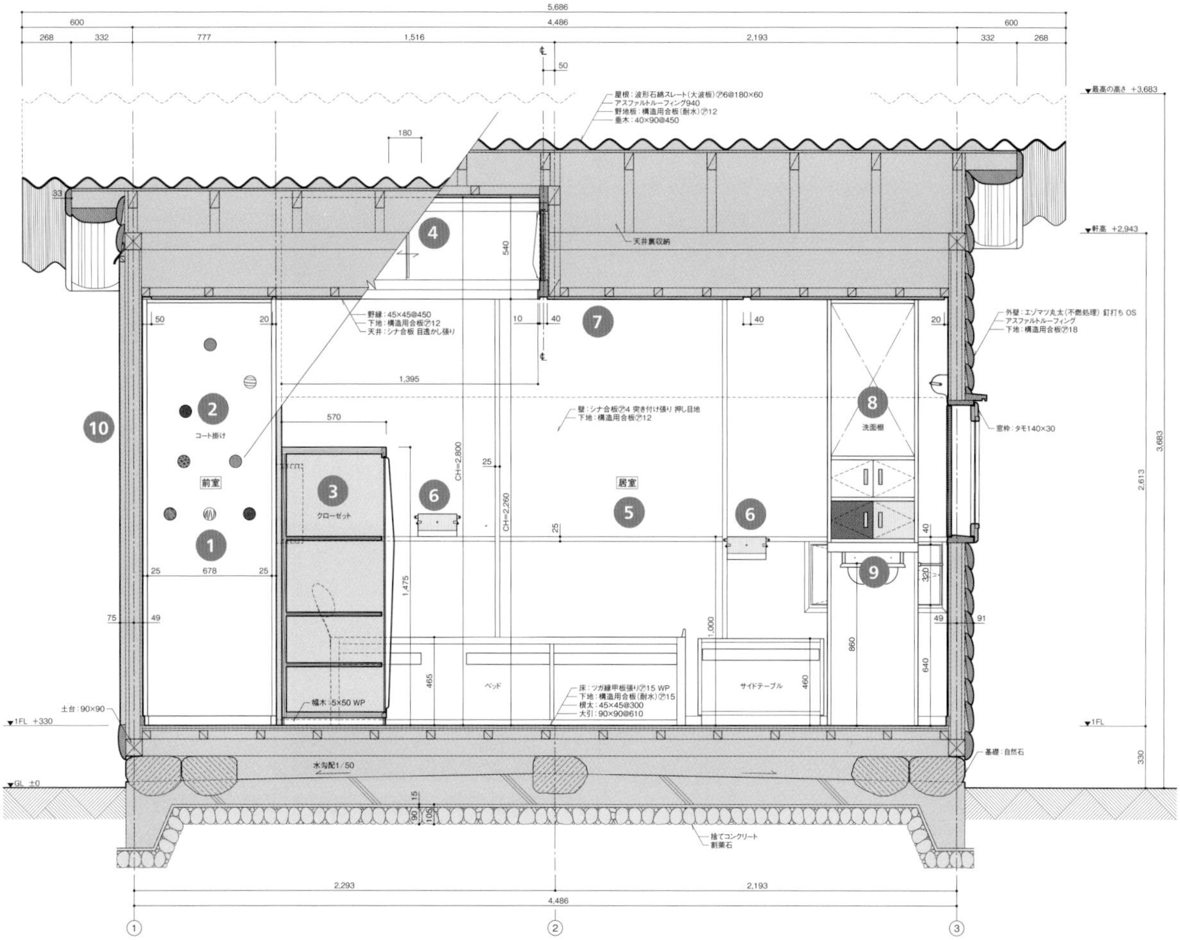

B-B' 断面詳細図 S＝1：40

❶ ヒトデ軒と居室とを分けるアプローチ空間

❷ 正面にきのこの形状をもつ、何も掛けなくても成立するコート掛け

❸ 目の高さより低いクローゼットは限られた空間での収納力向上のため、扉厚を薄くする工夫をしている

❹ 法的室内容積を満たしつつ一部天井を上げて空間にメリハリをつけている

❺ モデュロール寸法で切り取られた、幅3,660㎜×高さ2,260㎜の居室空間

❻ 低めの位置に設けられた、調光機能のあるブラケット照明。ベッドの前後で、微妙に高さを変えている

❼ 法的制約を満足するために設けた折上げ天井の位置は平面のスペースを限定し、南側立面の中心を意識して決められている

❽ 柱のような洗面棚はワンルーム空間に領域と奥行きをつくる

❾ コルビュジエは工業製品の洗面器にオブジェとしての美を見出している

❿ レプリカでは、西面（ヒトデ軒側）の外壁にモデュロールの絵を描いた。その画面の大きさは内部空間の断面を表している

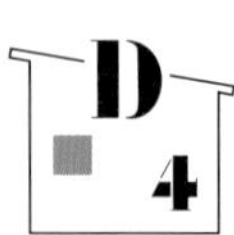

天井伏図

S＝1：20

天井の割付けは、南北に2つのゾーンに分けられる。北ゾーンはほぼ3等分に、南ゾーンは南側立面の中心が割付け基準になっている。

天井高は、モデュロール寸法の2,260㎜と2,800㎜。より低く感じる進出色の赤と、より高さを感じる後退色の青の色彩心理効果を狙った配色。北側コーナーから室内を振り返れば、赤から青（折上天井）へ向かう斜めの視線をさらに助長する。モデュロール寸法による色面構成の下に場を形成し、色彩のもつ心理的効果が加味される。

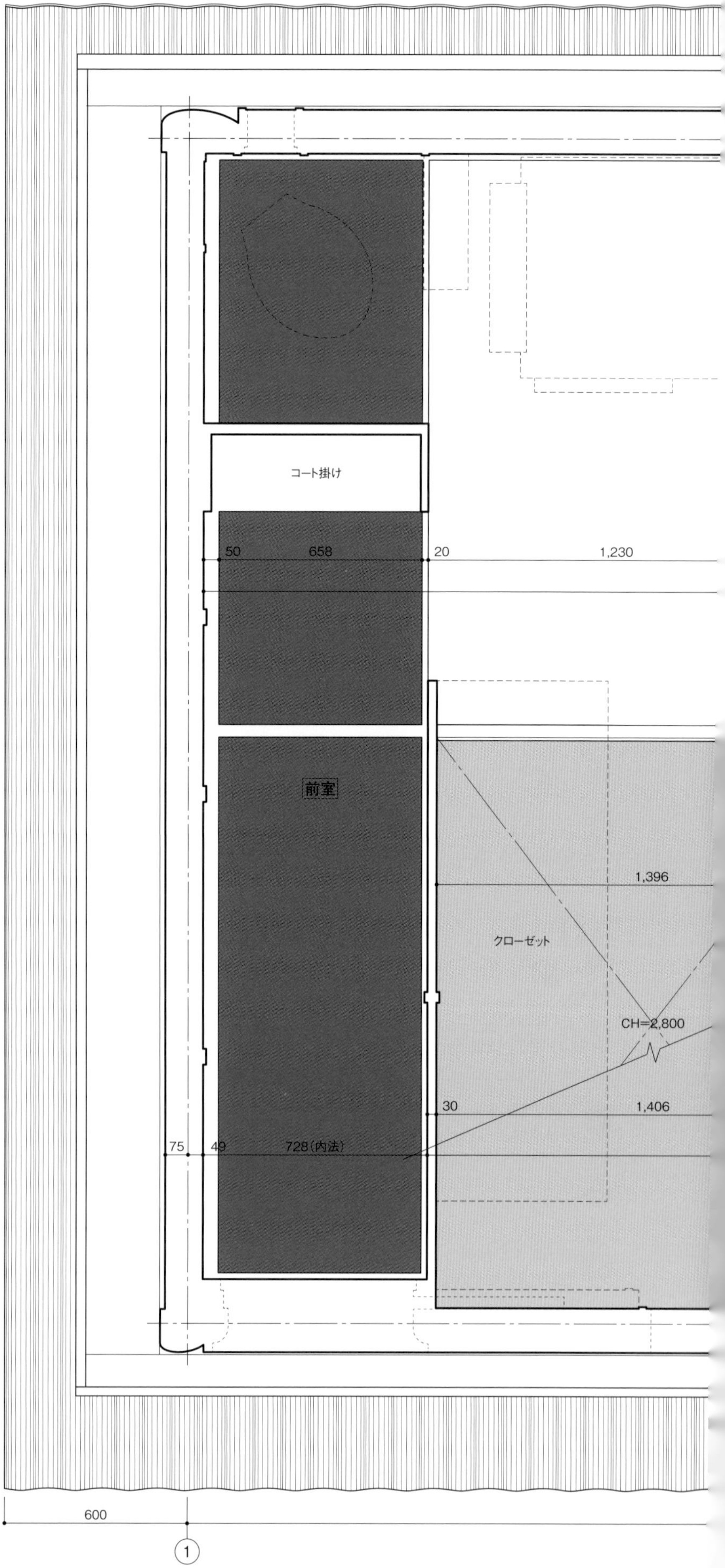

コート掛け
50
658
20
1,230
前室
1,396
クローゼット
CH=2,800
30
1,406
75
49
728（内法）
600
1

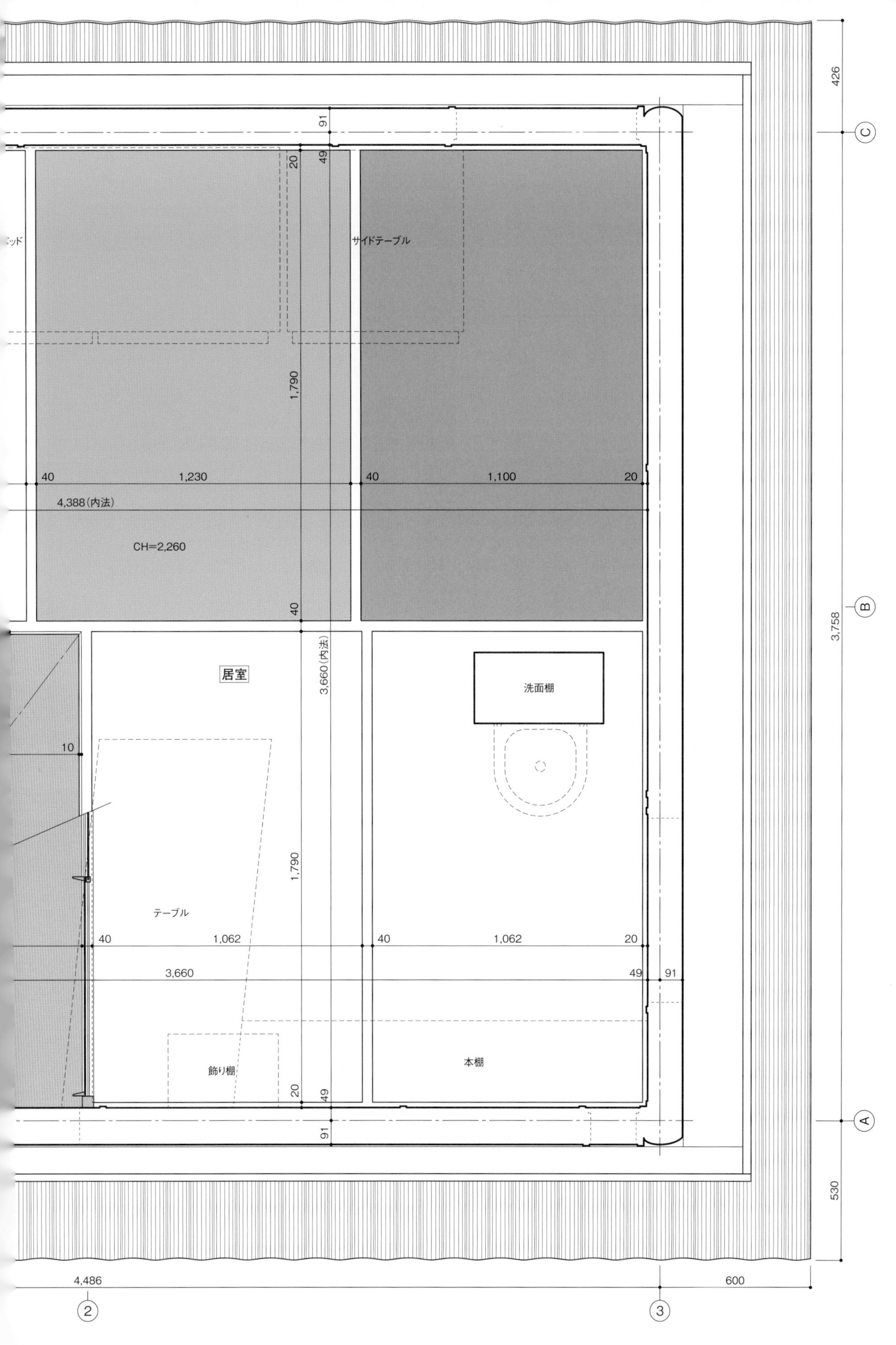

ッド
サイドテーブル
91
20
49
1,790
40
1,230
40
1,100
20
4,388（内法）
CH=2,260
40
居室
3,660（内法）
洗面棚
10
1,790
テーブル
40
1,062
40
1,062
20
3,660
49
91
飾り棚
本棚
20
49
91
426
C
B
3,758
A
530
4,486
600
2
3

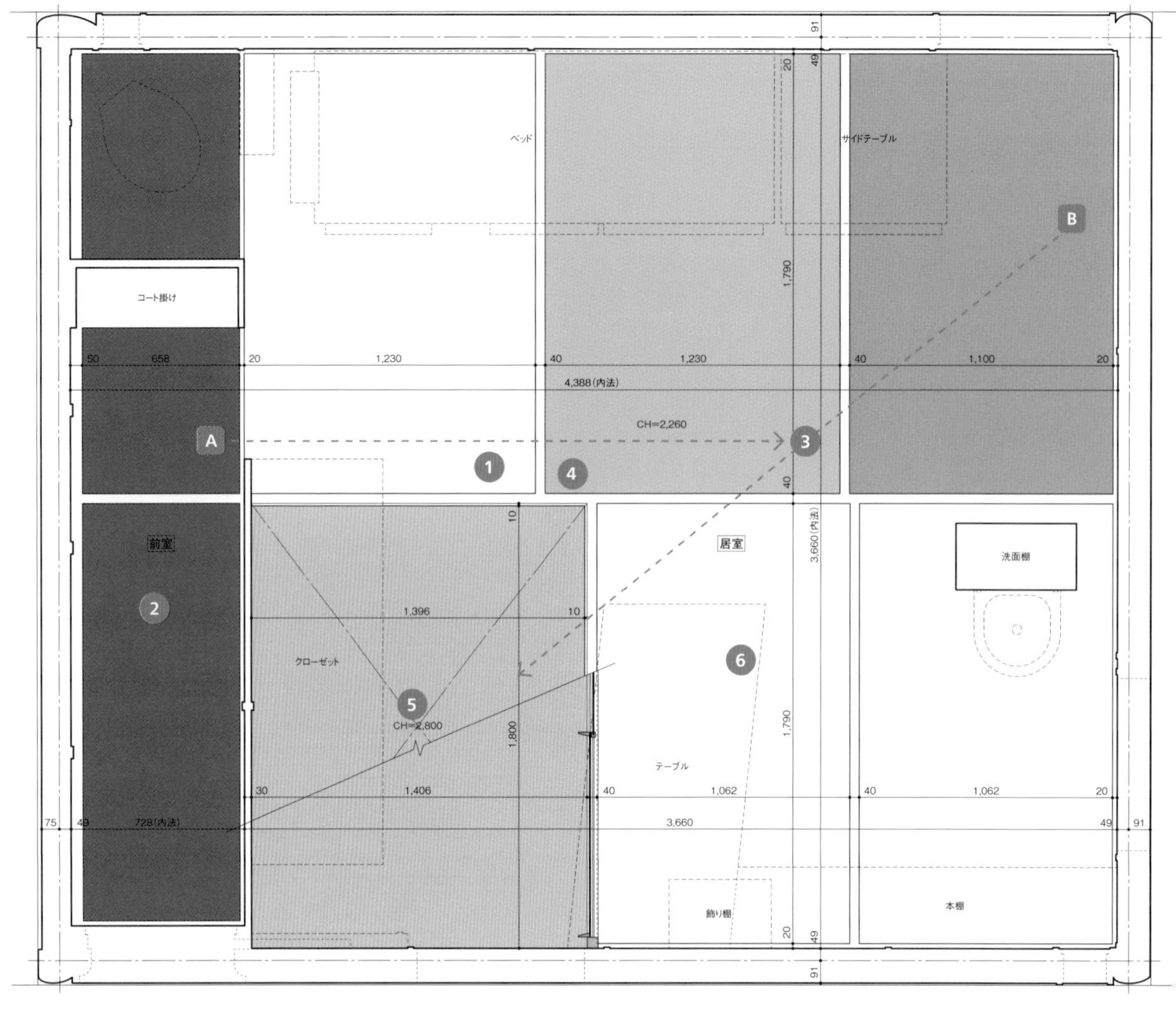

4+2の原色を美しく見せる目地

赤・青・黄・緑の4色はコルビュジエの建築的ポリクロミー（統一的な色調をもたない多彩色）を構成する基本色であり、これらに白と黒を加え、トイレの壁を除いて床と天井（水平面）をモンドリアン風に色面構成している。

目地幅は、隣同士が互いに緩衝しないよう、アイレベルから水平に近い角度からの視線を意識して幅広になっている。特に、この「目地による色の独立性」は、居室に入る直前からのアングル（A - - ->：緑と赤の補色）に見ることができる。

図面の縮尺について

なお本書では図面の縮尺を1/1、1/2、1/5、1/10、1/20、1/50、1/100としている。三角スケールにある1/30や1/40、ましてや1/60は使いたくない。基本的に1、2、5にこだわることが望ましい。このページでの図は1/30となっているが、1/20であれば詳細が表現でき、1/50であればある程度省略ができ、まとまりのある全体が確認できる。なにより大切なのは建築のスケールとの対話ができることである。そのどちらでもない1/30は特別な事情がないかぎり、使わないことが望ましい。

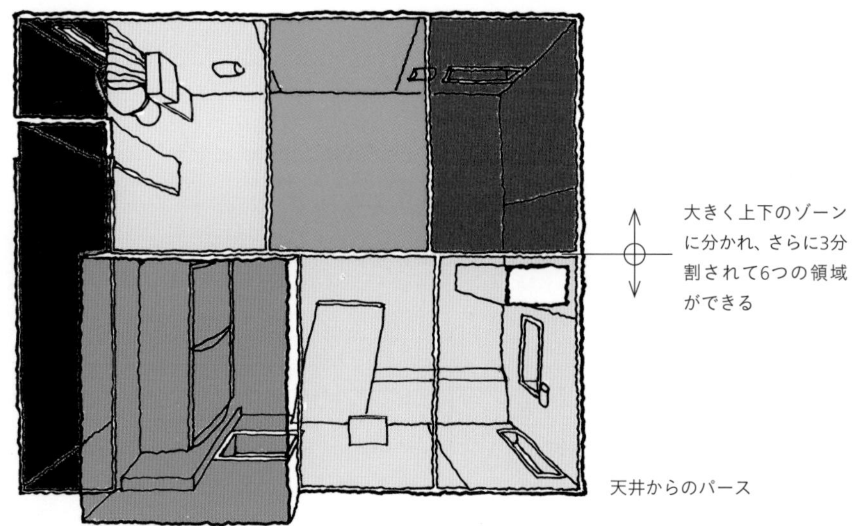

天井からのパース

A矢視の方向から見る

1 北ゾーンの割付けは居室内を3等分、南ゾーンは南側立面の中心と折上天井位置を一致させ、残りを2等分している

2 天井の割付けは、前室およびトイレの天井は居室とヒトデ軒を分ける中間領域として黒色が施されている

3 Aから見て補色の関係にある緑と赤の色面が接触しない目地幅が決められている（A--->）

4 床座のコーナーから折上天井への長い対角線の視線をさらに強調するため、手前は進出色（赤）、奥（折上天井）に後退色（青）を配色している（B--->）

5 法的規制（換気のための気積）を逆手にとって、折上天井のある新たな空間をつくっている。ここで用いられているブルーは顔料の発祥地に由来して「プルシアンブルー」あるいは「ベルリンブルー」と呼ばれる

6 コルビュジエにとって「白」は常に力強く、積極的な色として使われていたようだ

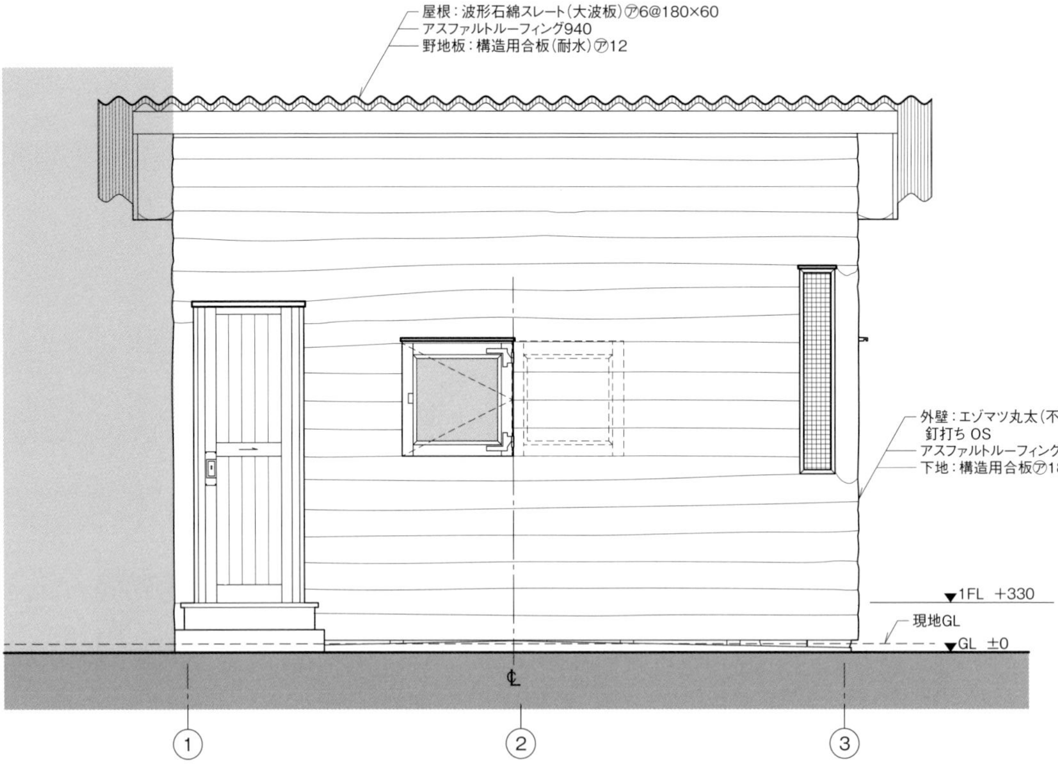

屋根：波形石綿スレート（大波板）㋐6@180×60
アスファルトルーフィング940
野地板：構造用合板（耐水）㋐12

外壁：エゾマツ丸太（不燃処理）
釘打ち OS
アスファルトルーフィング940
下地：構造用合板㋐18

▼1FL ＋330
現地GL
▼GL ±0

℄

1 2 3

南側立面図

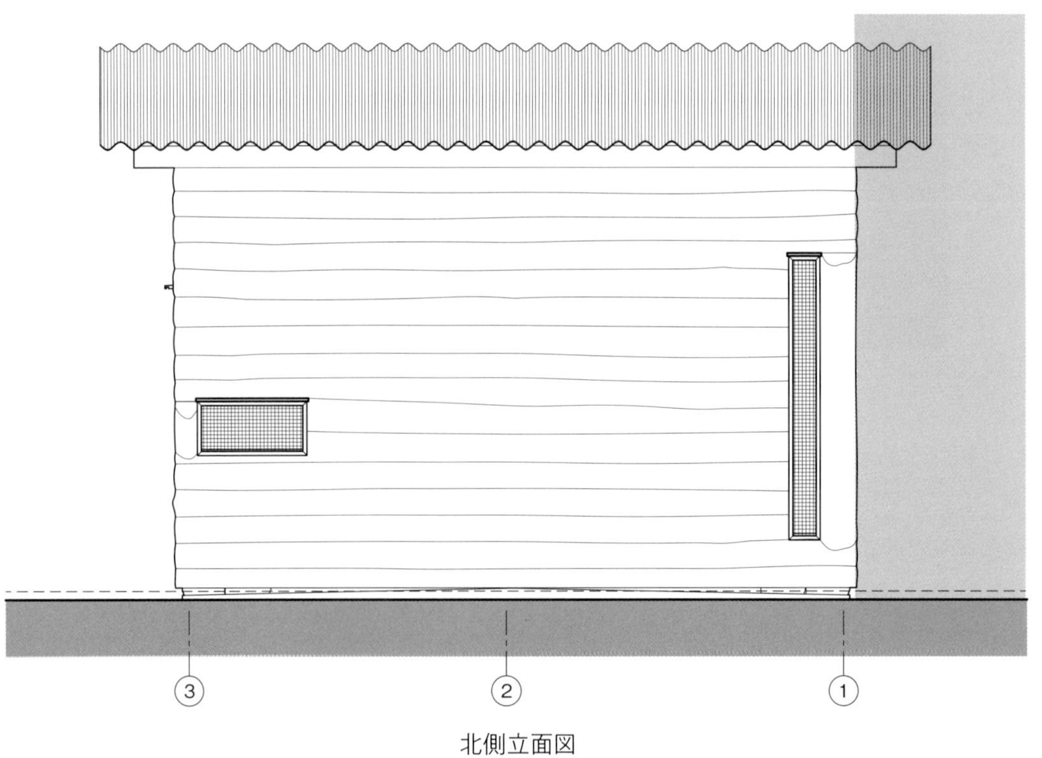

北側立面図

立面図

S＝1：50

現地の樹木に覆われ自然に溶け込んだ小屋は、外観を否定するかのように佇む。太鼓落としの端材で覆われた外壁は一見すると「ソローの丸太小屋」を感じさせるログハウス風であるが、出隅の納まりや東面の扇状の目地割に、張りぼての外壁であることが隠さずに表れている。

周囲に溶け込んで目立たないアノニマスな造形は、近くにあるアイリーン・グレイの別荘（E-1027）と対照的であり、コルビュジエ自らが提唱してきたモダニズムとは真逆である。適所に採光・通風を確保する最小限の窓が穿かれた外観は、かつてコルビュジエが提唱した「近代建築の5つの要点」と対極にある。3年後に完成するロンシャンの礼拝堂の光を予感させる濃密な内部空間だけでなく、立面へのこだわりが見える。規準線（トラセ・レギュラトゥール）を頼りに、例えば南側立面は700㎜角の窓を180°開いて開放したとき、開口と建具の2つの正方形がシンメトリーになるように厳格に配置されている。

外壁は壁構造のパネルに端材の外皮をまとわせた屋根とともに極めて質素で粗末な材料が使われている。この分厚いヴァナキュラーな外壁は、窓に抱き（奥行き）をつくり、光の質に変化を及ぼす。また、岩に穿たれた洞窟のように周囲の風景に溶け込んでモダニズムが捨てた「素材のもつ装飾性」と「時間への意識」を取り込もうとするコルビュジエの意志が認められる。

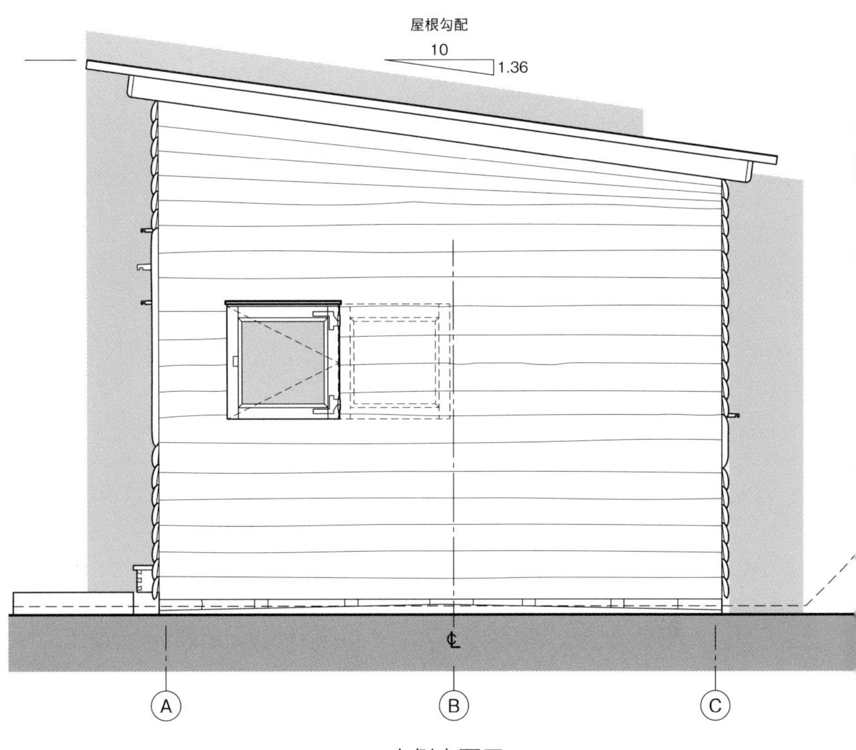

東側立面図

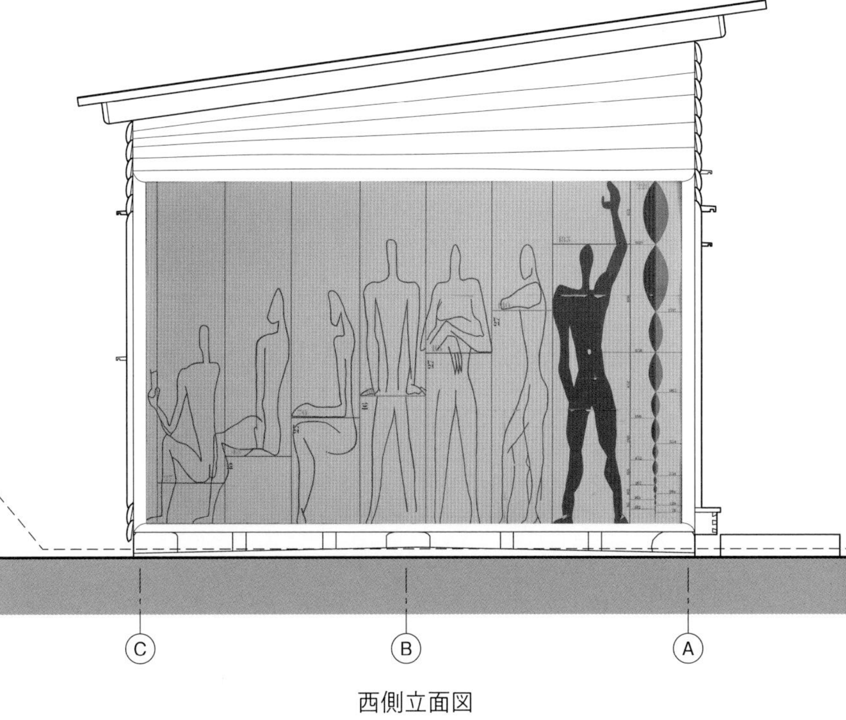

西側立面図

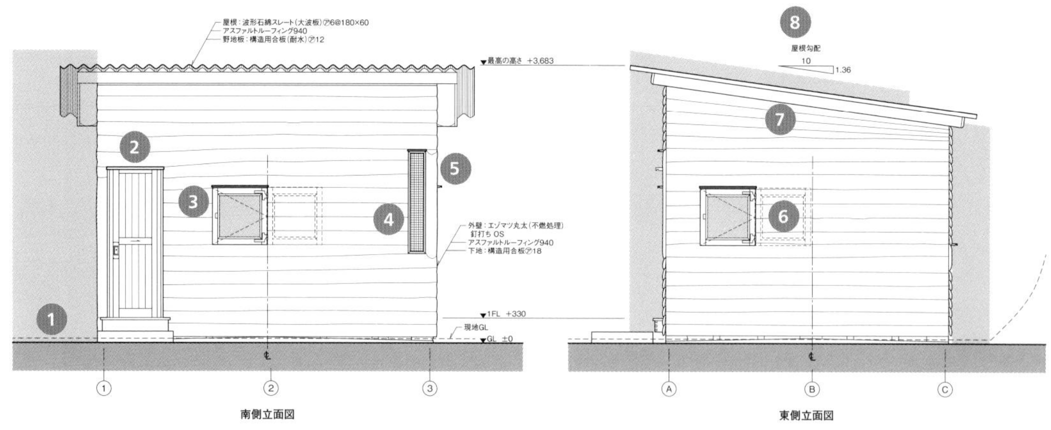

南側立面図

東側立面図

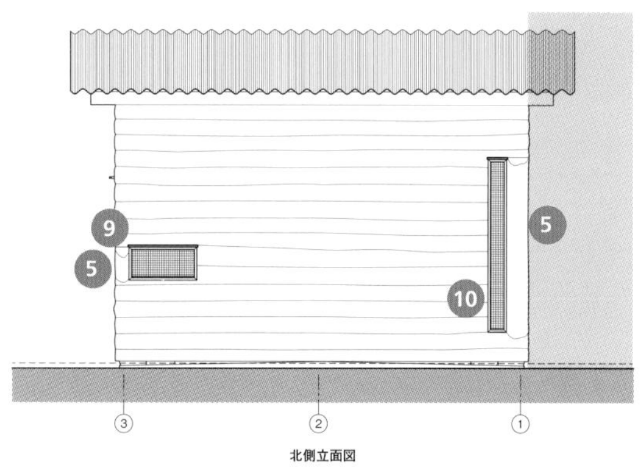

北側立面図

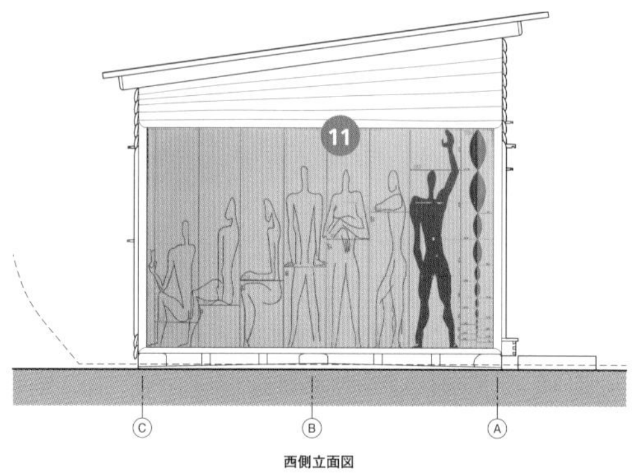

西側立面図

1 現地では1FLはGL＋200㎜程度で大地に近く、また周囲の樹木も大きいので、より小さく感じられる

2 扉上部の大きめの水切りと足元には突き出たステップ、そして太めのR付き縦枠で玄関らしさを演出している

3 地中海を望む窓はこの700㎜角の小さな窓1つのみ。小さなピクチャーウィンドウであるが、より海が望めるよう原設計より100㎜下げている。この被せタイプの外開き木製窓を180°開放すると内部からは建具が見えなくなり、外部からは2つの正方形がセンターに配置される。ほとんど南側から見ることはないにもかかわらず、中心を意識したエレベーションにコルビュジエのこだわりがある

4 マツの端材で覆い、ログハウス風に厚みを増した下見張りの外壁が窓の抱きを深くし、豊かな光をつくる

5 短い部分的な袖壁は竪張りとして、あくまで施工上の合理性を優先している

6 イナゴマメに覆われた外部空間に接したこの窓からアトリエが見え、外来者の訪問に対するアイスコープの役割を兼ねている。この窓も南面の窓と同様に、外壁の中心線を基準に厳格に配置されている

7 東側立面上部の外壁は水平に張らず扇状に仕上げられ、出隅は材料の断面が剥き出しの粗い表情そのままである。このように妻側上部は扇形に張るほうが、鋭角をつくらず施工上極めて合理的であると同時にパース的効果もある

8 屋根の材料や勾配は既存の食堂に合わせてつくられているが、太陽からの光と熱に対する配慮がなされている。壁はより多く「日照」を受けるが、片流れ屋根は北側傾斜の負荷を軽減する

9 唯一の横長窓は、原設計では700㎜角の窓だった。風の道や換気窓としての役割を果たすほか、腰を下ろして外を覗いてみたくなるという行動（アフォーダンス）を促す

10 トイレのプライバシーと臭気に配慮した、床からの縦長窓

11 レプリカでは内部の黄金比の断面をそのまま西立面とし、コルビュジエの提唱したモデュロールを表す壁画を描いた。実物は「ヒトデ軒」に接して増築されているため、実際には西側立面図は存在しない

ものつくり大学キャンパス内の調整池を地中海に見立てて配置。現地に比べて大きく感じるのは1FLを高くしたことと、周囲の樹木の違いなどによる

現地では存在しない西側（ヒトデ軒側）立面をモデュロールの壁画としている。画面はそのまま室内の黄金比の断面になっている。増築しているので、より環境に負荷のかからない最小限の外壁である

展開図

S＝1：50

コルビュジエは小屋の完成当初、押縁の割付けが気に入らず、やり直しを要求している。壁面のパネルジョイントを処理するための押目地について、特に東側では注意が払われたことが伺える。空間にある種の緊張感が与えられ、南の縦長窓から射した光がこの壁をなめるように照らすとき、その効果は絶大である。平凡な素材でも、非凡な空間ができることを示している。

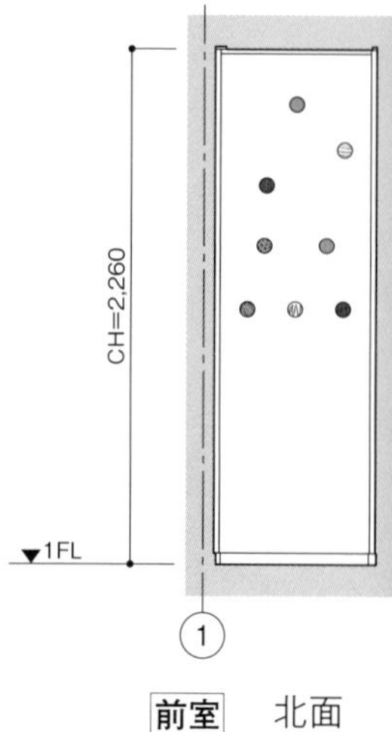

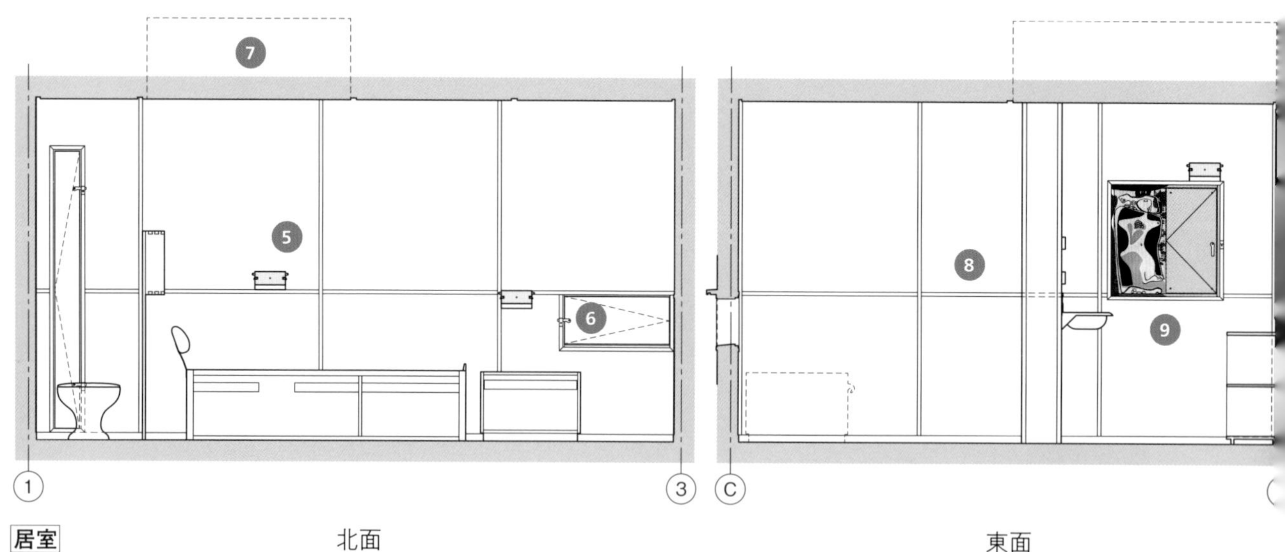

1. 黄金比をもつ断面
2. 片開き扉は開く側に主導権がある
3. 壁画のなかにカモフラージュされた「ヒトデ軒（食堂）」へつながる扉がある。船の賛美者として、コンパクトで合理的な最小限の客室にも通じる扉の形状になっている
4. 緑の壁は赤色のカーテンと干渉を避けるため塗り残している

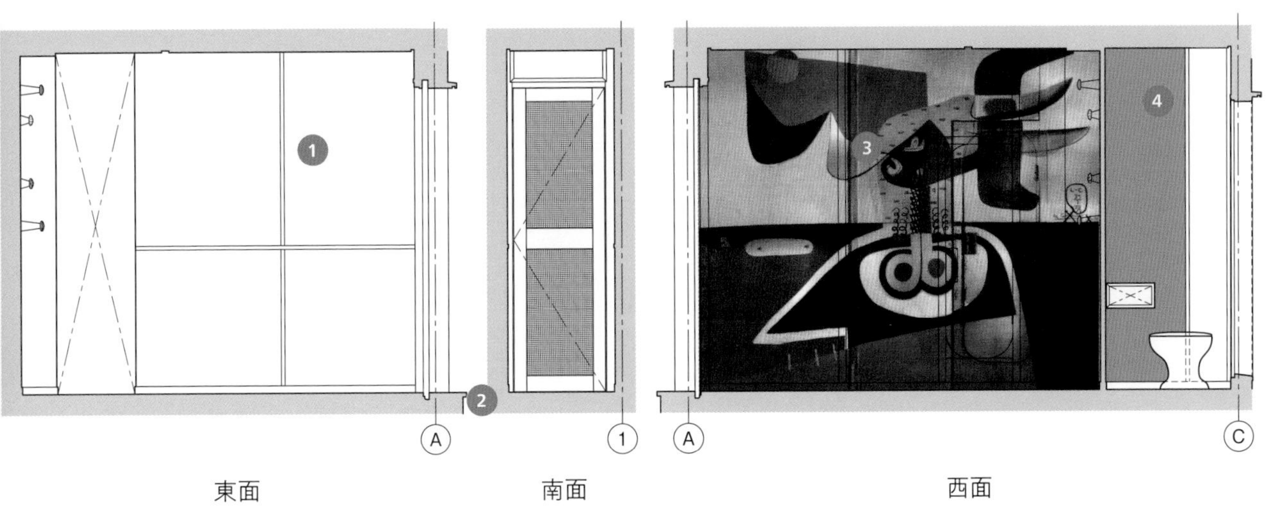

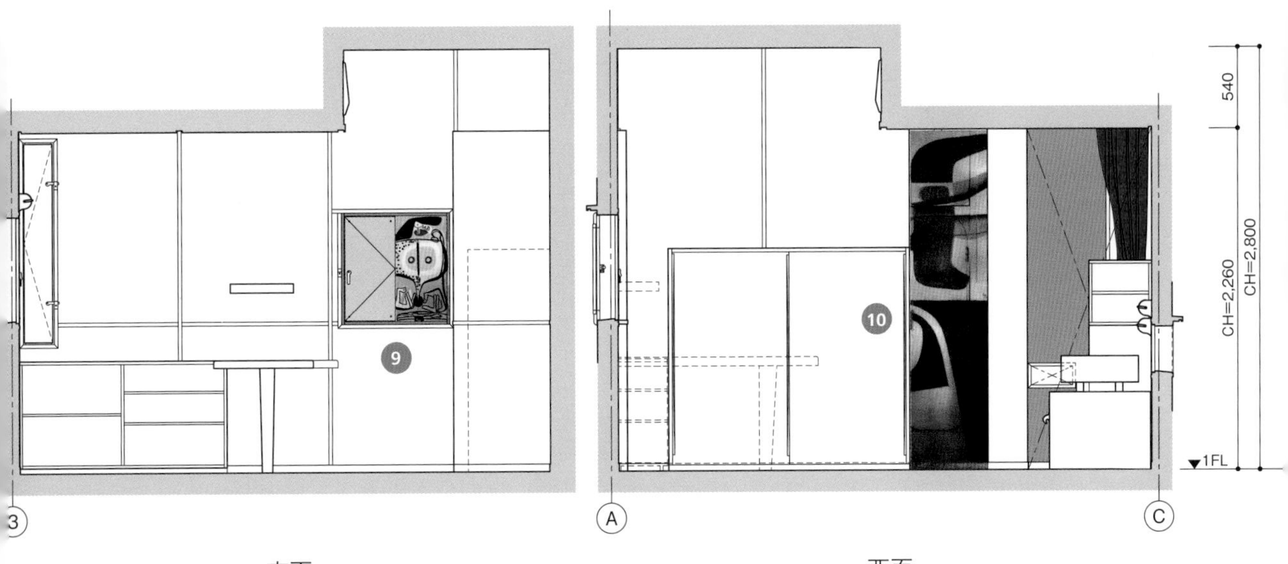

5 北側の寝室ゾーンは、南側の休息ゾーンより光の重心を上げている

6 唯一の横長窓は、ここに腰を下ろすと外を眺めるのにちょうどよい目の高さにアフォーダンスされ、外の「土」を意識することができる。室内を振り返ると、対角線上に斜めの視線が用意されている

7 必要な空気量を確保する衛生上の法規的制約を、折上天井とすることで解決している

8 南からの光が壁面をなめ、明るさ感は開口の大きさだけで決まるものではないことを証明している

9 現場で変更した窓高（モデュロールに固執していない）

10 目の高さより低く設定されたクローゼット

部分詳細図

S＝1：10

「室に室たるはその空にあり」と老子は言う。建築はモノという材料で構成されるが、大事なのはそのモノよりも、ネガ部分である残りの空気のほうである。こう意識されると意匠図の見方、描き方が見えてくる。

「たとえ素材は質素であろうが粗末であろうが、あるいはディオゲネスが指示するような簡素な計画であろうが全く質を落とすことなく、私は建築家としての生涯を通して家は宮殿であるという確信に動かされてきたのだ」とコルビュジエは語る。

「粗末であること」はつまり、大事な要素は空間や光であることを意味している。平凡かつ粗末な素材で「虚実皮膜の間」に非凡な空間をつくること。壁の厚み、窓の抱きが光をコントロールし、光に豊かさを与える。壁が穿たれ、壁厚がそのまま開口部の枠となる、シンプルで無骨な納まりである。

1. 前室壁画に設けられた押目地の幅は50㎜
2. 壁の押目地の標準幅は30㎜
3. 下見張りの分厚い壁は、より壁の存在を強調する
4. 片開窓は、180°開放すると室内から建具が見えなくなる
5. 折れ戸との隙間から漏れる光の効果は絶妙
6. 建具枠との隙間によって漏れる光は、厚みを感じさせる

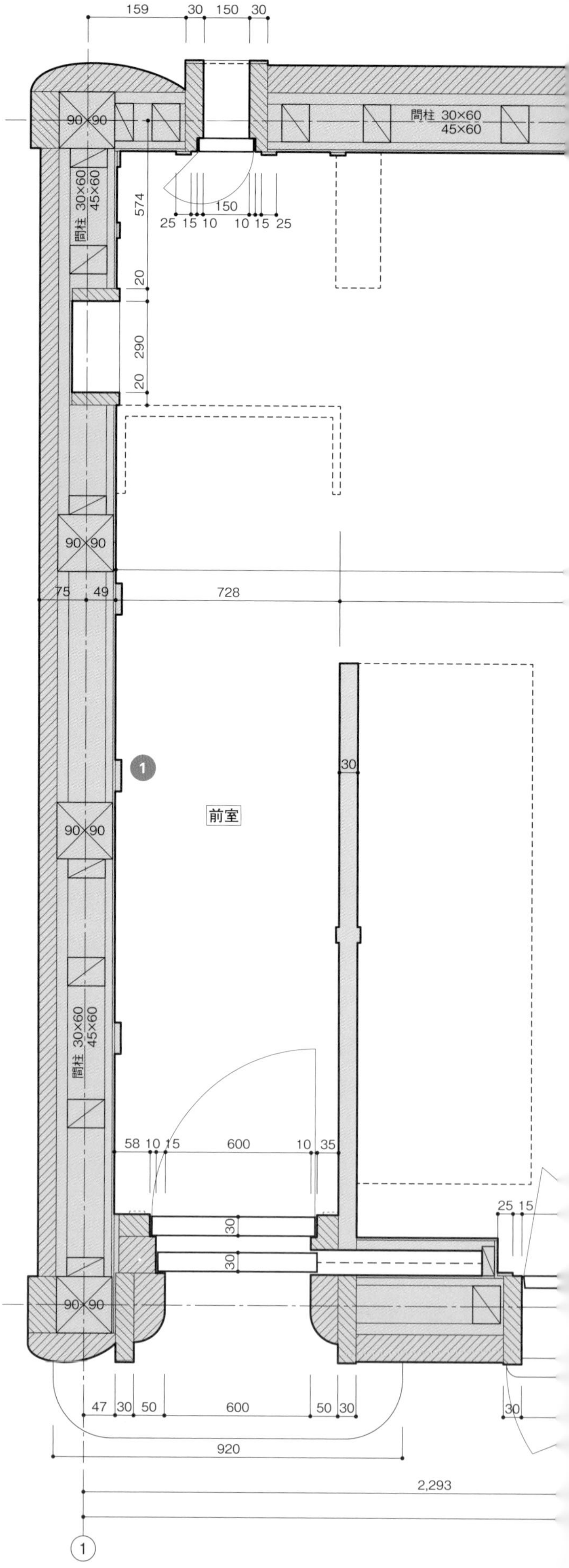

前室

間柱 30×60 45×60

90×90

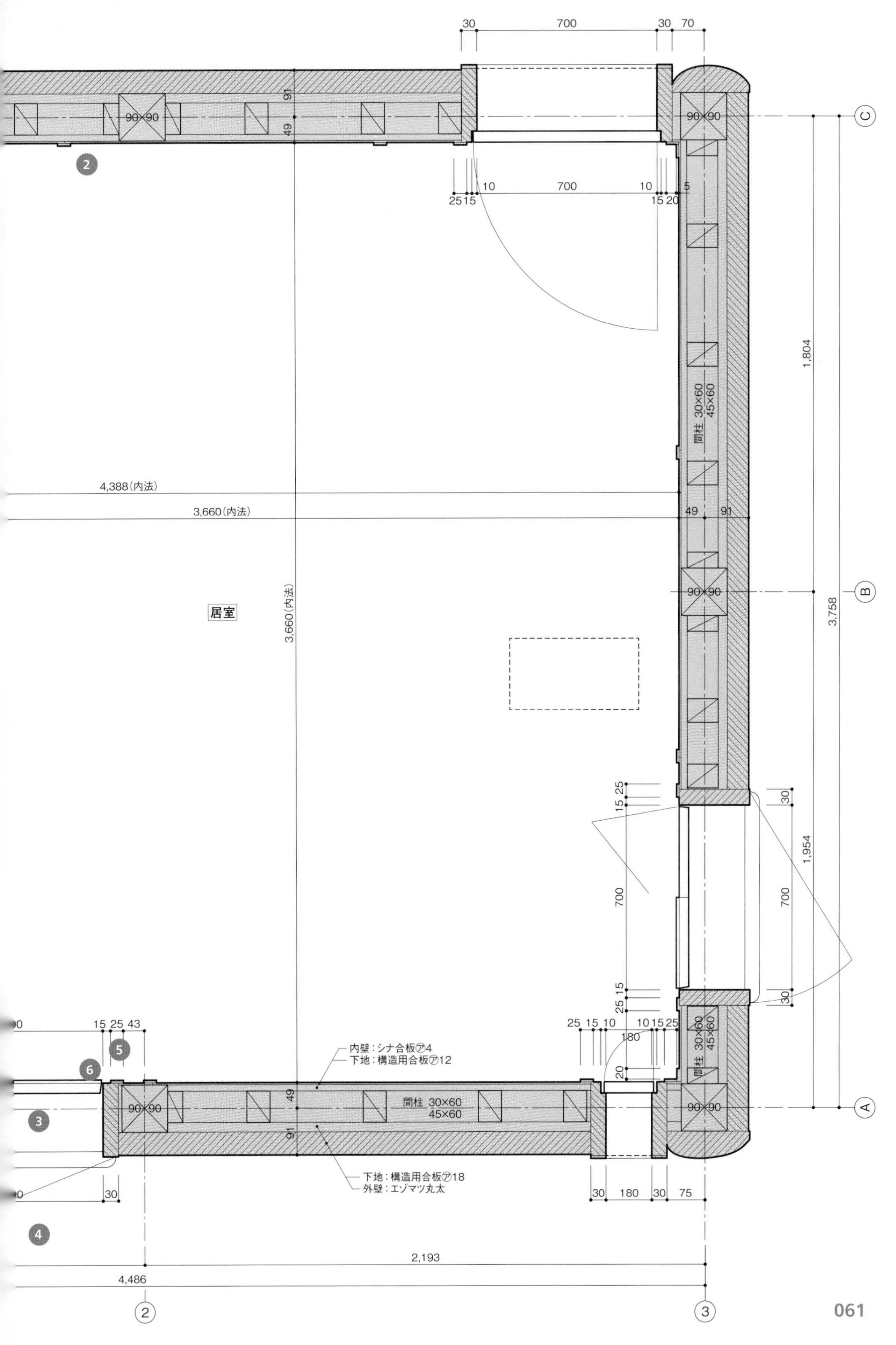

居室
4,388（内法）
3,660（内法）
3,660（内法）
90×90
間柱 30×60
45×60
内壁：シナ合板⑦4
下地：構造用合板⑦12
下地：構造用合板⑦18
外壁：エゾマツ丸太
1,804
1,954
3,758
2,193
4,486

建具

開口部のディテール

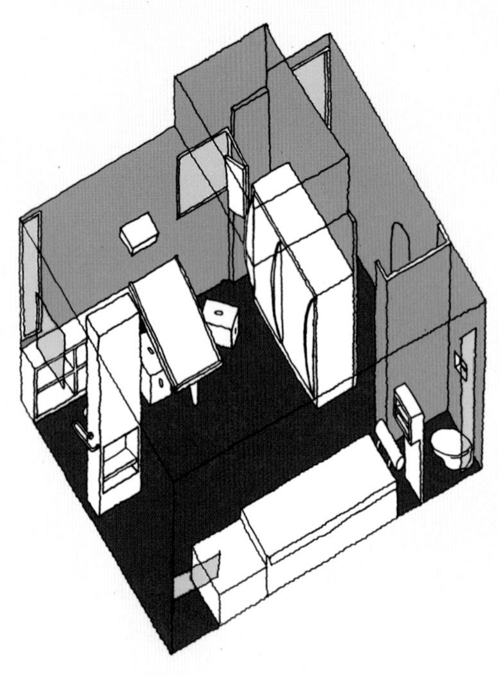

開口部は、出入口を含めて6カ所ある。窓の建具は、開口部のすべてが開放されたときの状態を想定して決められ、外開き窓と鎧戸機能をもつ内開き戸で構成されている。正方形の外開き窓は180°開くことで、開放時には建具の存在がまったく消え、かつ壁厚をそのまま開口枠としているので、壁が穿たれたかのように外の風景が切り取られる。一方で、この開口枠には戸当たりがないため内開き鎧戸を閉じたとき、その隙間を通して一筋の陽光が漏れる。窓の「抱き」が生むこの光は、3年後に完成するロンシャンの礼拝堂の光を暗示している。

コルビュジエは近代建築の工業化を目指し、休暇小屋の量産化も視野に入れていたという。当初は開口部を金属製のサッシで予定しており、断面のディテールをほぼそのまま木製に移行したようだ。水密性を高めるピンチブロックとレバーハンドルによる引寄せ機構はあるが、雨仕舞で苦労したようである。レプリカ制作にあたっては、窓上部に出入口上部と同様の水切りと、下枠に水勾配の傾斜を設けた。

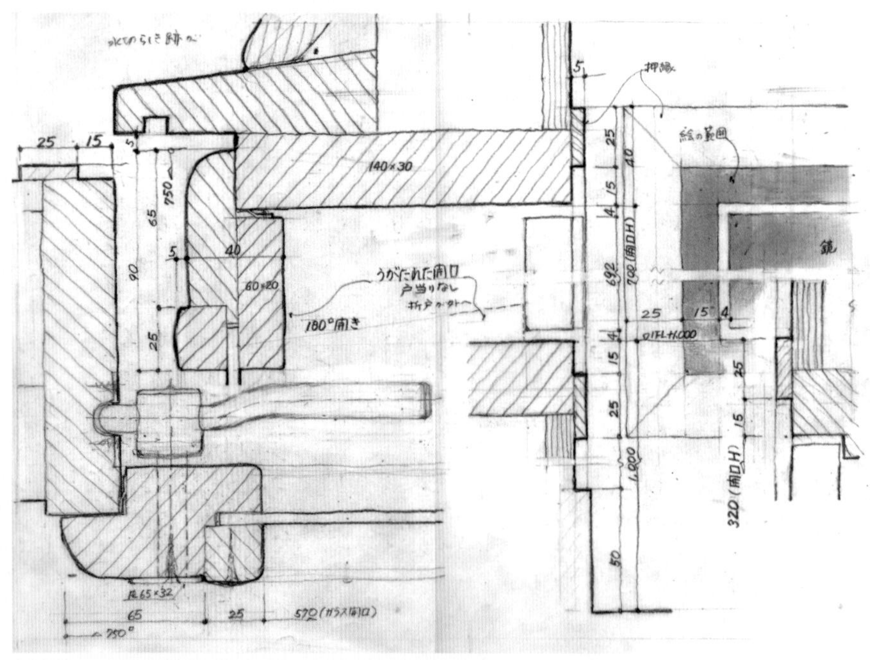

片開きガラス窓（WW4−1）のフリーハンドによる実測図

建具表

建具記号	名称	タイプ 片開き	タイプ 片引き	タイプ 折れ戸	タイプ 引違い	寸法 (W×H×D)mm (W、Hは開口内法)	材料・仕上げ	支持金物	錠など 鎌錠	錠など カンヌキ	錠など 打掛け	金物 引寄せハンドル	金物 引き手	金物 戸当たり	枠見込み	防虫網	数量	備考
WD1	片引込み框戸		○			600×2,025×30	タモ OP	戸車	○				○		205		1	
WD2	片開き框網戸	○				620×2,026×30	タモ OS	蝶番		○					205		1	レール、戸車
WD3-1	引違い戸				○	1,345×365×4	タモ両面化粧合板 OS						○		40		1	扉付属の木製引手
WD3-2	引違い戸				○	1,662×365×4	タモ両面化粧合板 OS						○		40			扉付属の木製引手
WW1	片開きフラッシュ窓	○				150×1,820×21	タモ片面化粧合板 OS	蝶番			○				140	○	1	
WW2	片開きフラッシュ窓	○				700×300×21	タモ片面化粧合板 OS	蝶番			○				140	○	1	
WW3-1	片開きガラス窓	○				700×700×40	タモ OS	蝶番				○			140	○	1	ピンチブロック
WW3-2	片開きフラッシュ折れ戸			○		700×700×21	タモ片面化粧合板 OS	蝶番			○			○	140		1	鏡、扉絵
WW4-1	片開きガラス窓	○				700×700×21	タモ片面化粧合板 OS	蝶番				○			140		1	ピンチブロック
WW4-2	片開きフラッシュ折れ戸			○		700×700×21	タモ片面化粧合板 OS	蝶番			○			○	140		1	鏡、扉絵
WW5	片開きフラッシュ窓	○				180×1,300×21	タモ片面化粧合板 OS	蝶番			○				140	○	1	

※ OP：ナフタデコール（パイン色）油性合成樹脂ロックペイント、ウェス拭き取り
OS：オイルステインワニス、ウェス拭き取り

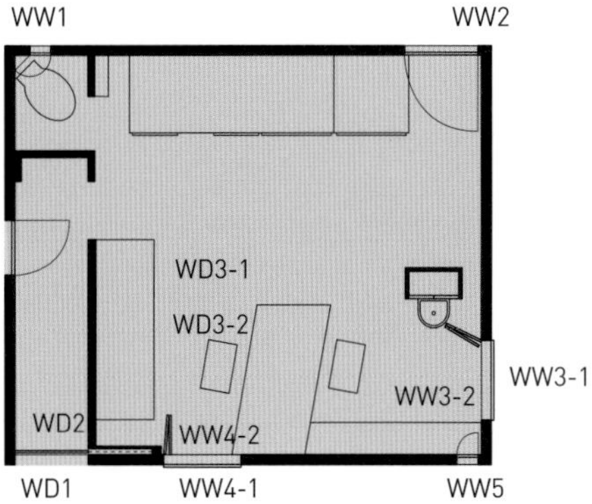

WW1 WW2 WD3-1 WD3-2 WW3-1 WW3-2 WD2 WW4-2 WD1 WW4-1 WW5

建具キープラン

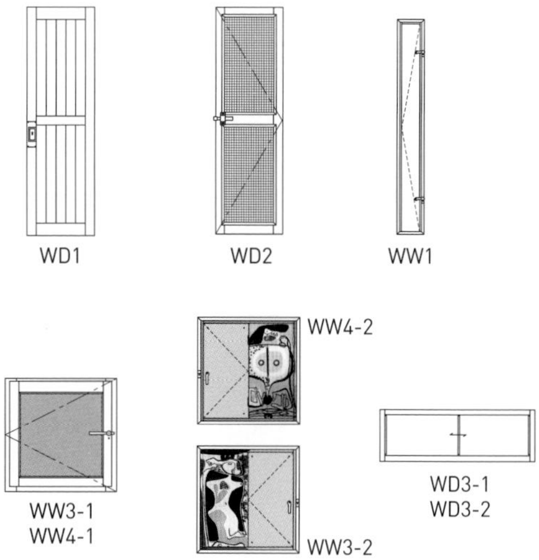

WD1 WD2 WW1

WW4-2 WW3-1 WW4-1 WW3-2 WD3-1 WD3-2

WD 1

片引込み框戸

S＝1：10

壁内に格納する引込み戸

開き戸を多用する西洋建築にあって、引き戸は珍しい。室内側には内開きの網戸が設けてある。玄関扉は引込み戸とし、戸袋は居室側に突き出ている。
戸を戸袋に引き込むと存在感がなくなり、出入口廻りは広がりのある開口部が確保される。引手の引き残し部分は、片開きの網戸が90°開いた状態の扉厚寸法と同程度となり、納まりがよい。
もしこれが鎧戸、網戸ともに引き戸にすると戸袋が主室により張り出してしまう。また、鎧戸を右蝶番180°開きの片開き戸にすると開放時立面の邪魔になると同時に植込みが少なくなるという不都合がある。あるいは2枚内開きにすると通路幅を狭くすることになる。さらに、ヒトデ軒側の壁に開くのは通路幅は稼げるが、肝心の壁画の邪魔になる。戸袋付き引き戸とし片開き網戸の組み合わせは、最善の策だったとうなずける。

1. 鎧戸として、防犯機能をもつ引込み戸。開放時には戸袋に納め、その存在を隠すことができる。引手部分の引き残しは、片開の網戸が90°開きの状態で壁に残るので気にならない
2. 南面する木製扉のため日光による反りが生じやすい。レプリカ制作にあたっては鏡板の加工に2mmの隙間をとっている
3. 上部には最小限の水切りが用意されている
4. 下部は人を迎えるように飛び出したステップ
5. 玄関らしさを演出するRの付いた竪枠

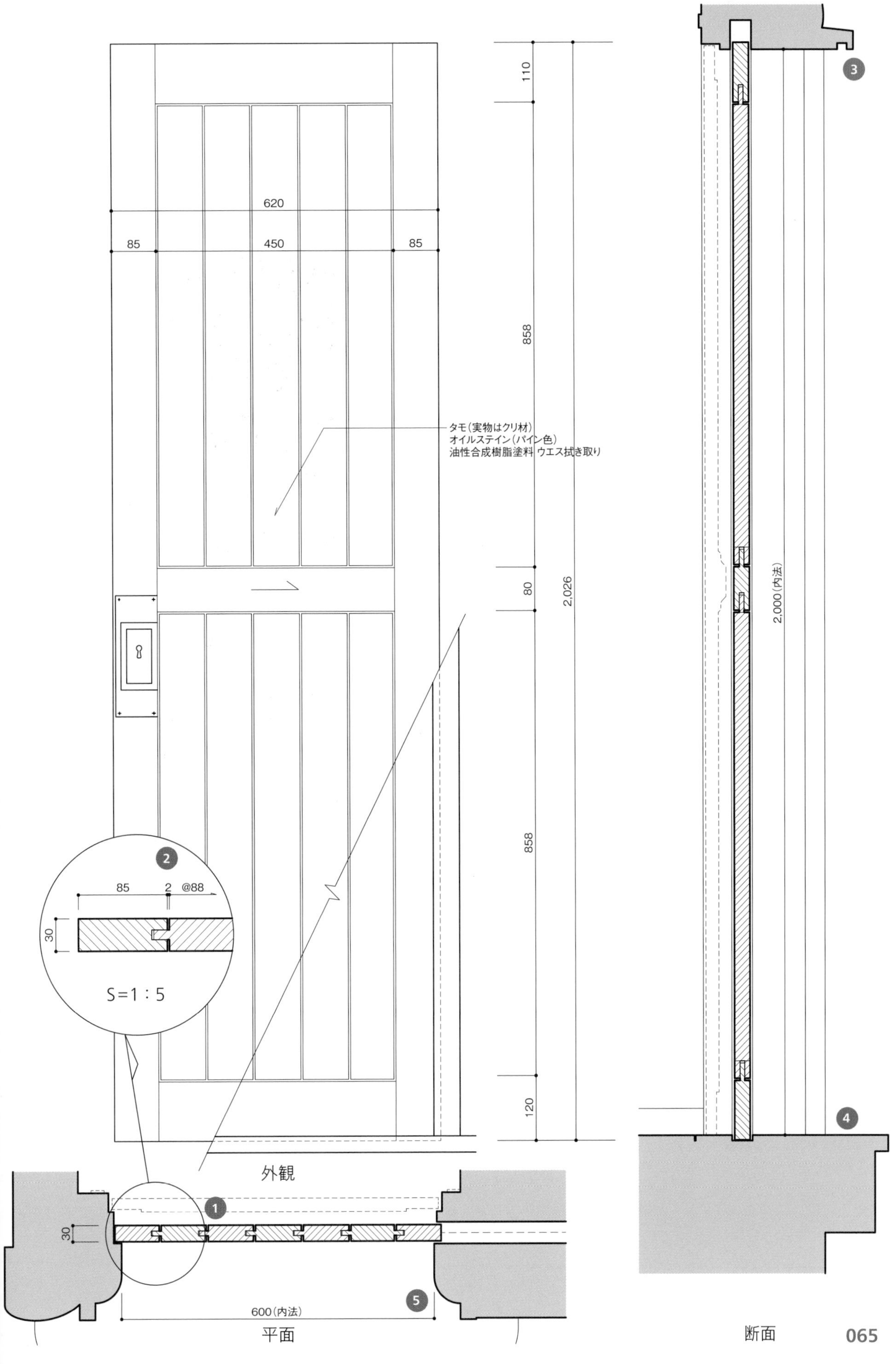

110
620
85
450
85
858
タモ（実物はクリ材）
オイルステイン（パイン色）
油性合成樹脂塗料 ウエス拭き取り
80
2,026
858
120
2,000（内法）
85
2
@88
30
S=1：5
外観
30
600（内法）
平面
断面

WD 2

片開き框網戸

S＝1：10

客を出迎える開き戸

網戸が引込み戸と対になっている。片開き戸の開き勝手は「ようこそ」と内側に招き入れるのが西欧の流儀である。開く側に主導権があるので、開く方向は、室内側から見たときに主人が開いて来訪者と握手のできる左蝶番とすることが多い。この開き勝手により、扉を開けたときでも壁画を隠すこともない。

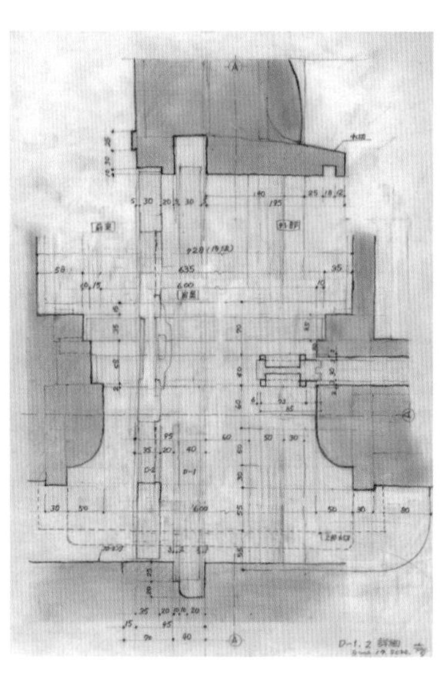

1 網戸の開き勝手は左蝶番で、開く側に主導権がある

2 閂（かんぬき）は外側のみに設けられている。不在時に利用していたことが予想できる

3 やや大きめの水切り

4 玄関を示すステップ

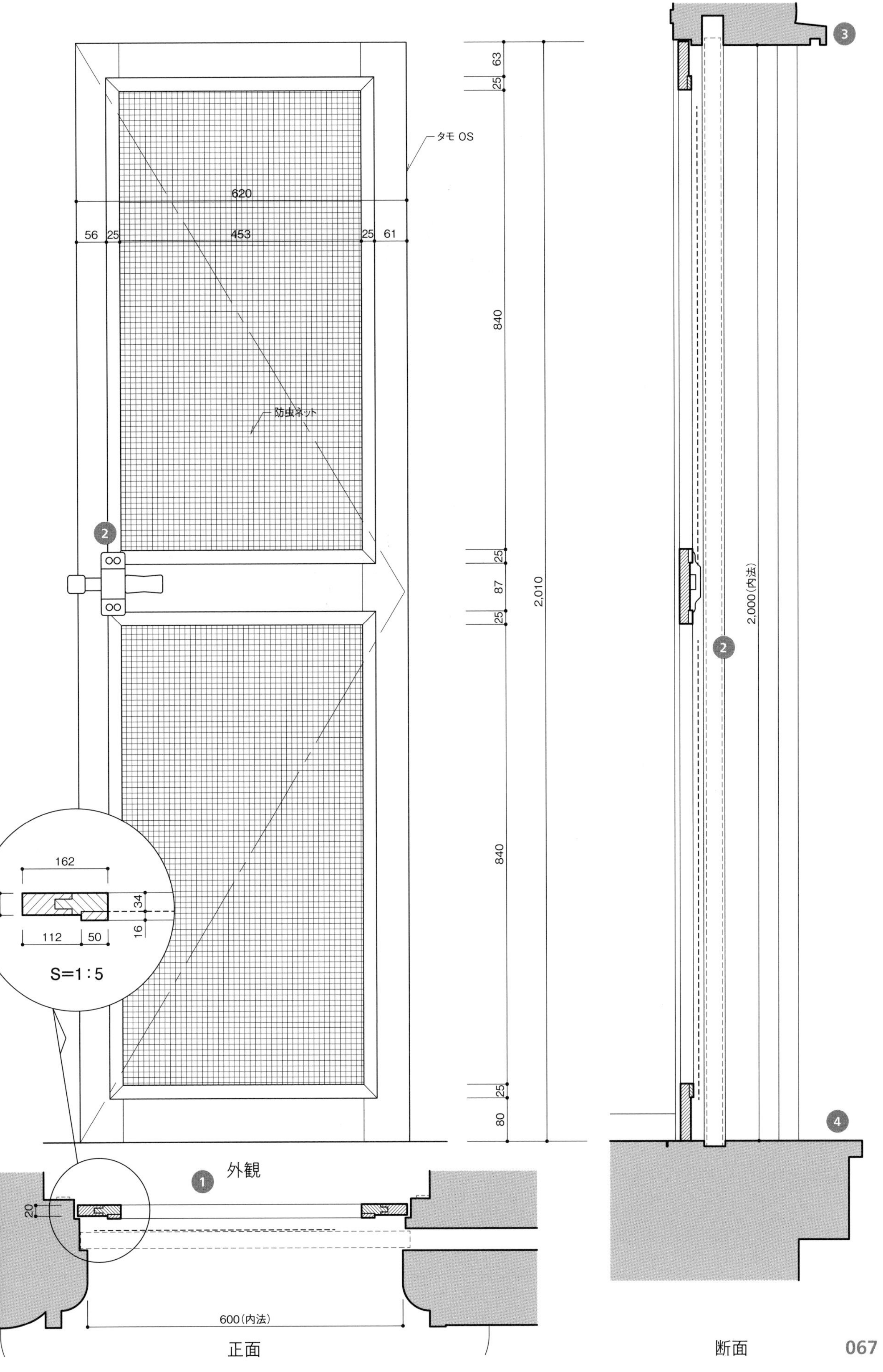
タモ OS
620
56
25
453
25
61
防虫ネット
63
25
840
25
87
25
840
25
80
2,010
162
34
16
112
50
S=1：5
20
外観
600（内法）
正面
2,000（内法）
断面

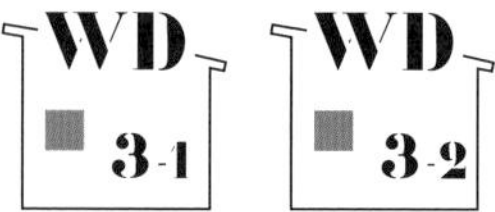

引違い戸

S＝1：10

2枚同時に動く引違い戸

天井裏収納のための引違い戸。形状はクローゼットの戸と同様で、戸の見込みを極力小さくするため合板を使用し、補強を兼ねた把手が2枚同時に動く仕掛けにもなっている。

天井裏収納部を見上げる

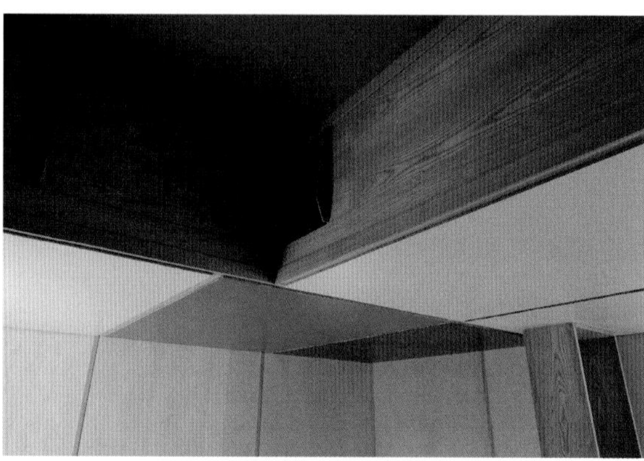

左右の引違い戸を開けたところ

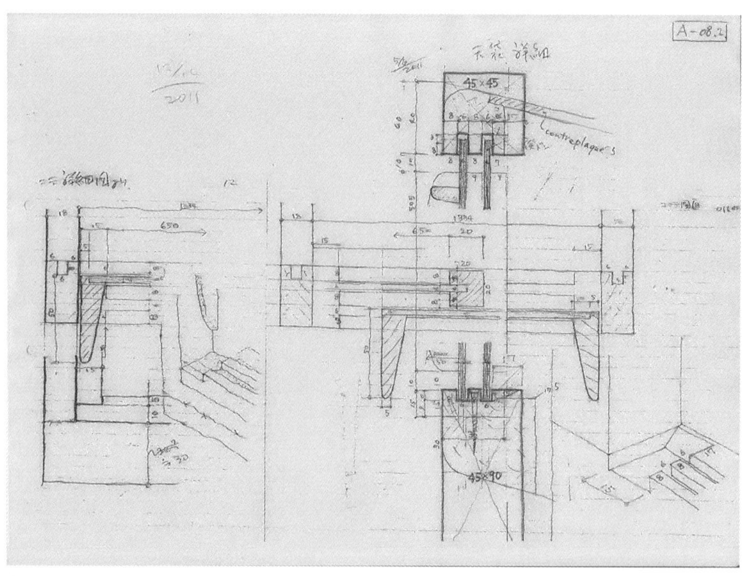

実測による天袋のスケッチ

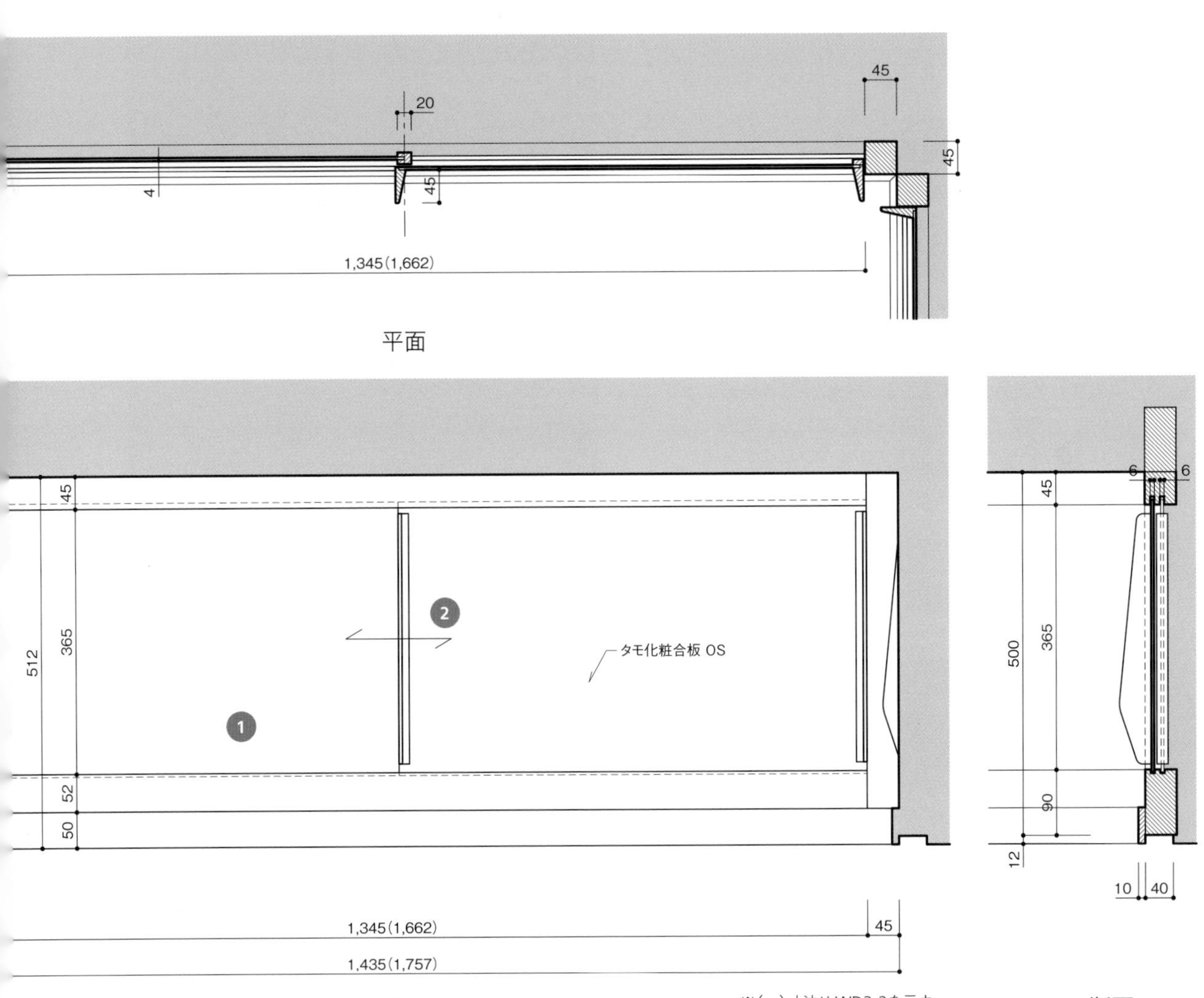

※(　)寸法はWD3-2を示す。

❶ 家具の扉と同じ形状の建具。合板に把手で補強した、シンプルにして合理的な建具

❷ 2枚同時に動かすことができるように工夫されている

片開きフラッシュ窓

S＝1：10

換気に加えて 背もたれとなる開き戸

この網戸付きの片開き戸の窓は、室内の通風・換気用として、また特にトイレの臭気を配慮して、床付近から設けられている。取付け位置がWW5とは異なり、壁際から少し離して袖壁がある。便座の蓋を閉じて椅子として座ったときには、開いた戸が背もたれになることを想定していたとも考えられる。開いた戸にもたれかかると、ここからの対角線上にWW3-1の窓を通して外へと視線が伸びる。狭いトイレ空間に、奥行きと広がりのある長い視線が確保されている。

トイレの片開き戸を閉めた状態

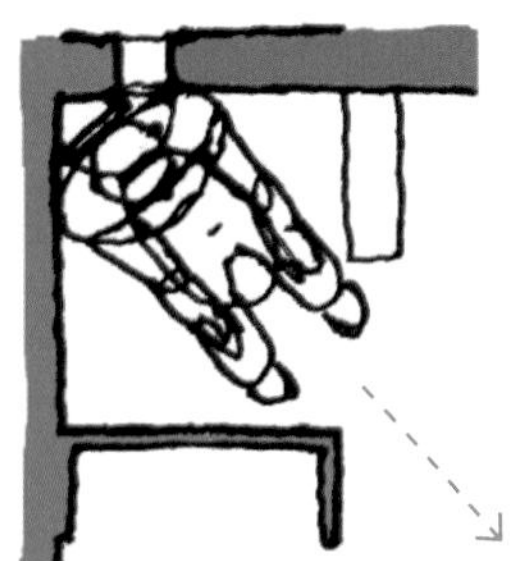
トイレから対角線に伸びる視線

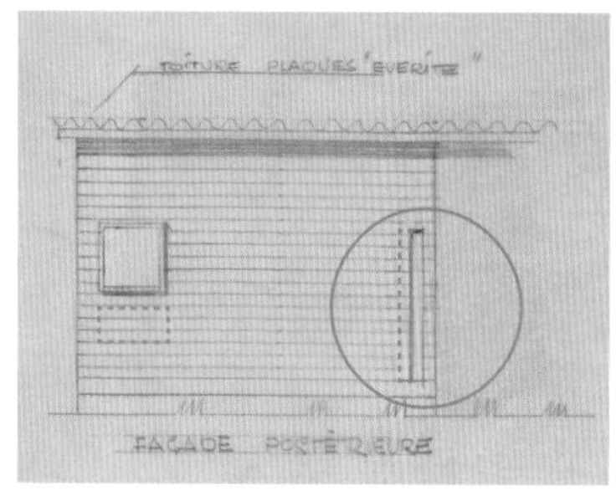

設計図書の立面図（背面）。原設計で壁際にあった窓が移動されて袖壁をつくる

開けた状態

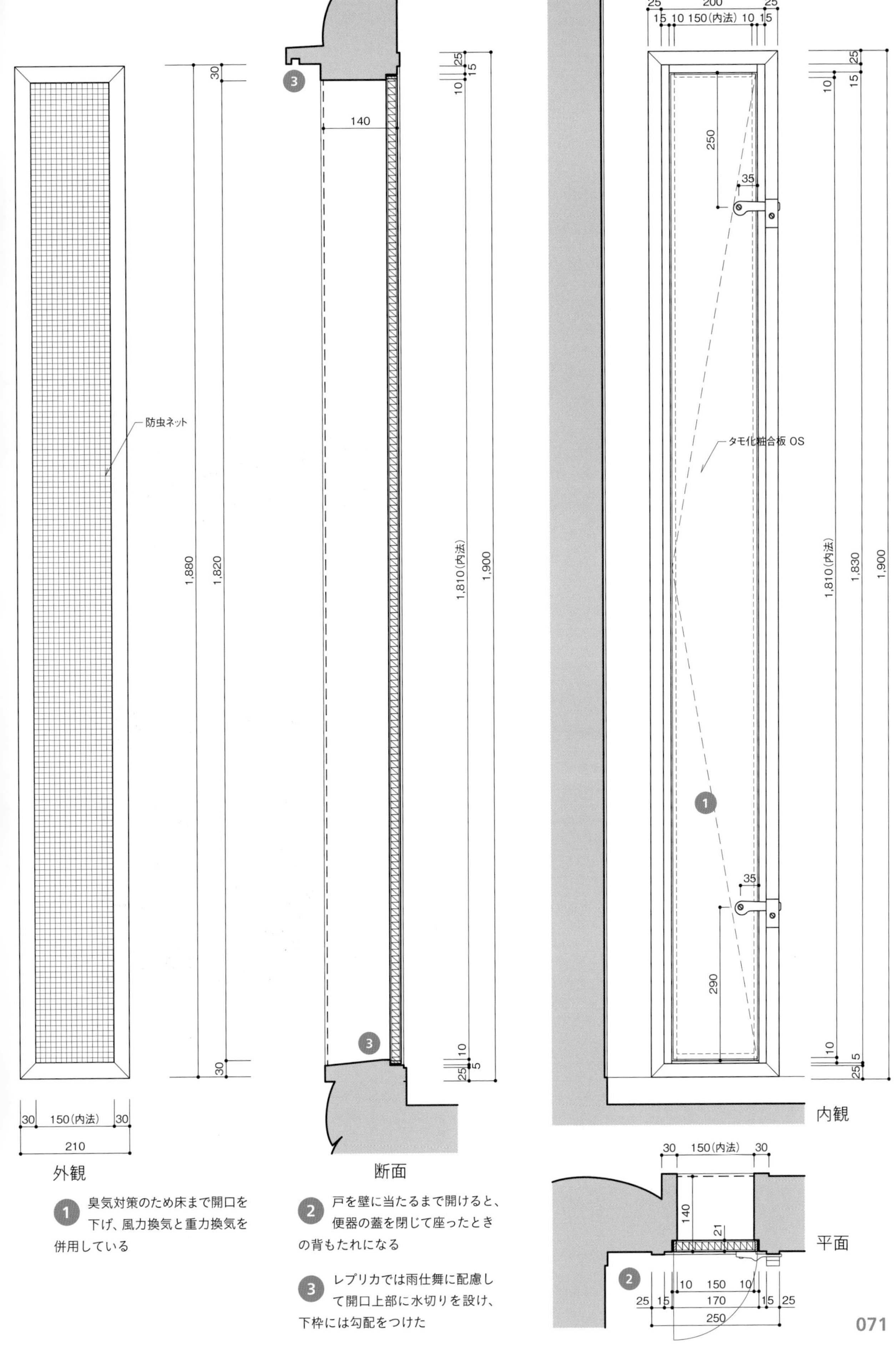

1 臭気対策のため床まで開口を下げ、風力換気と重力換気を併用している

2 戸を壁に当たるまで開けると、便器の蓋を閉じて座ったときの背もたれになる

3 レプリカでは雨仕舞に配慮して開口上部に水切りを設け、下枠には勾配をつけた

片開きフラッシュ窓

S＝1：10

アフォーダンスを促す横長窓

小屋のなかで、唯一の横長窓。この窓から外を眺めようとすると、おのずと腰を下ろして床座になる。そうして室内を振り返ると、高い天井まで視線が伸びる。座った位置の真上には進出色の赤を、視線の先にある折上げ天井には、後退色である青を施すことで、さらに空間の広がりを強調している。室内に落ち着きと広がりの両方を感じさせる居場所を、何気なく示唆し誘導する。窓の幅は、ベッドをL形に2台配置したときのベッドの幅に合わせ、横になったときの窓外への視線に配慮した高さにもなっている。

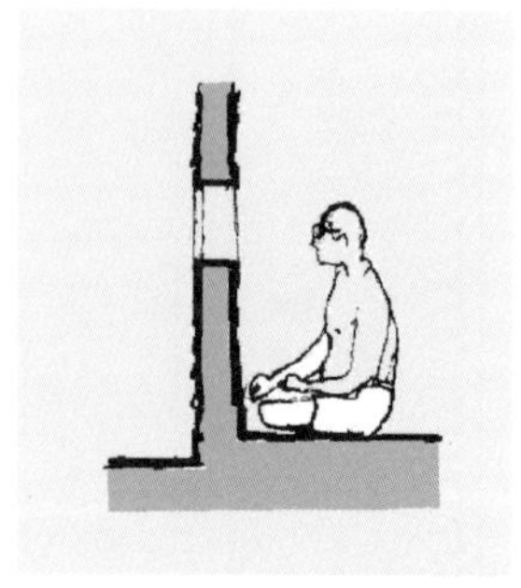

アフォーダンス：低く目の高さに設けられた横長窓で、自然に腰を下ろし、座の空間が誘発される

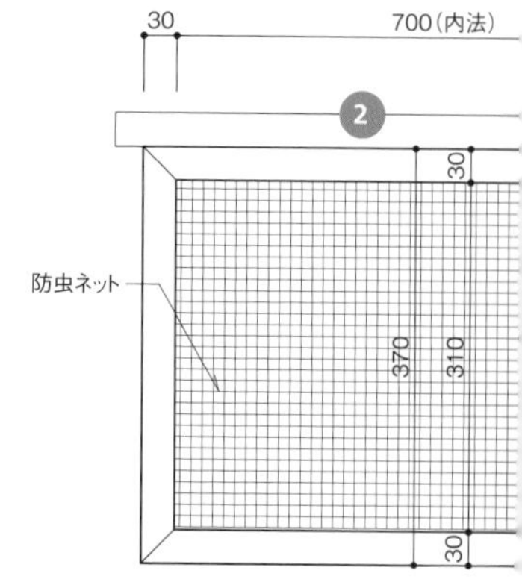

外観

換気を兼ねた大地を見るための窓

小屋のなかで唯一の横長窓

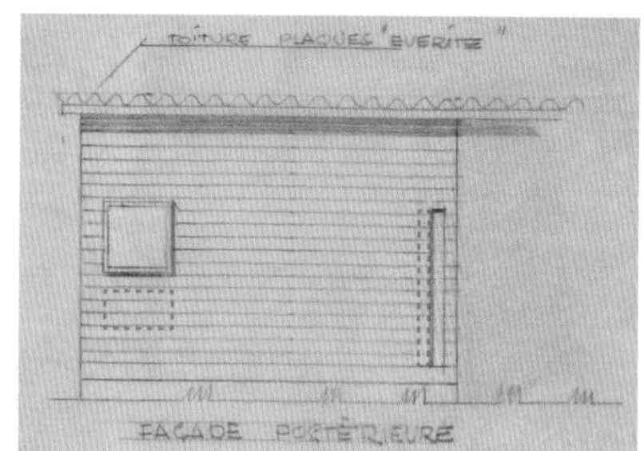

設計図書の立面図（背面）。形状および位置が現場で変更された

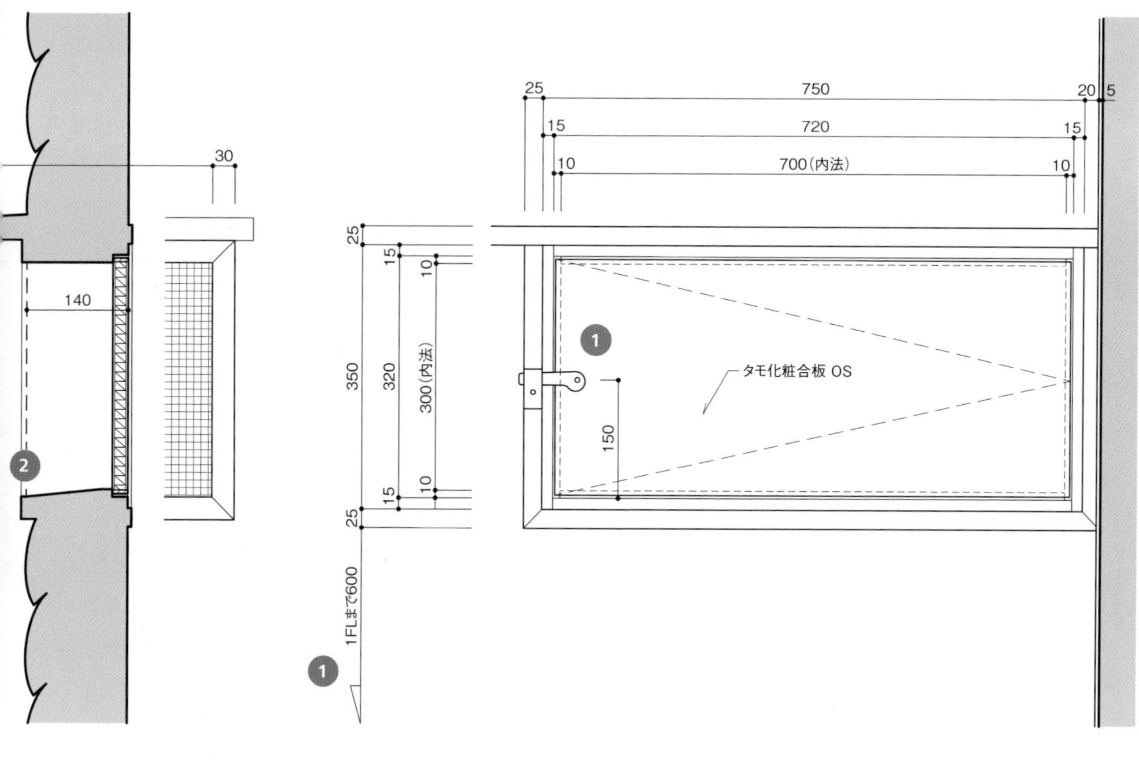

断面

内観

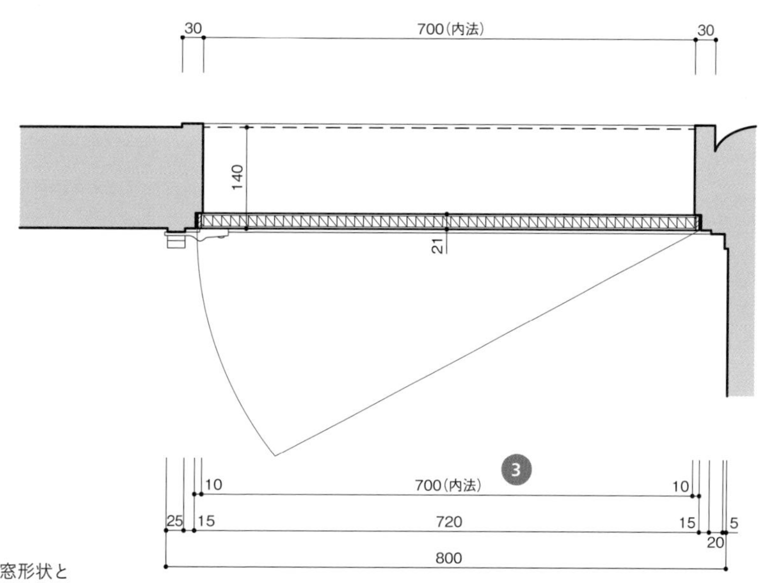

平面

1. コーナーの床座に対応し窓形状と窓高を変更している

2. レプリカでは水切りと下枠に水勾配を設けた

3. 窓の幅は正方形の窓と統一しているが、ベッドの幅とも同じ700㎜であることで、90°開いたときのベッドとの関係も想定した寸法である

WW 3-1　WW 4-1

片開きガラス窓

S＝1：10

地中海の風景を切り取る正方形窓

南面する正方形の窓は、眼下に広がる地中海の風景を切り取る重要な窓である。一方、東面の窓はアプローチを見返すアイスコープの役割もある。ともに、腰高は当初、モデュロール寸法の1,130㎜とされていたが、現場で1,000㎜に変更されている。これら二つの窓に与えられた役割はそれぞれに異なるが、穿たれた開口部を通して、中から外を見たいという要求は共通している。ピクチャーウィンドウとして、より美的に風景を切り取りたい。そのために、窓障子の存在を消し、180°開きとしている。コルビュジエはこの窓の開いた状態を前提に立面を構成している。

1. 被せタイプの外開き木製窓を180°開くと、立面の中心に正方形が2つ並ぶ。南側正面から建物が見えることはほとんどないにもかかわらず、コルビュジエらしい立面へのこだわりが現れている。上枠の上部には水切りが設けられた痕跡があり、雨対策がなされていたと推測できる
2. 全開すると室内側からは建具が消える
3. 景色を見るために腰の高さを下げている
4. レプリカではガラスの代わりにアクリル板を使用した
5. レプリカでは雨対策のため、下枠に勾配を付けている

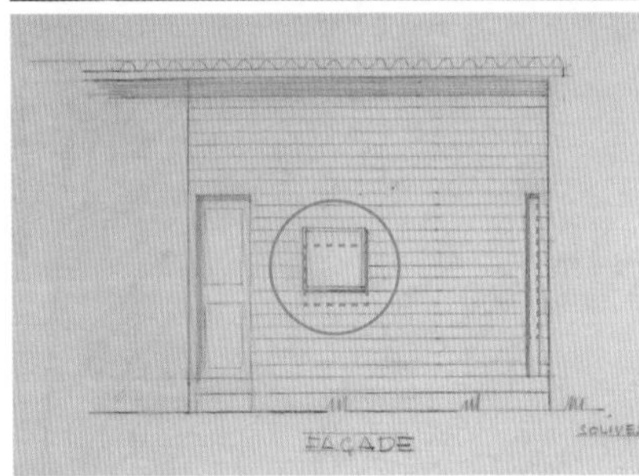

設計図書の立面図（正面）。青の破線は変更後の位置を示す

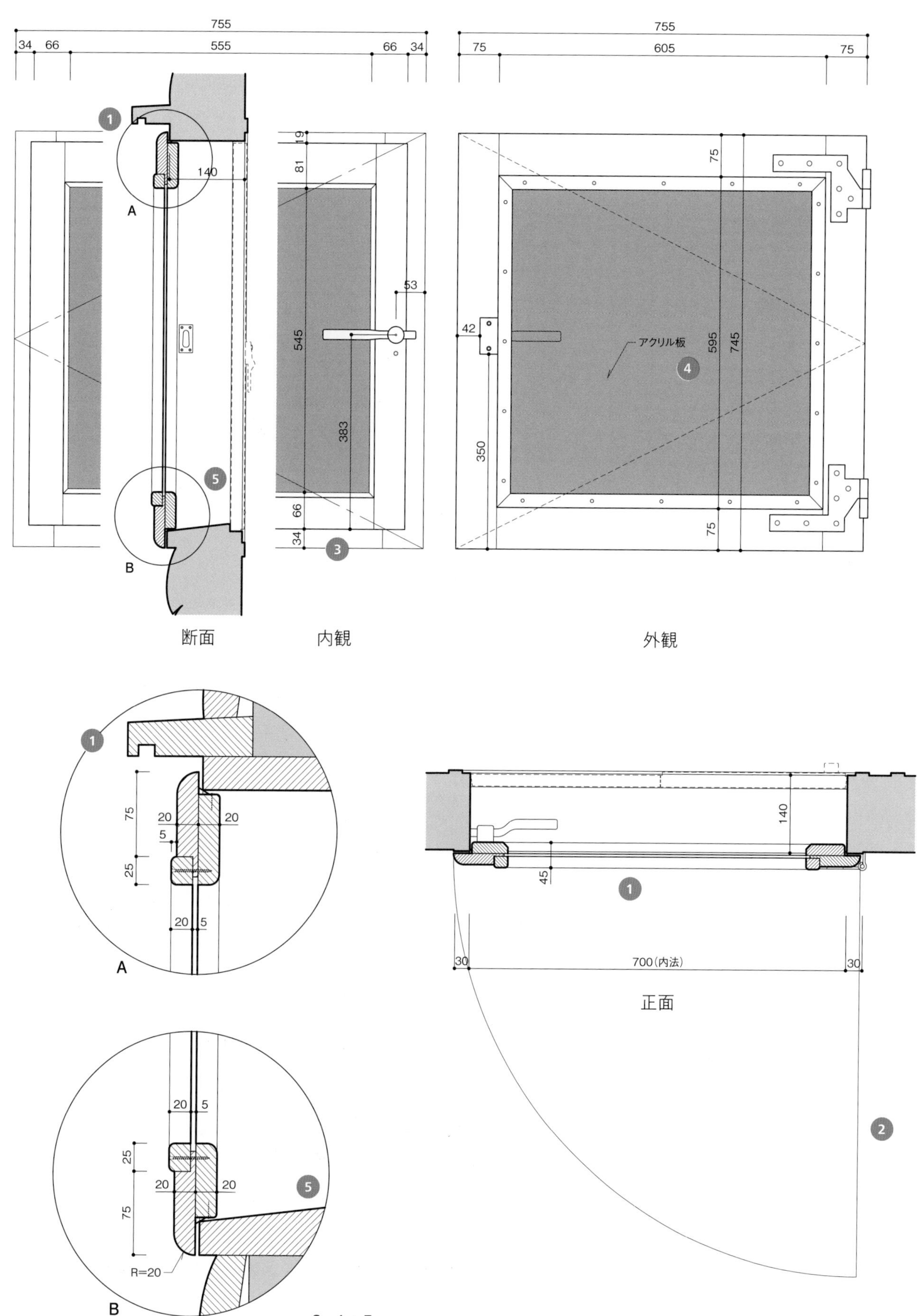

755
34
66
555
66
34
755
75
605
75
19
81
140
A
B
545
383
53
66
34
75
595
745
42
350
アクリル板
断面
内観
外観
75
20
20
5
25
20
5
A
20
5
25
20
20
75
R=20
B
140
45
30
700(内法)
30
正面
S=1：5

片開きフラッシュ折れ戸

S＝1：10

光と視野を豊かにする鏡張りの折れ戸

正方形の窓に付属する折れ戸は、鎧戸としての機能をもち、暗闇をつくる。右半分の鏡は内部への光量調節と、風景を映す役割を果たし、日中は折れ戸の開く角度を変えることで、室内に入る光量はもちろんのこと、鏡に映る景色を楽しむことができる。鏡は、左右反転したさまざまに変化する虚像の景色を映し、夜間は照明の灯りを増幅させる。
左半分の描かれた絵画と鏡で1枚になるように額縁が設えられている。古代や中世から行われていた「建築と絵画の融合」であり、持ち運び可能なタブローとは一線を画し、「場所性」に重きをおいた壁画としての本来の絵画のありようを模索しているように思える。

照明下の鏡が灯りを増幅させる

140

断面

1
タモ化粧合板 OS
1FLまで1,000

裏面

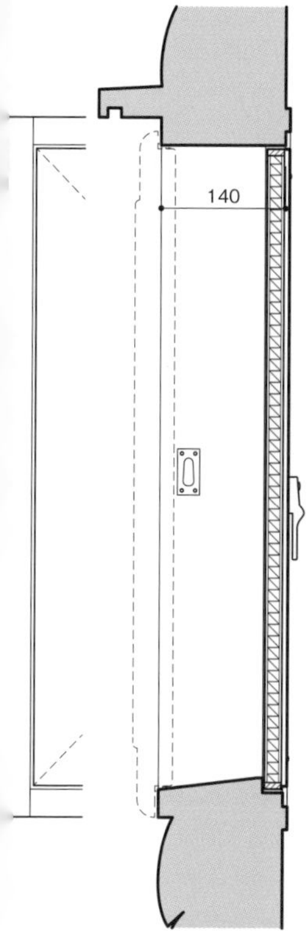

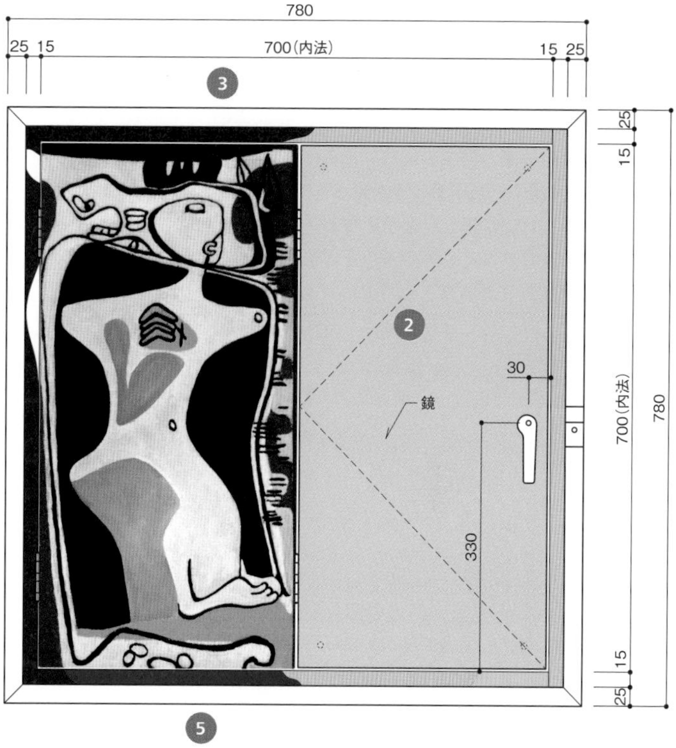

780
25 15
700（内法）
15 25
3
2
鏡
30
330
5
25
15
700（内法）
780

東面（表面）

140
21
6
25 15
700（内法）
15 25
780
4

平面

❶ 鎧戸を折れ戸にすることで日中は開く角度を変えて調光と洗面鏡を兼ねる

❷ 左右反転する鏡に映し出される虚像で外の景色を楽しむ仕掛け。開く角度を変えることで景色は変化する

❸ 鏡を含めて一枚の絵であることを強調する額縁のような押縁

❹ 二つ折りにして回転させると、脇の洗面棚と対になって化粧鏡として機能する。壁まで回転すれば、見え掛かり上は半分になる

❺ 夜間に折れ戸を閉じると、胎内空間にふさわしい女性をモチーフとした絵が現れる。鏡に反射した光が、絵を照らす

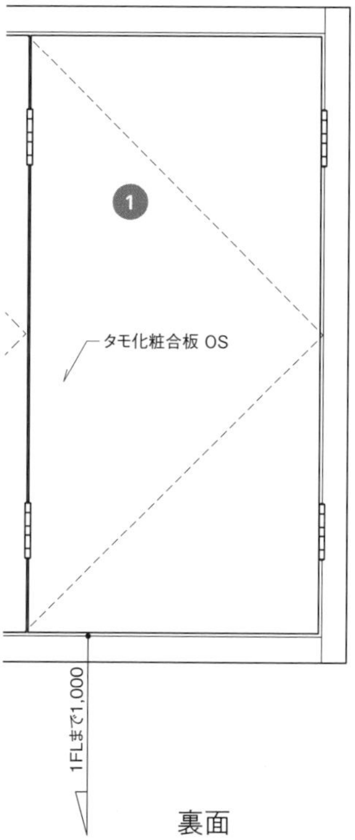

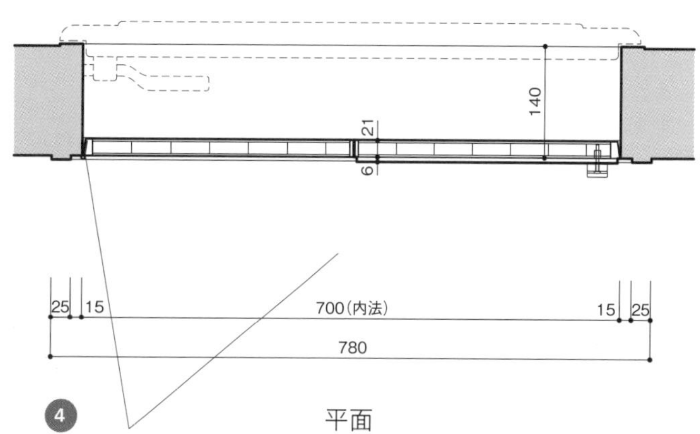

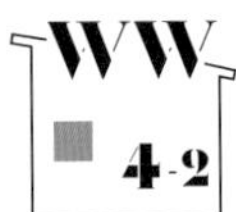

片開きフラッシュ折れ戸

S＝1：10

鏡が張られた折れ戸

東面の窓と同様の構成であるが、右半分が絵画で、左半分に鏡が張られている。鎧戸として視線と光を遮断する一方で、鏡を設けることで外の景色を写し、外光を受け入れる装置として働く。明け方、閉じられた折れ戸の隙間から射す光は味わいがある。

折れ戸による調光

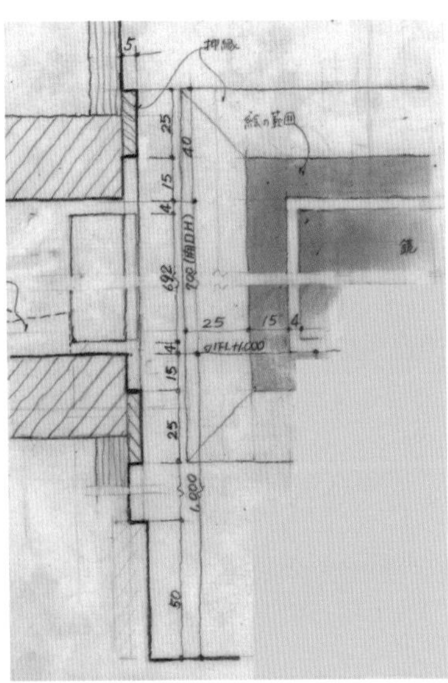

窓廻りのスケッチ

開閉途中の様子

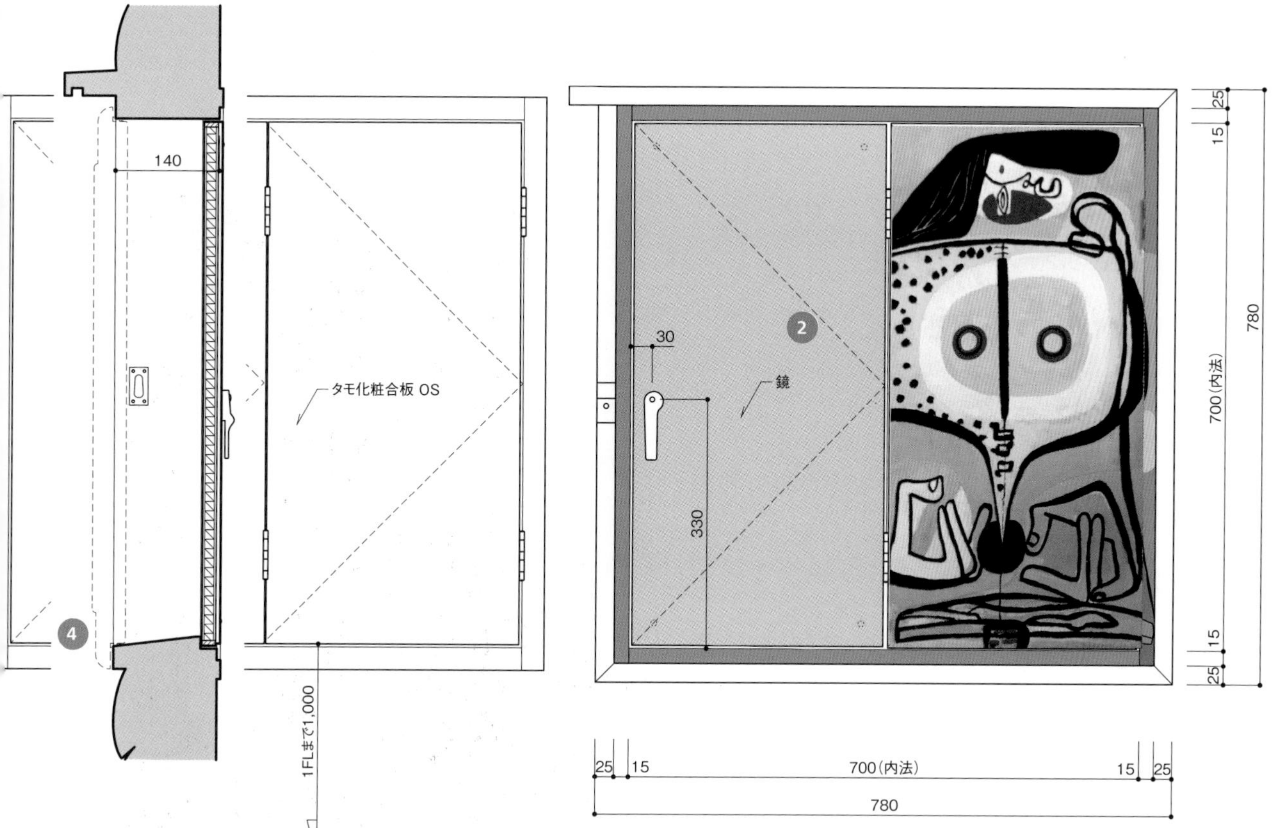

140
4
タモ化粧合板 OS
1FLまで1,000
30
2
鏡
330
25
15
700(内法)
15
25
780
25
15
700(内法)
15
25
780

断面　裏面　南面（表面）

1
3

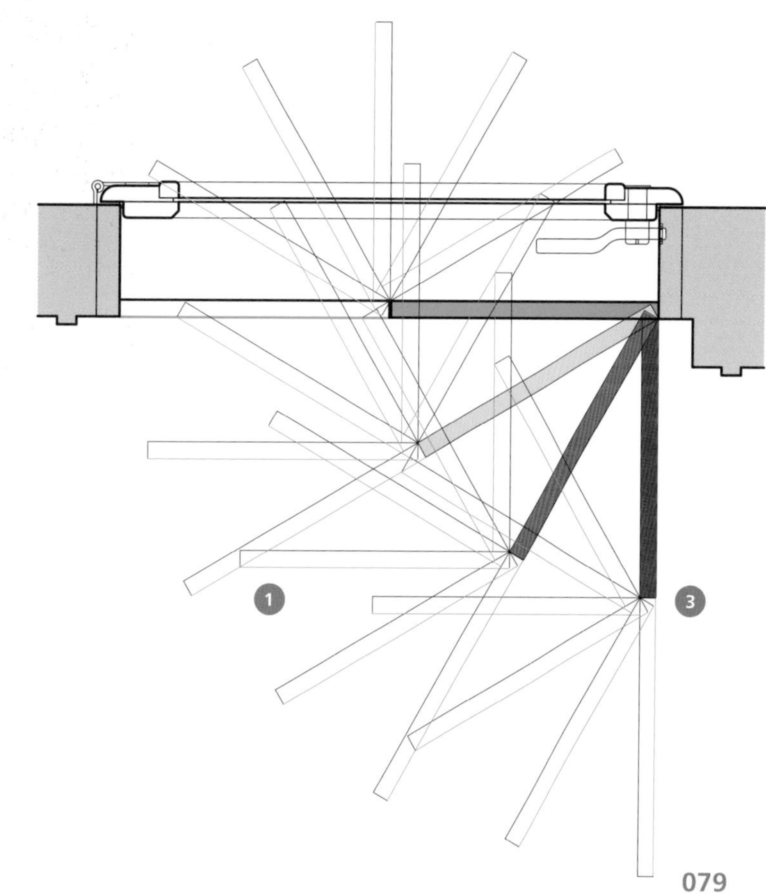

1. 角度によってさまざまに変化する内外の景色
2. 左側を鏡にすることで外の景色が望める
3. 回転したときに家具に当たらないように配慮されている
4. 下枠に水勾配をつけている。それにより生じる寸法調整は、建具の形状と室内の押縁の高さを優先した結果、戸当たりを設けることとした。そのため、折れ戸が外側へ突出することができない

片開きフラッシュ窓
S＝1：10

壁面を照らす縦長窓

5つの窓のなかで、この窓の役割は重要である。あまりに幅の狭いスリットであるために、この縦長窓は換気用の開口と紹介されることが多い。しかし意外にも、換気以上に採光としての意味合いが強い。
壁際に設えられた窓を通し、南からの陽光が壁面をなめるように射し込み伝うとき、絶妙な光の空間を演出する（189頁参照）。この威力を発揮するために、壁際に、しかも縦長であることの意味がある。また戸は片開きのため、開閉角度で調光が可能になっている。
「明るさ」は窓の大きさだけでは決まらない。壁を穿つ場所も大切である。「明るさ」は照度に人のもつ「明るさ感」を加味して初めて、光空間を演出することができる。単なる面積の大小ではなく、窓の形状、取付け位置、照らされる面（床・壁・天井）のありようで、驚くほどさまざまな室内の光環境が得られることをこの窓は教えてくれる。

壁際の縦長窓の開閉

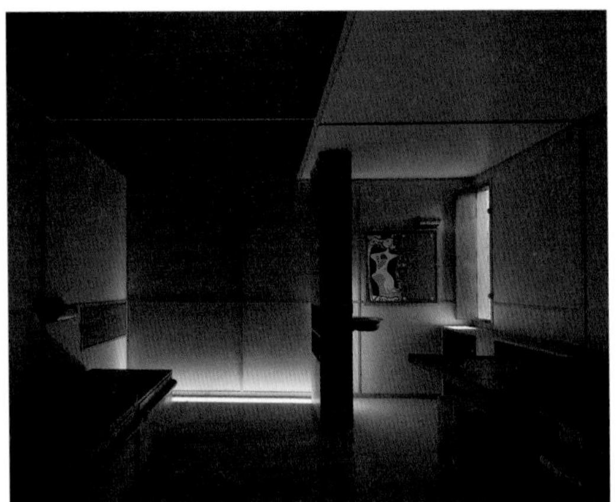
縦長窓から射し込む光

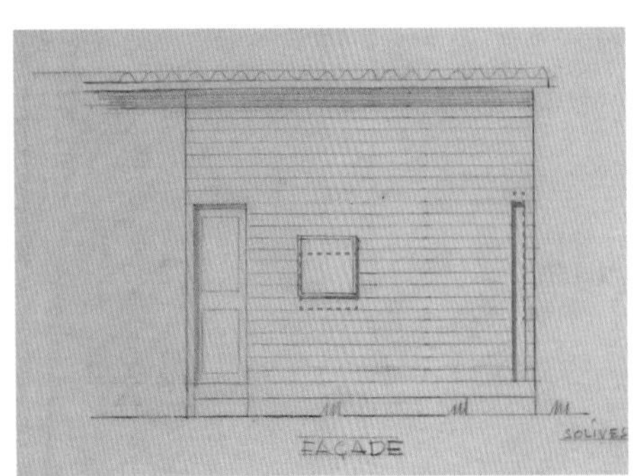

設計図書の立面図（正面）。青の破線は変更後を示す

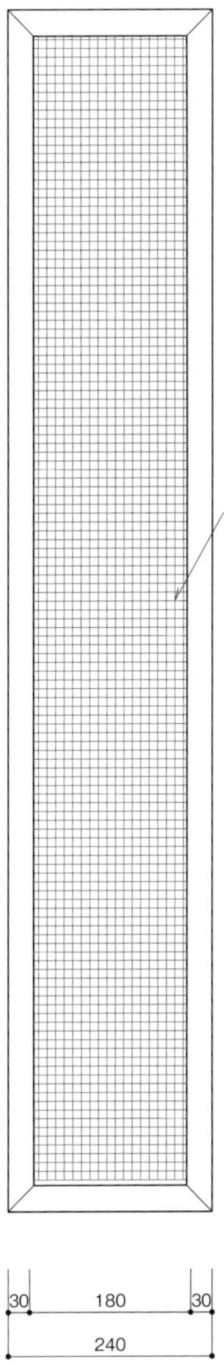

防虫ネット

外観

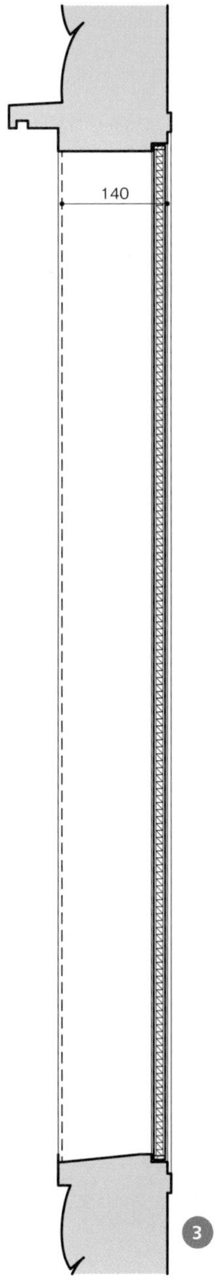

断面

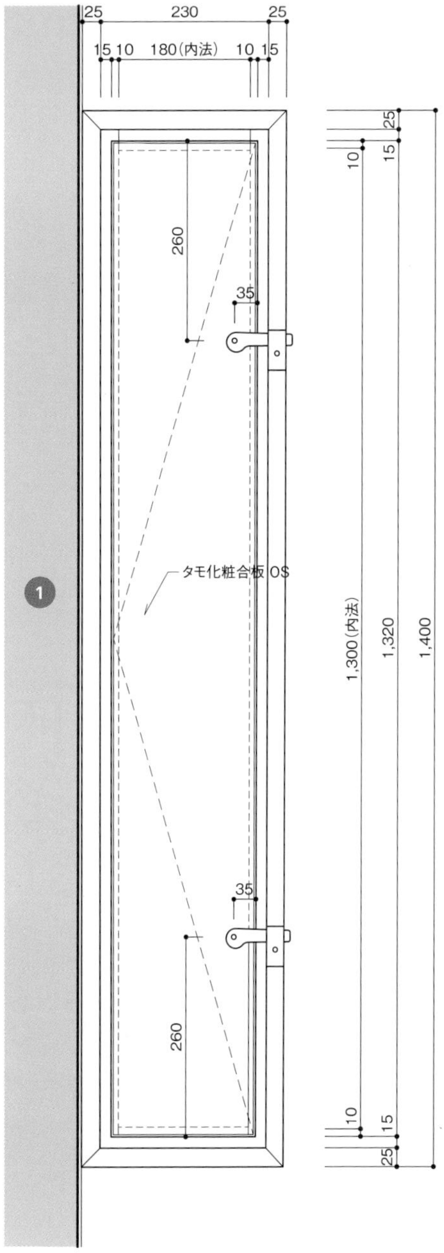

タモ化粧合板OS

内観

❶ 鎧戸としての機能をもちつつ、通風換気の役割もある。片開きのため開閉角度で光量、換気量が調節可能

❷ 全開すると光が室内の壁面をなめ、最小限の開口面積で最大の明るさ感を演出する

❸ 確認申請時の図面では床まで開口があるが、家具があるため腰壁のある窓に現場で変更された

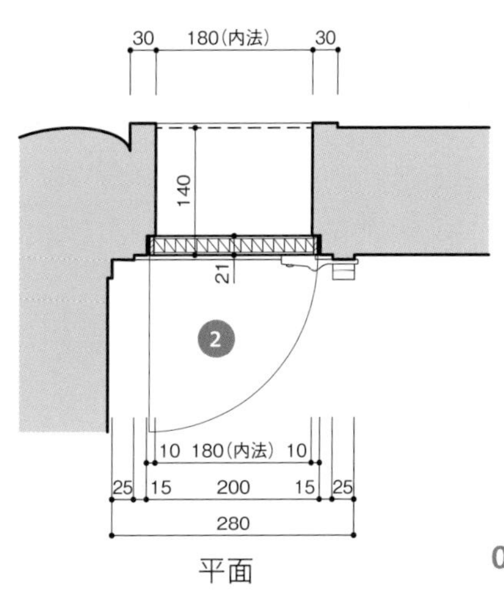

平面

家具 F

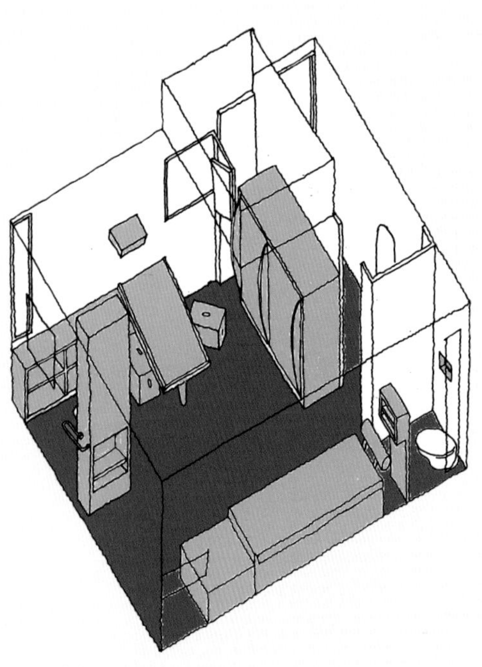

皮膚環境の延長としての家具

衣食住を環境から考えると、食は内部環境であり、衣は皮膚環境、住は外部環境と解釈することができる。衣服の次に人間の身体や皮膚に近い環境として、家具は重要である。コルビュジエは空間に見合った家具を自らシャルロット・ペリアンとともに数多く考案しているが、休暇小屋ではあえて即物的に扱っている。
家具は効率的、機能的であらねばならず、一般的で多様性をもったものでなければならないとするコルビュジエの終始一貫したコンセプトでつくられている。家具のもつ固有性を排除し、空間における家具の造形と構成に専念しているようだ。一方で、人体、特に手足が触れるであろう家具や建具の把手などでは、ほとんどR加工が施されている。また「空間のなかのざわめき」のために、例えば斜めテーブルとそれを支える脚やベッドのヘッドレスト、タンスの引出しの把手などに、ひと筋縄ではいかないコルビュジエ特有の「野生」や「ヴァナキュラリズム」を見ることができる。

家具表

家具番号	名称	材料・仕上げ	寸法（W × D × H）	備考
F1	コート掛け（造付け）	タモ OS、一部着彩	727 × 270 × 2,260	
F2	ヘッドボード（造付け）	タモ集成材・ ワトコオイル塗装 （ナチュラル）	430 × 146 × 1,385	
F3	ベッド		700 × 1,925 × 460	
F4	サイドテーブル		690 × 690 × 460	
F5	洗面棚（造付け）	一部塗装	500 × 270 × 2,260	
F6	本棚（造付け）		1,420~1,460 × 330 × 745	
F7	机（造付け）	タモ、タモ片面 化粧合板張り MDF OS 甲板：クルミ	1,410 × 715 × 755	平面寸法は 平行四辺形の 2 辺を示す
F8	飾り棚（造付け）	タモ集成材 OS	430 × 270 × 60	
F9	箱形スツール		430 × 260 × 430	
F10	クローゼット（造付け）		1,650 × 570 × 1,475	
F11	トイレ埋込み棚		330 × 81 × 165	

※　オリジナルはオーク材
※　OS：オイルステインワニス、ワトコオイル塗装（ナチュラル）ウェス拭き取り

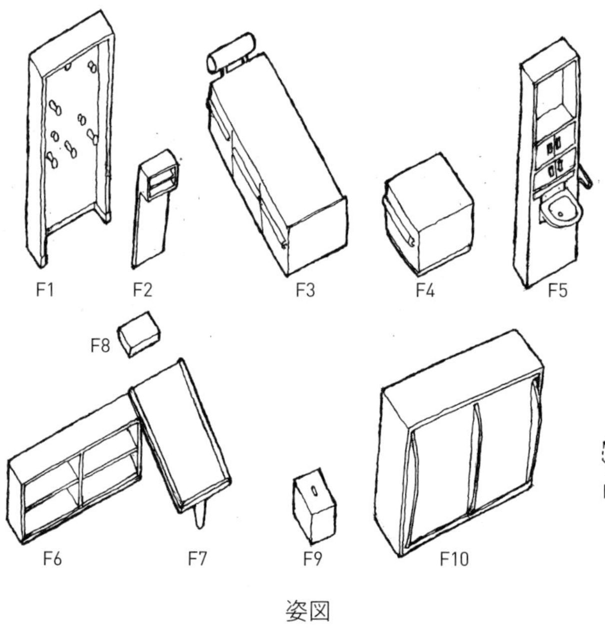

姿図

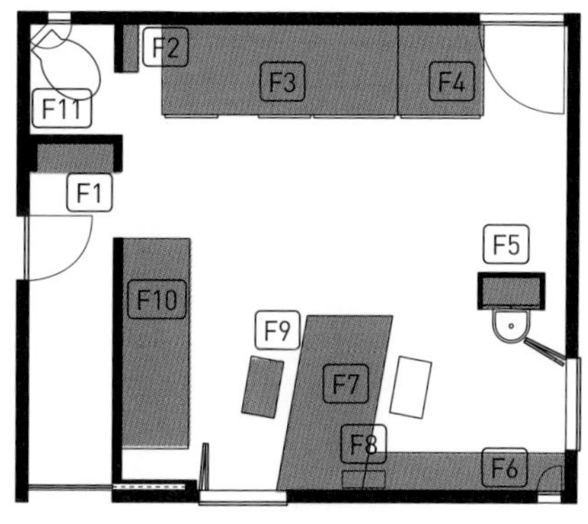

家具キープラン

壁から突き出た、きのこのような
コート掛け

F 1

コート掛け(造付け)

S＝1：1、S＝1：10

モデュロールきのこ

玄関を入って正面の壁に取り付けられている、大小8つのきのこのような形状のコート掛け。利用しないときでもオブジェとしての効果があり、遊び心が感じられる。個別によく見ると、床からの取付け高さがモデュロール寸法で決められていることが分かる。

1 玄関から続く空間のアクセントとして、オブジェの機能もある大小8つのコート掛け

2 高さ寸法はモデュロールで割り付けられ、現場の壁面にはコルビュジエ自らが書いたとみられる数字が遺されていた

3 きのこ形のコート掛けの高さにも、モデュロール寸法が用いられている

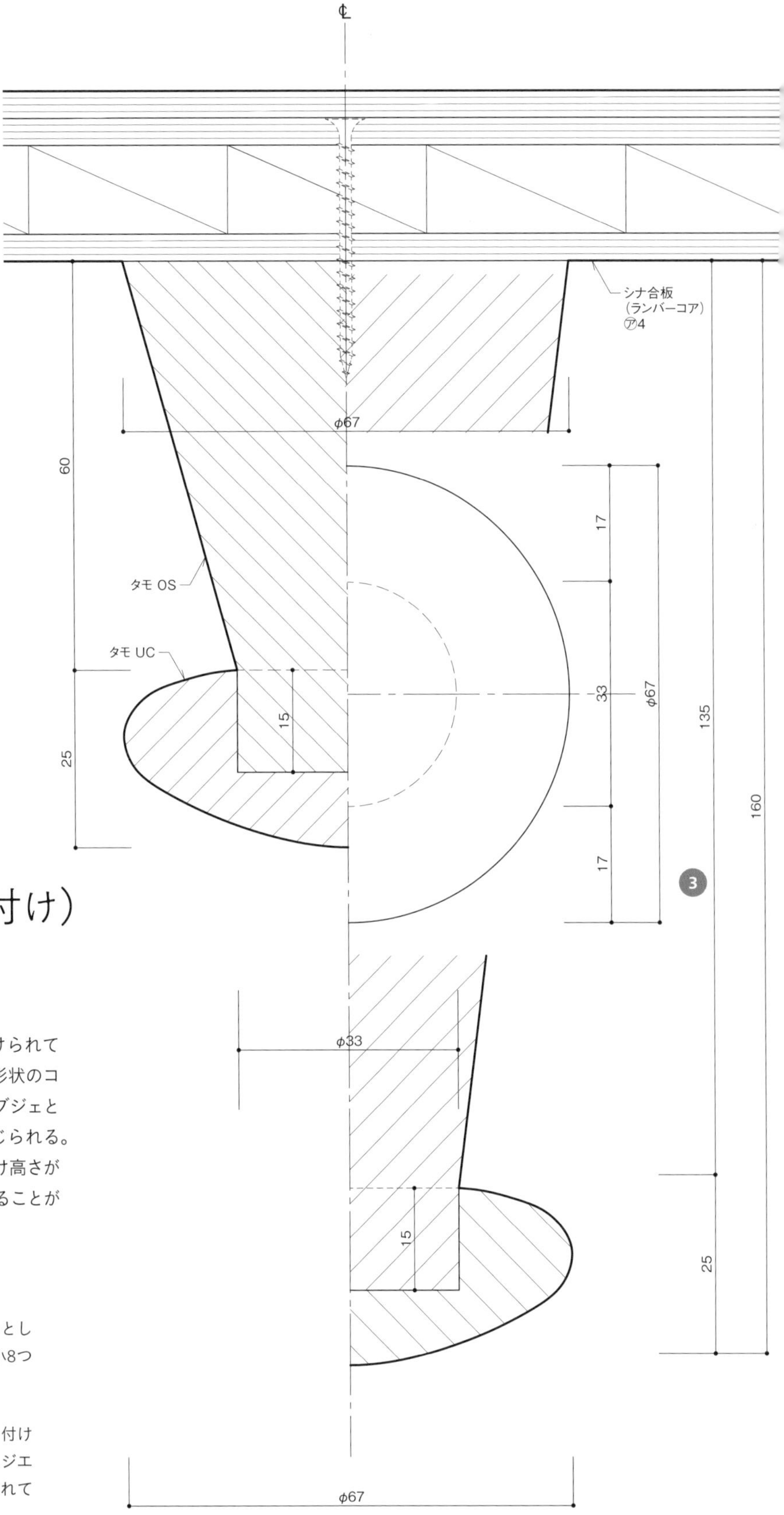

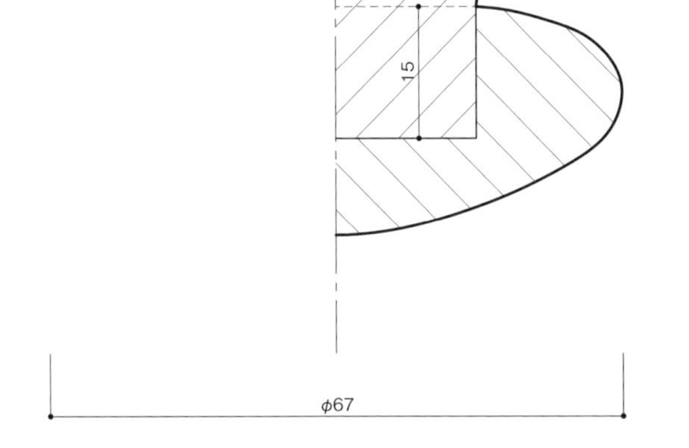

断面詳細　S=1：1

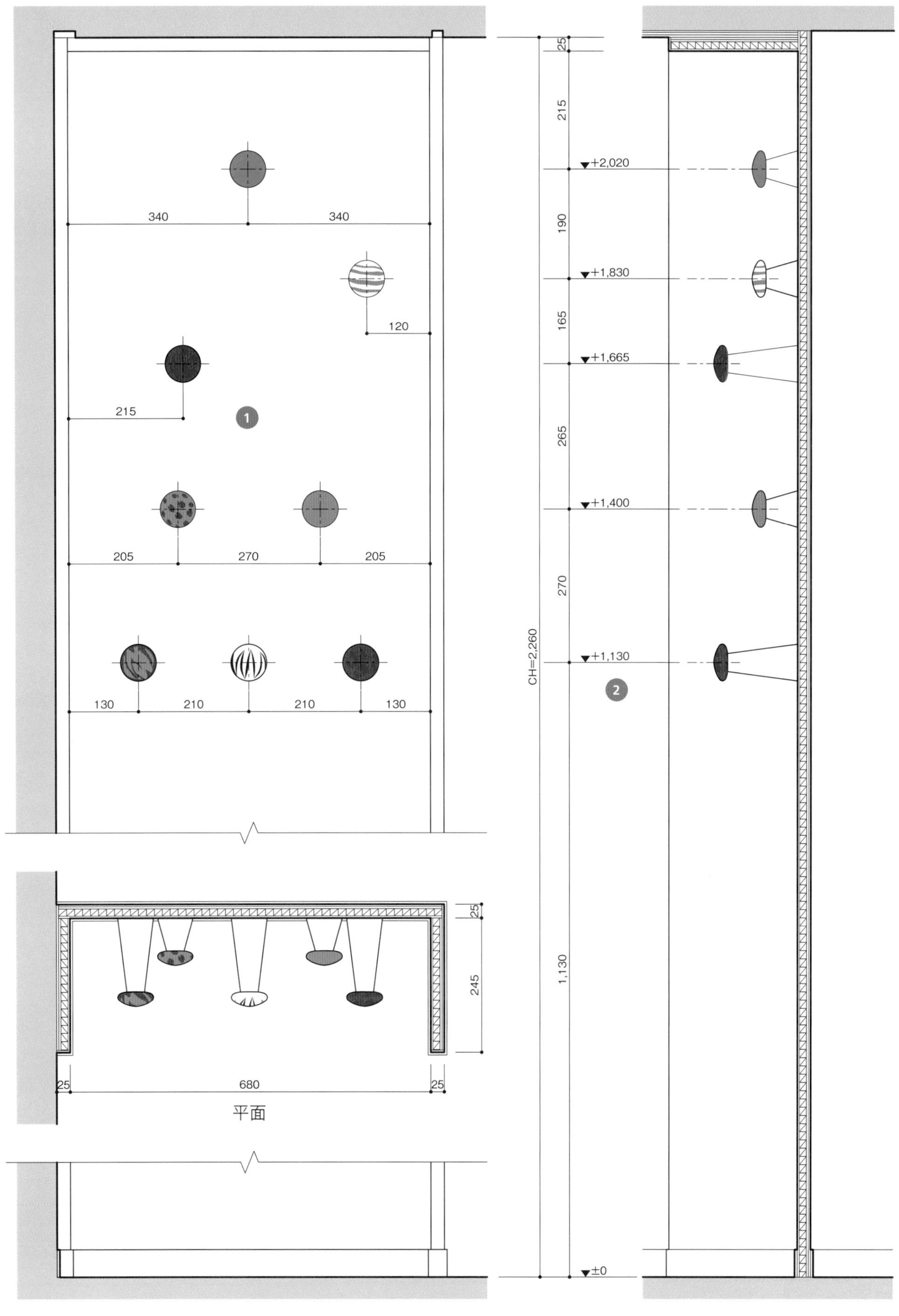

340
340
120
215
205
270
205
130
210
210
130
25
245
25
680
25
平面
25
215
190
165
265
270
1,130
CH=2,260
+2,020
+1,830
+1,665
+1,400
+1,130
±0

正面

断面

ヘッドボード棚（造付け）

S＝1：10

造付けのヘッドボード棚は、トイレとの最小限の間仕切りを兼ねる。ほぼ正方形の棚部分は、垂直に伸びる背板に取り付けられ、空中に浮かぶような格好になっている。

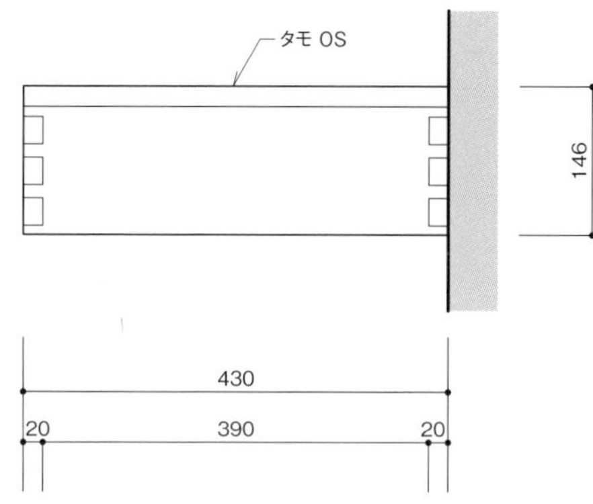

平面

左手のトイレスペースとの間仕切りを兼ねるヘッドボード棚

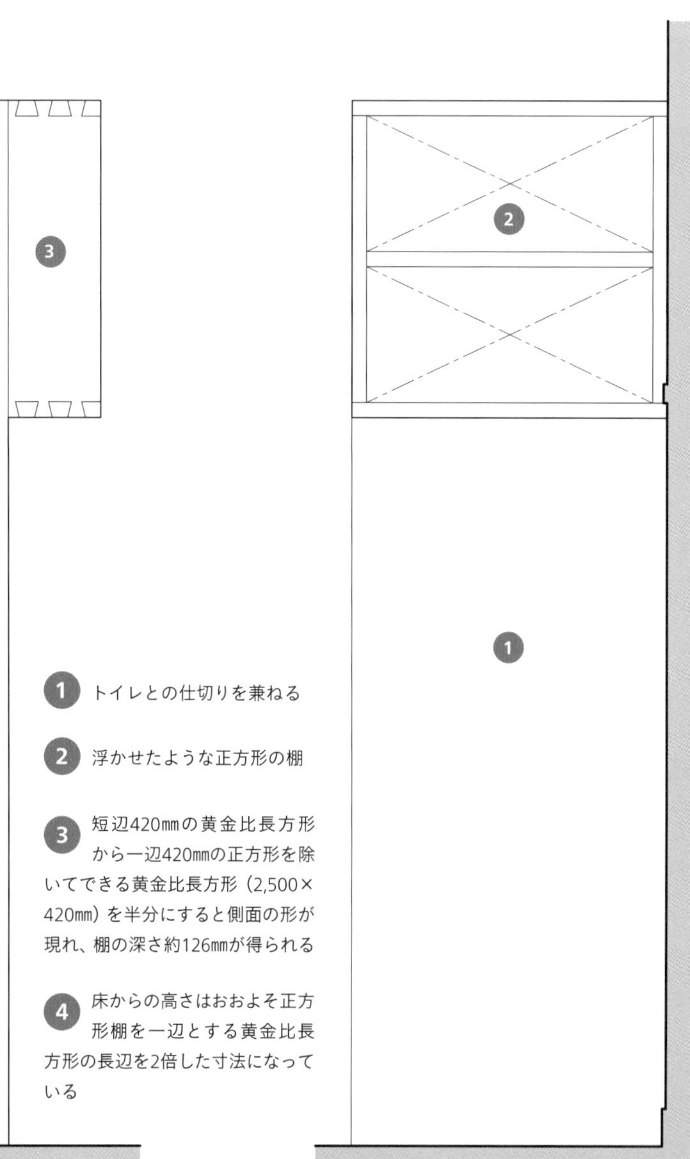

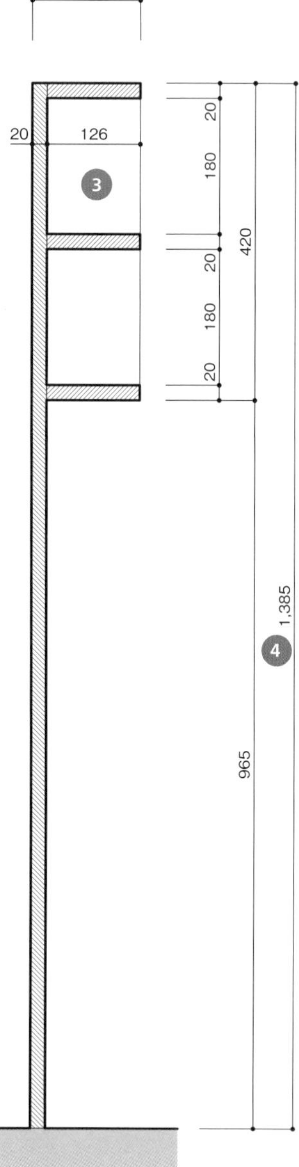

1. トイレとの仕切りを兼ねる
2. 浮かせたような正方形の棚
3. 短辺420㎜の黄金比長方形から一辺420㎜の正方形を除いてできる黄金比長方形（2,500×420㎜）を半分にすると側面の形が現れ、棚の深さ約126㎜が得られる
4. 床からの高さはおおよそ正方形棚を一辺とする黄金比長方形の長辺を2倍した寸法になっている

側面　正面　断面

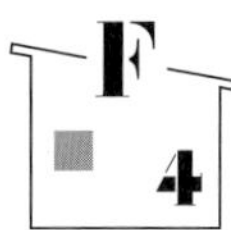

サイドテーブル

S＝1：10

キャスター付きのため、簡便に移動できる。サイドテーブルとしての単独使用はもちろんのこと、ベッドと組み合わせたりすることもでき、多様な生活のシーンに対応している。ベッドと同様に、引出し収納も兼ねる。シンプルな家具による組み合わせで、さまざまな生活のバリエーションに対応する。

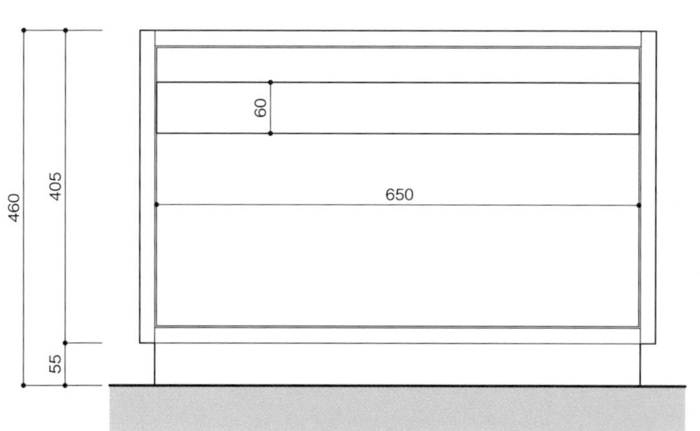

正面

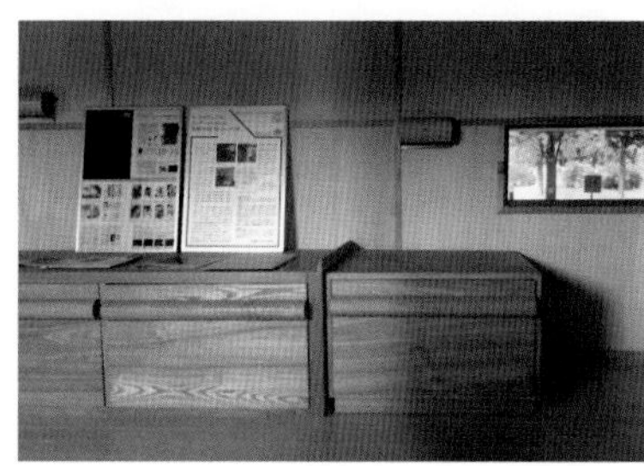

ベッドと同じ高さに揃えられたサイドテーブル

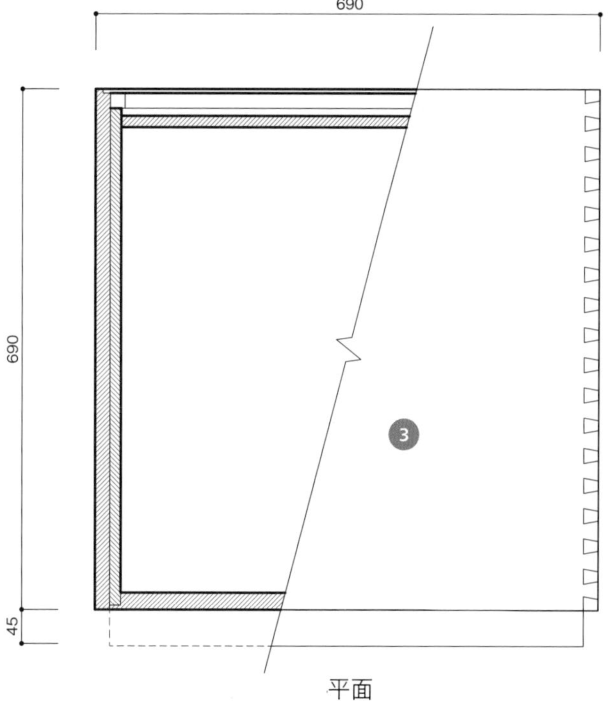

平面

1. 移動可能なキャスター付き
2. 黄金比の断面
3. 正方形は黄金比を生む基本の形
4. 手を感じる丸みを帯びた引手

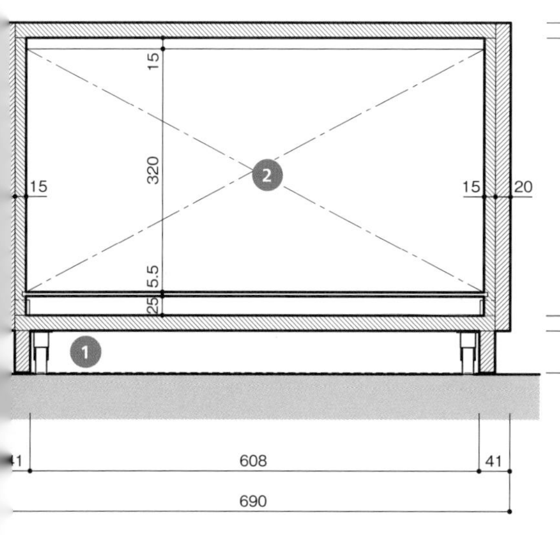

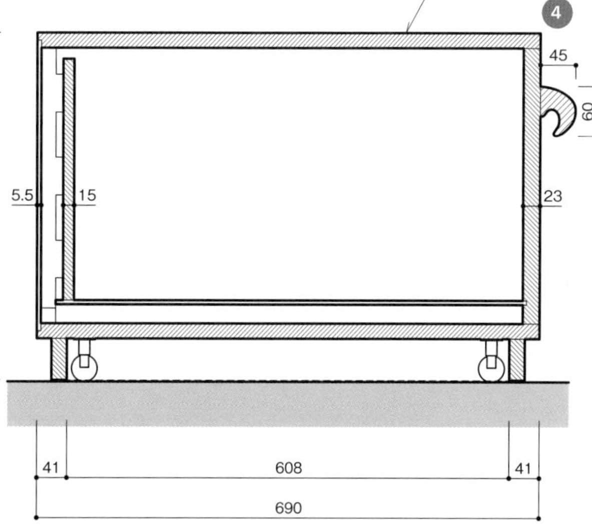

断面

ベッド

S＝1：10

可動式のベッドは収納を兼ねた家具でもあり、ヘッドレストや引手など身体や手の触れる部位は丸くして、曲線で仕上げている。

固定されたベッドと可動式サイドテーブル

1. ヘッドレストの身体に触れる部分はR処理をしている
2. 手前に引き出して収納として利用
3. 手触り感のある引手
4. マットのズレ防止のための突起

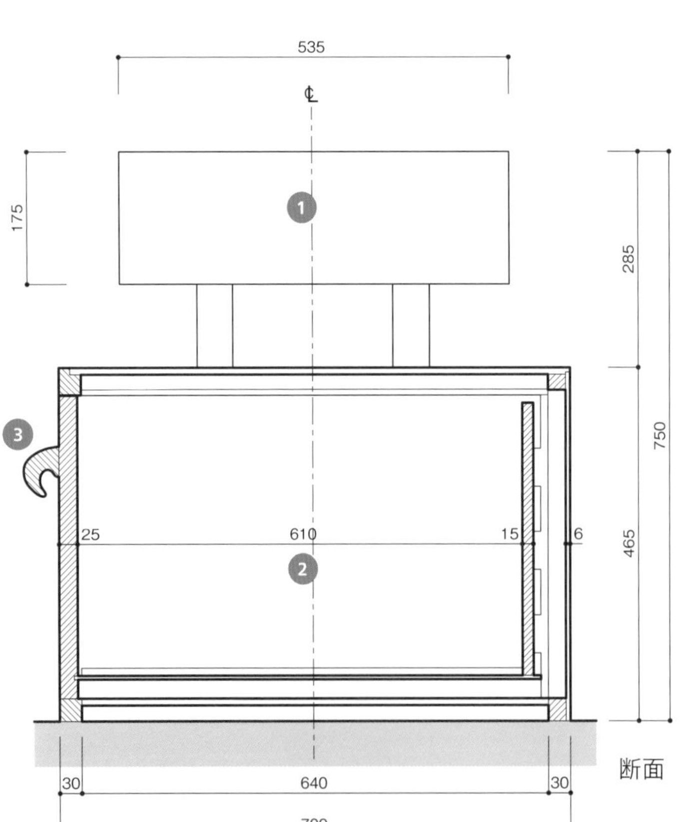

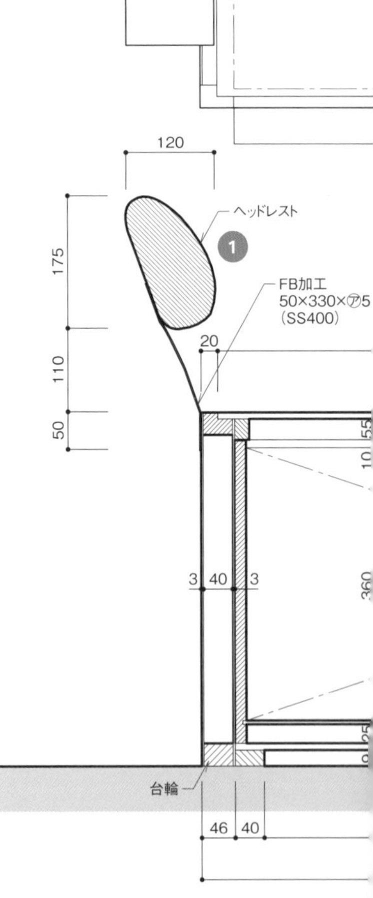

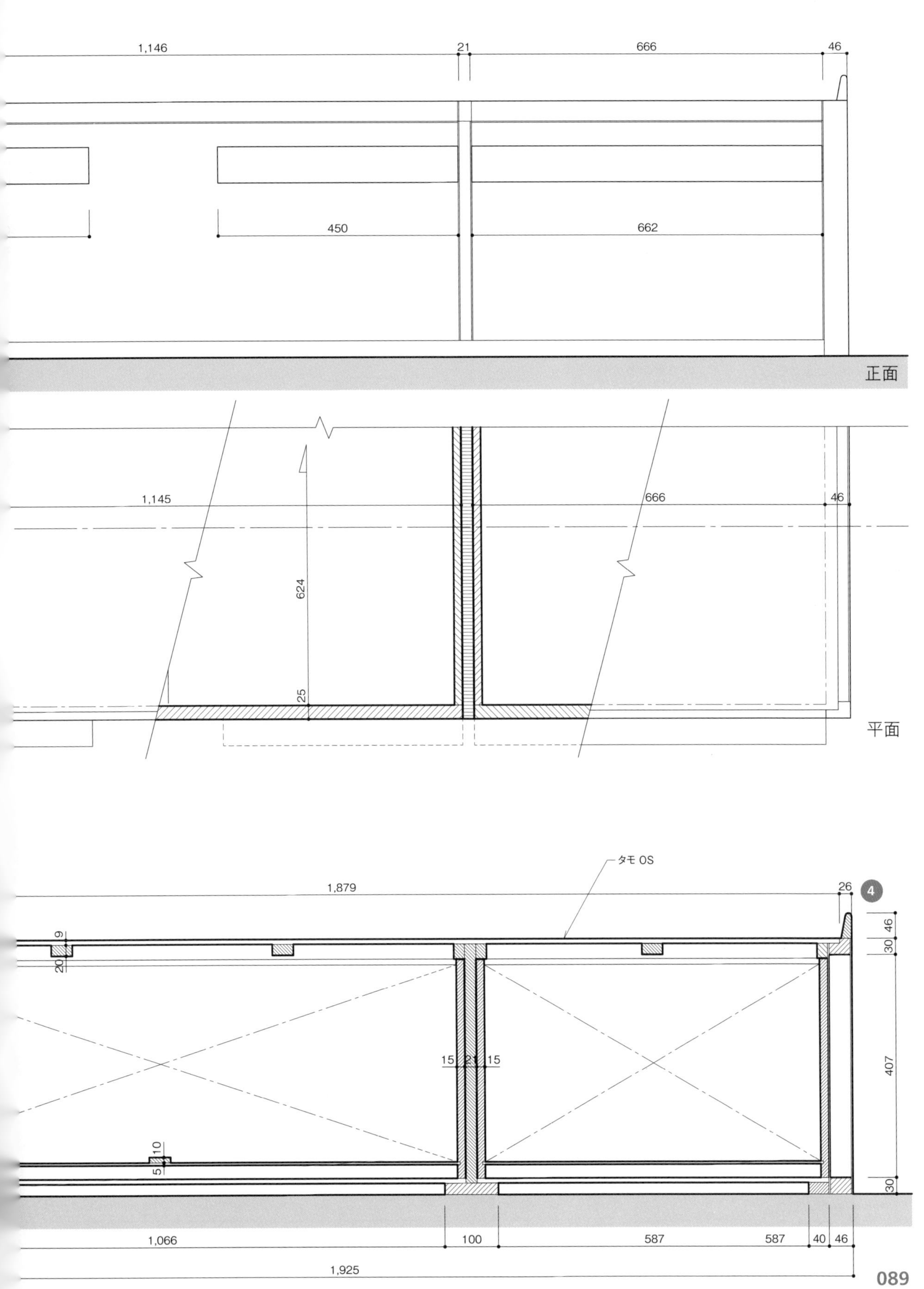

1,146
21
666
46
450
662
正面
1,145
666
46
624
25
平面
タモ OS
1,879
26
4
9
20
46
30
15
21
15
407
10
5
30
1,066
100
587
587
40
46
1,925

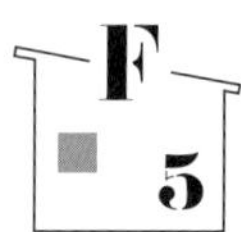

洗面棚(造付け)

S＝1：10

柱を装う天井まで伸びる家具

洗面棚は洗面に関わる機能以外にさまざまな役割を担う。一つ目として、独立柱のように壁から離れ、天井まで伸ばして柱化した家具はワンルーム空間の単調さを払拭し、空間に奥行きをつくる装置になっている。さらに、トイレから東の窓の外へ抜ける視線を遮らない絶妙な位置に置いて、東南のコーナーに居場所を確保する間仕切壁としての役割も担っている。壁から離して隙間を設けることで、タオル掛けを納め、縦長窓からの光と風を部屋の奥まで届ける（189・192頁参照）。

棚としては、両側から使用するようになっている。洗面と反対側の領域には2つ目のベッドを置けば、ヘッドボードとしての役割を果たす。ベッドのないときは、本棚として機能する。

窓と一体化する装置化された家具

1. 天井まで柱のように設けられた仕切り家具でもある
2. この個所だけはRのないデザインのように見えるが、しっかり面取りがされて手にやさしい
3. 北側ゾーンのベッド用ヘッドボードとしても機能する

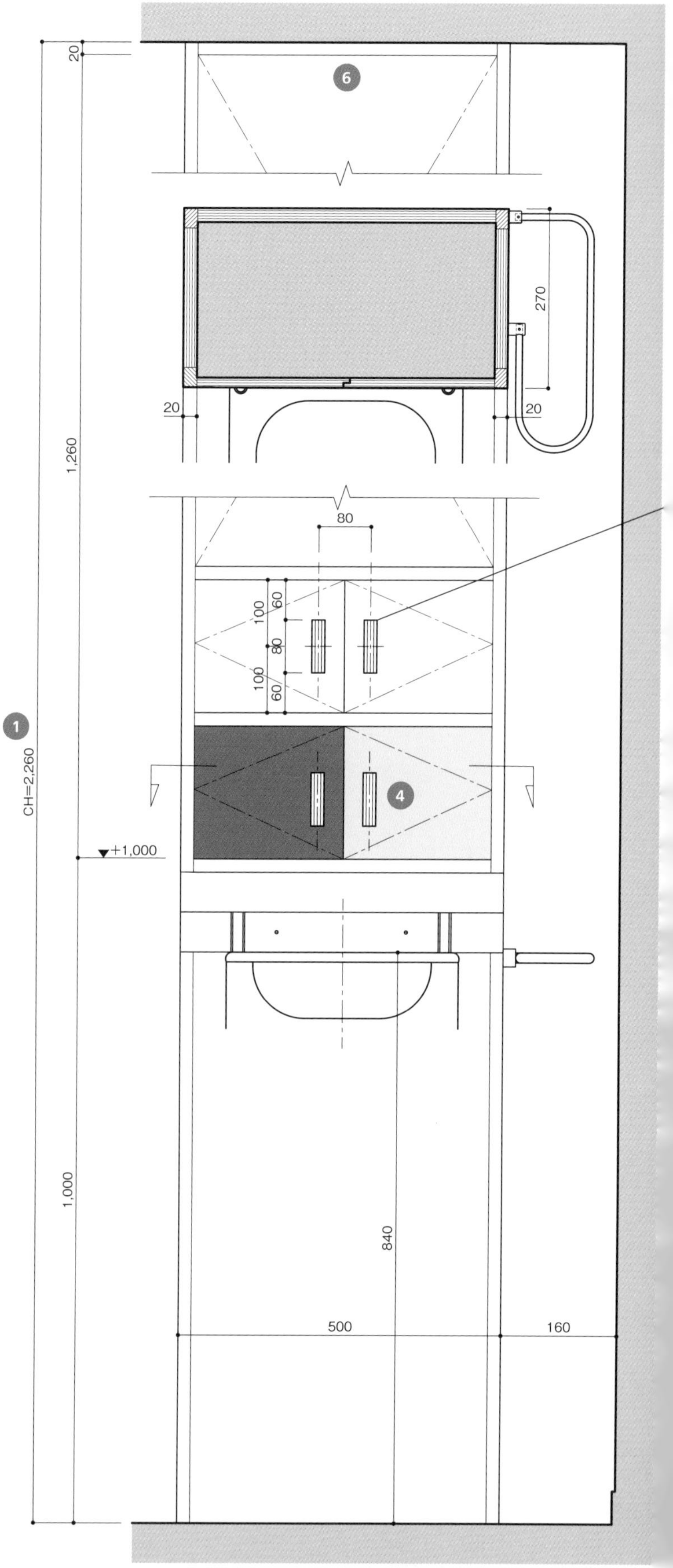

正面

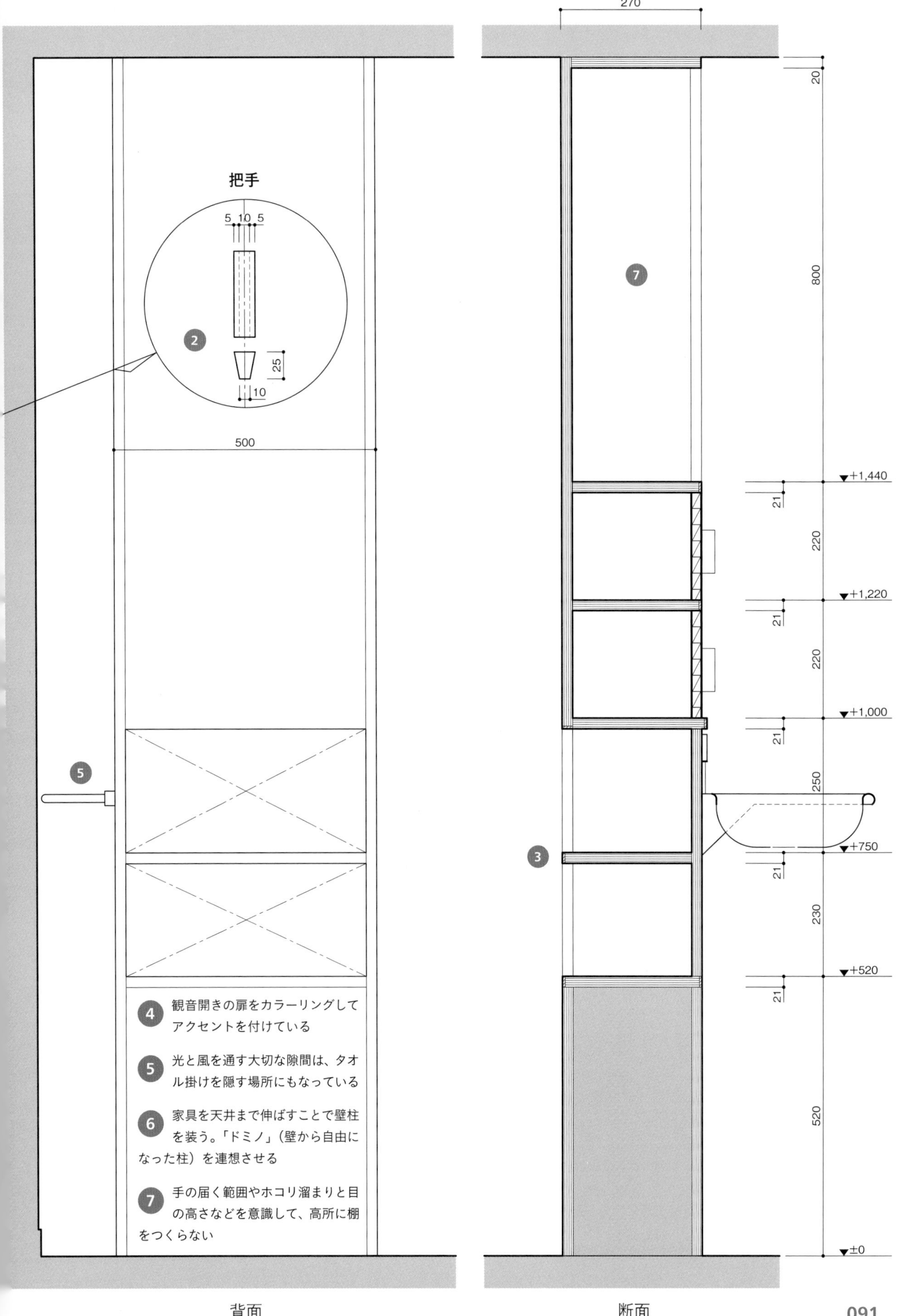
270
20
800
把手
5 10 5
25
10
500
+1,440
21
220
+1,220
21
220
+1,000
21
250
+750
21
230
+520
21
520
±0
④ 観音開きの扉をカラーリングしてアクセントを付けている
⑤ 光と風を通す大切な隙間は、タオル掛けを隠す場所にもなっている
⑥ 家具を天井まで伸ばすことで壁柱を装う。「ドミノ」（壁から自由になった柱）を連想させる
⑦ 手の届く範囲やホコリ溜まりと目の高さなどを意識して、高所に棚をつくらない

背面

断面

F6 本棚(造付け)

F7 机(造付け)

F8 飾り棚(造付け)　S＝1：10

壁から斜めに突き出た机は空間に動きを与える一方、本棚および洗面棚で囲われた空間を形成している。さらに室内から窓へ視線が集まり、錯視による遠近感が強調される。また、机の反対側のクローゼット前のスペースにはいっそうの広がりができ、ベッドから地中海への一点透視的な視線がおのずと誘導される。

机は壁面に対して斜めにすることで、さまざまな効果を生んでいる

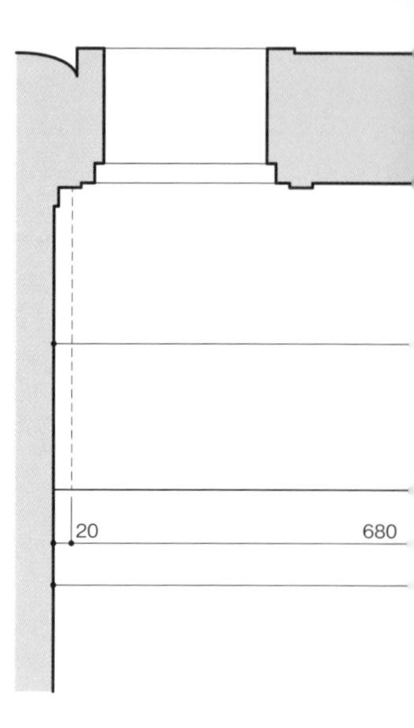

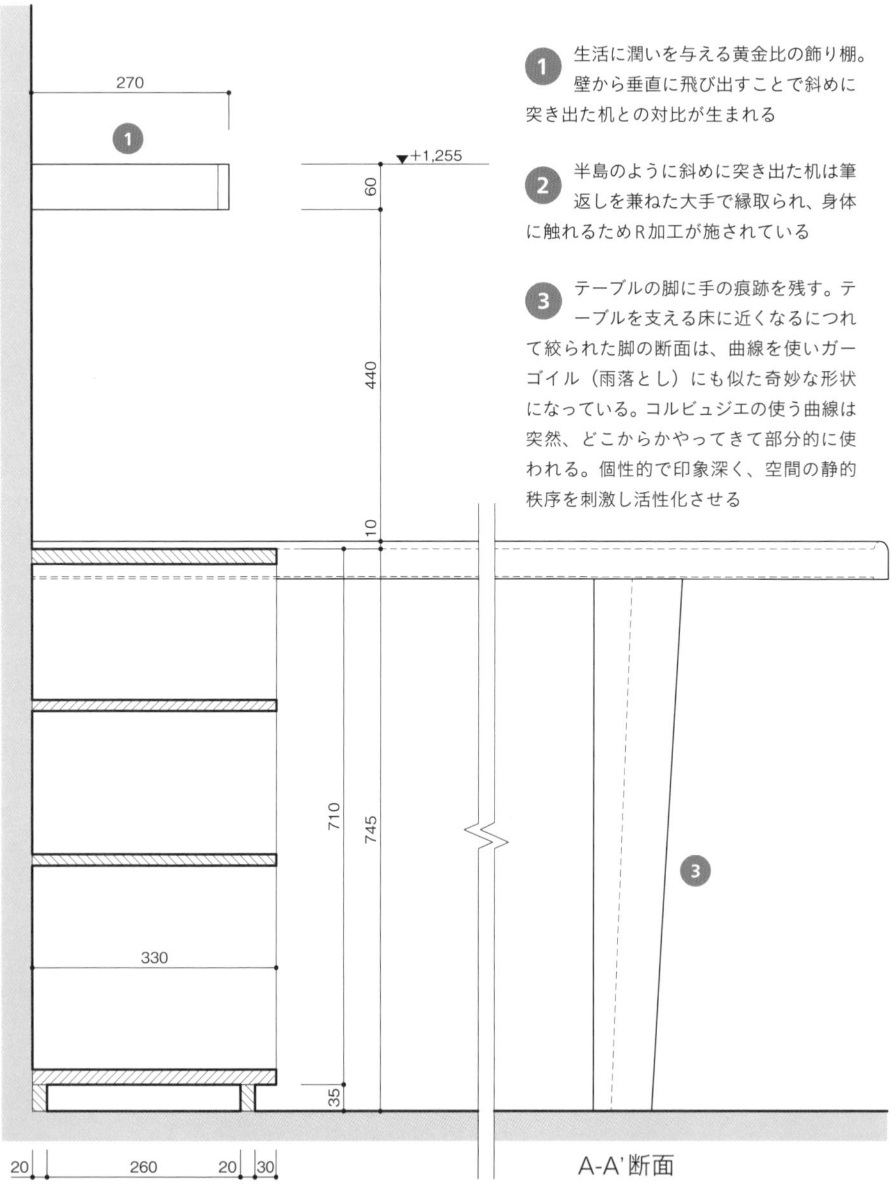

1 生活に潤いを与える黄金比の飾り棚。壁から垂直に飛び出すことで斜めに突き出た机との対比が生まれる

2 半島のように斜めに突き出た机は筆返しを兼ねた大手で縁取られ、身体に触れるためR加工が施されている

3 テーブルの脚に手の痕跡を残す。テーブルを支える床に近くなるにつれて絞られた脚の断面は、曲線を使いガーゴイル（雨落とし）にも似た奇妙な形状になっている。コルビュジエの使う曲線は突然、どこからかやってきて部分的に使われる。個性的で印象深く、空間の静的秩序を刺激し活性化させる

270
▼+1,255
60
440
10
710
745
330
35
20　260　20　30

A-A'断面

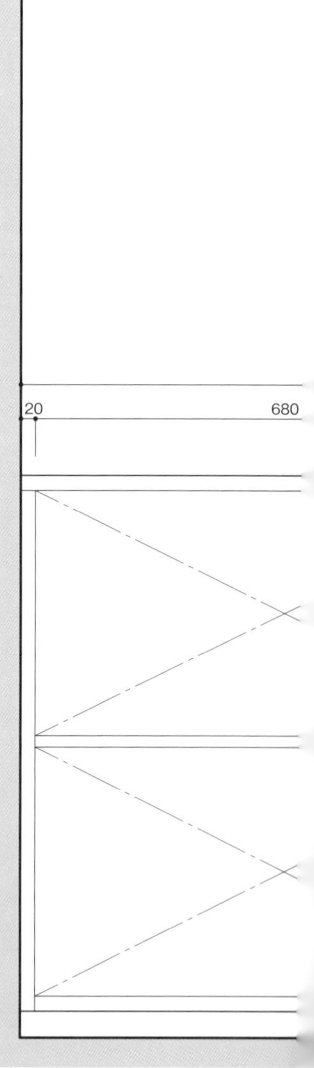

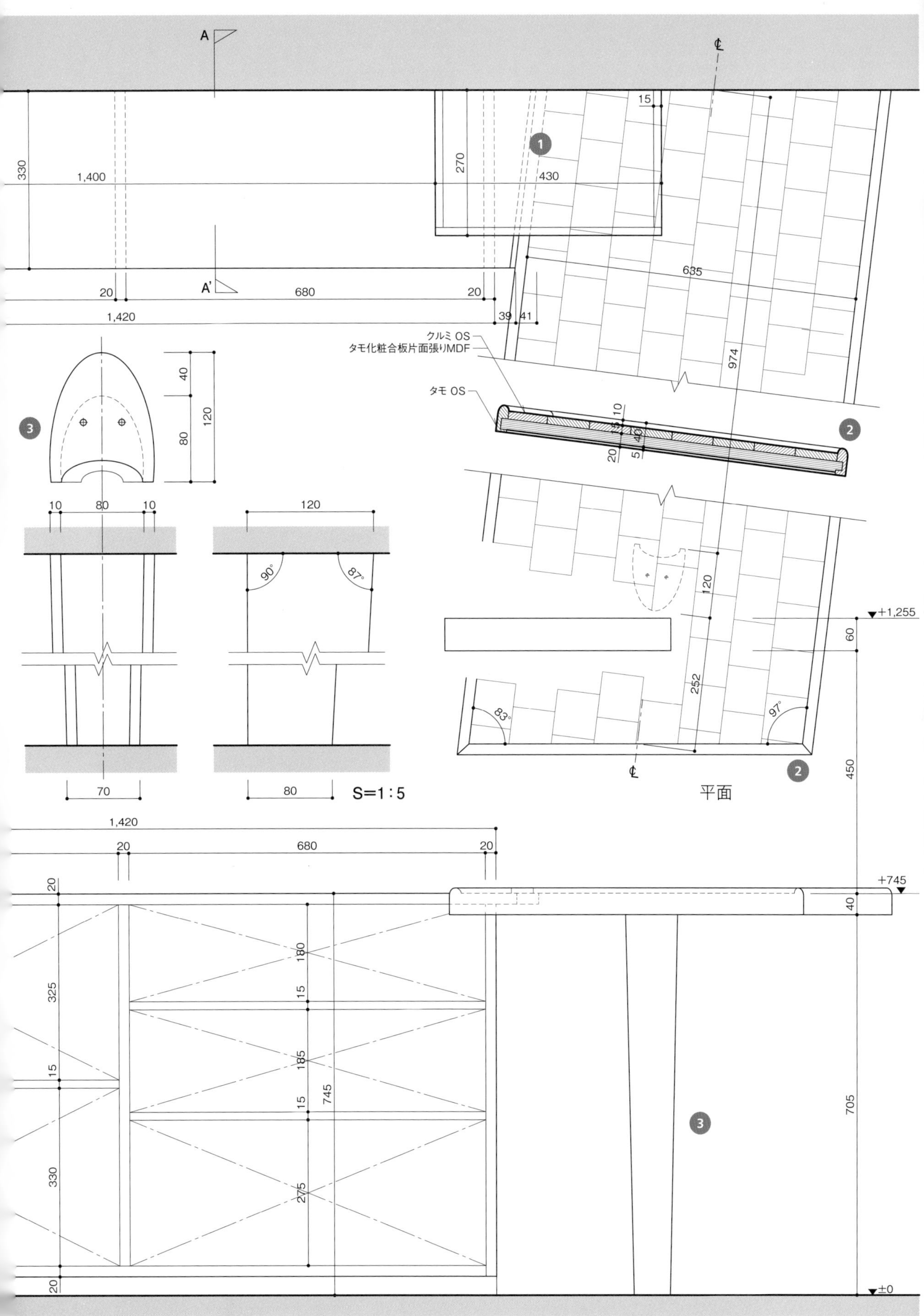

クルミ OS
タモ化粧合板片面張りMDF
タモ OS
S=1:5
平面
正面

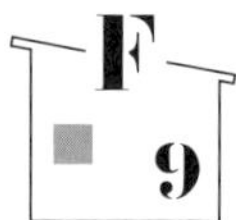

箱形スツール

S＝1：5

2つ並べると黄金比の長方形が現れるスツール。
家具によりコラージュされた空間は統一されて一定の秩序が保たれる一方で、家具自体、室内の縮小模型の体をなす。オリジナルはオーク材であるが、レプリカではタモ材を使用した。

モデュロールが使われたシンプルな箱形のスツール。置く向きによってテーブルにもなる

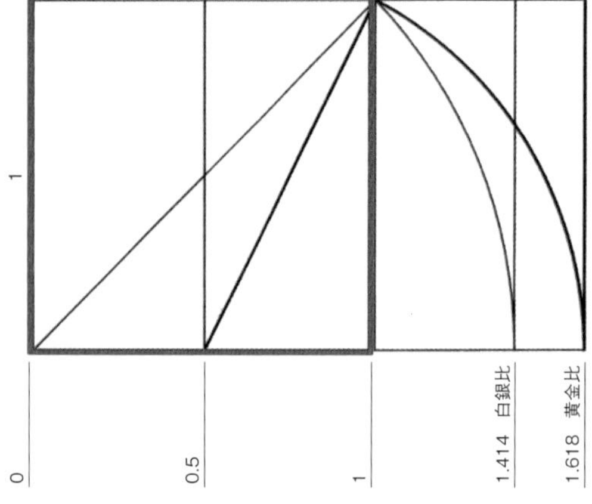

正方形をもとにして白銀比（1：1.414）や黄金比（1：1.618）が形成される。白銀比をもつ長方形は半分にすると、また同じプロポーションの子供が生まれる。黄金比の長方形は、内接する正方形を除くと残りが同じプロポーションの子供になっている。割り算（または掛け算）と引き算（または足し算）の違いこそあれ、ともに増殖も減衰も同じプロポーションを繰り返す特別な長方形である

テーブルとセットにしたところ。持ち手で気軽に運ぶことができる

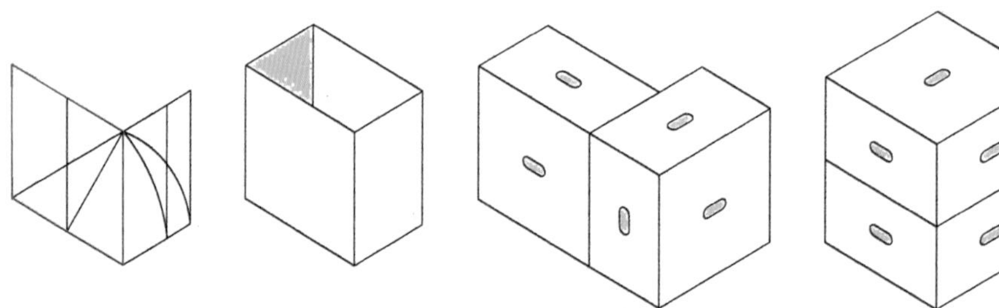

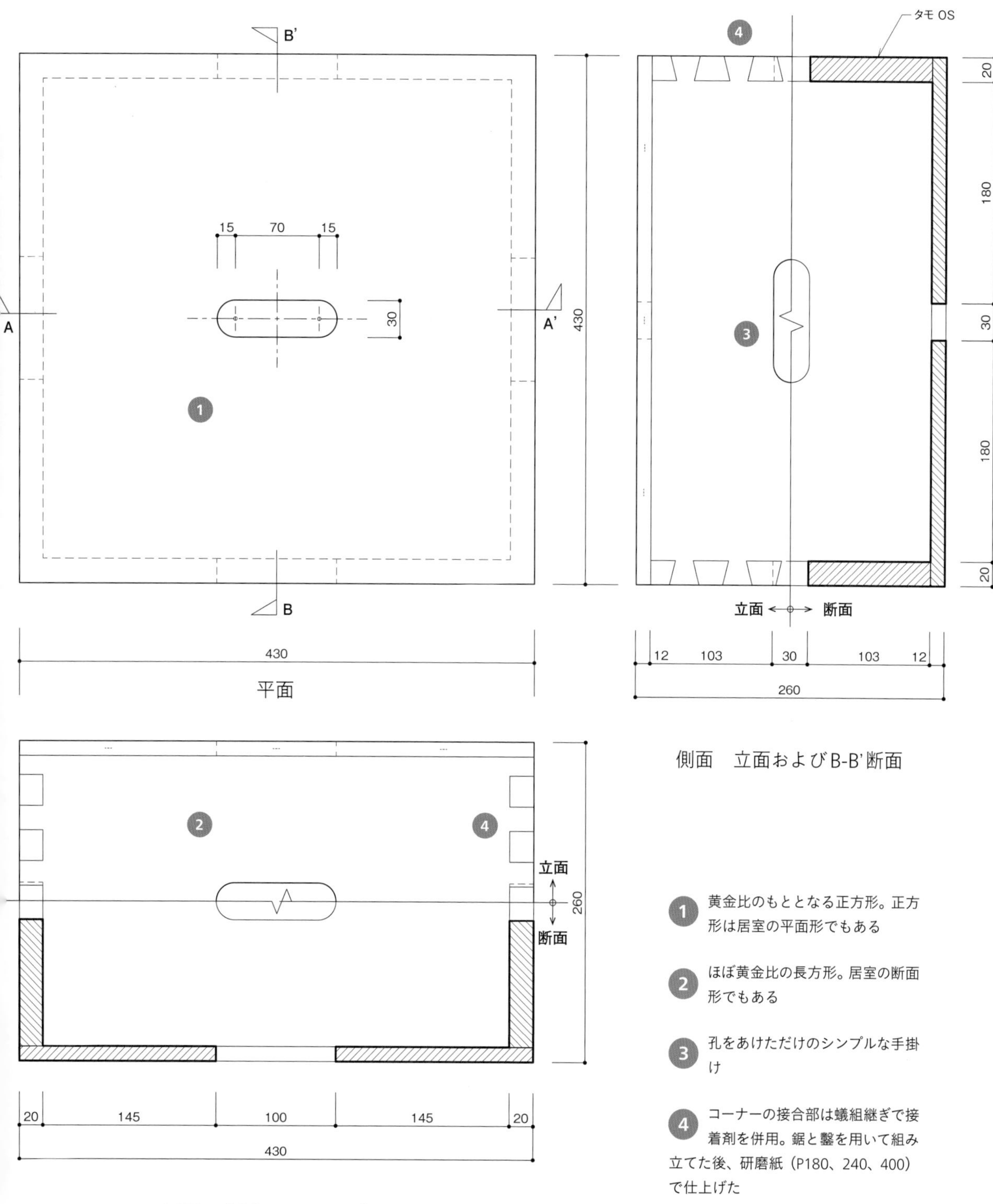

平面

側面　立面およびB-B'断面

正面　立面およびA-A'断面

1. 黄金比のもととなる正方形。正方形は居室の平面形でもある

2. ほぼ黄金比の長方形。居室の断面形でもある

3. 孔をあけただけのシンプルな手掛け

4. コーナーの接合部は蟻組継ぎで接着剤を併用。鋸と鑿を用いて組み立てた後、研磨紙（P180、240、400）で仕上げた

クローゼット(造付け)

S＝1：10

前室と隔絶させつつ、高さは低めに抑えている。入室したときに広い視野が確保できること、折り上げ天井がより高く見えること、必要最小限の家具に徹し、限られた空間を占拠させないことなどが理由と考えられる。引違いの戸には、テーパーが付けられた引手が取り付けられており、戸の開閉時の手掛けとともに補強の役割を兼ねている。

家具の高さを目の高さよりもやや低くしているので、視界を邪魔することなく、室内に広がり感を与える

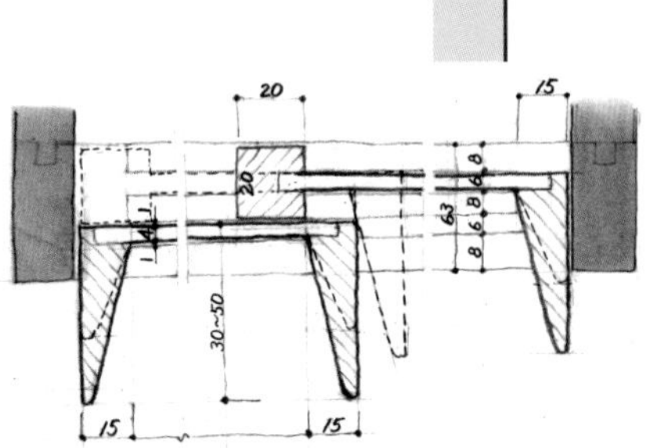

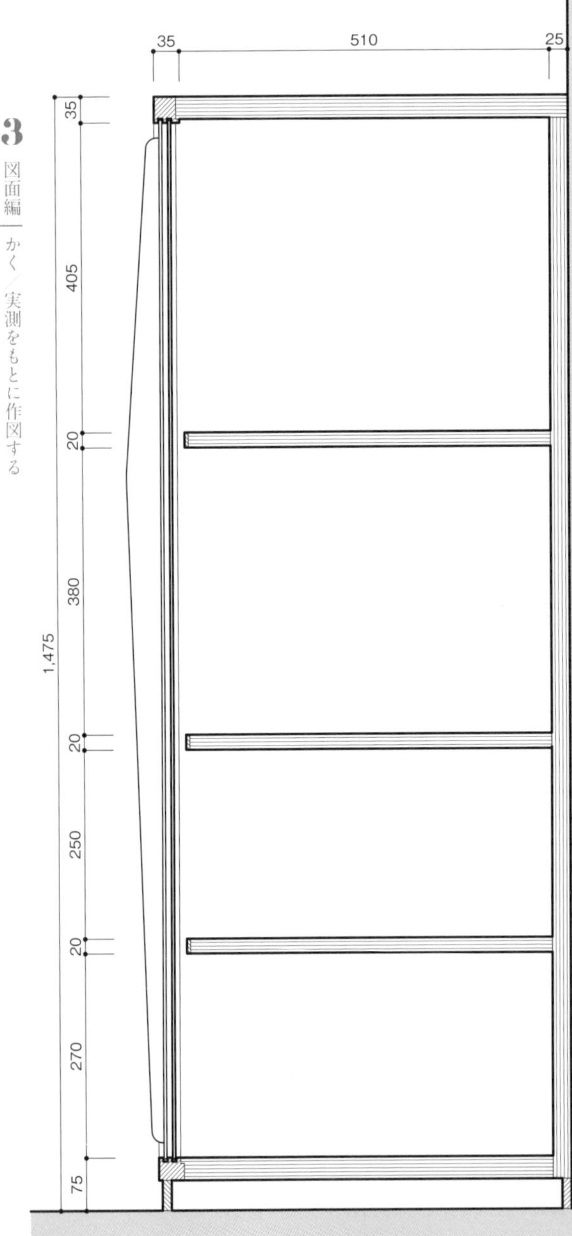

A-A'断面図

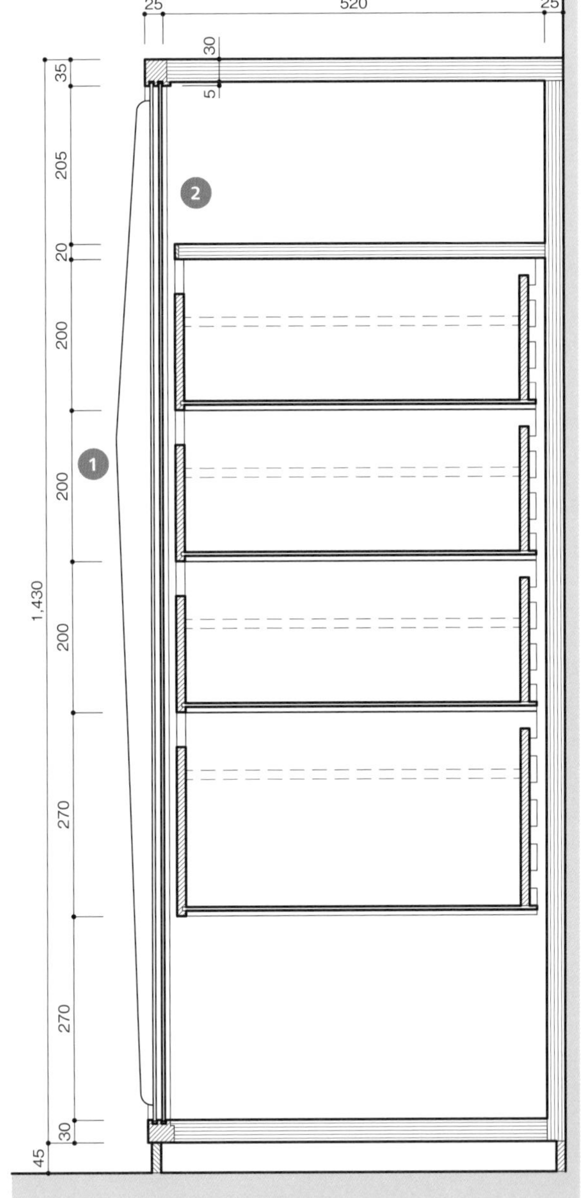

B-B'断面図

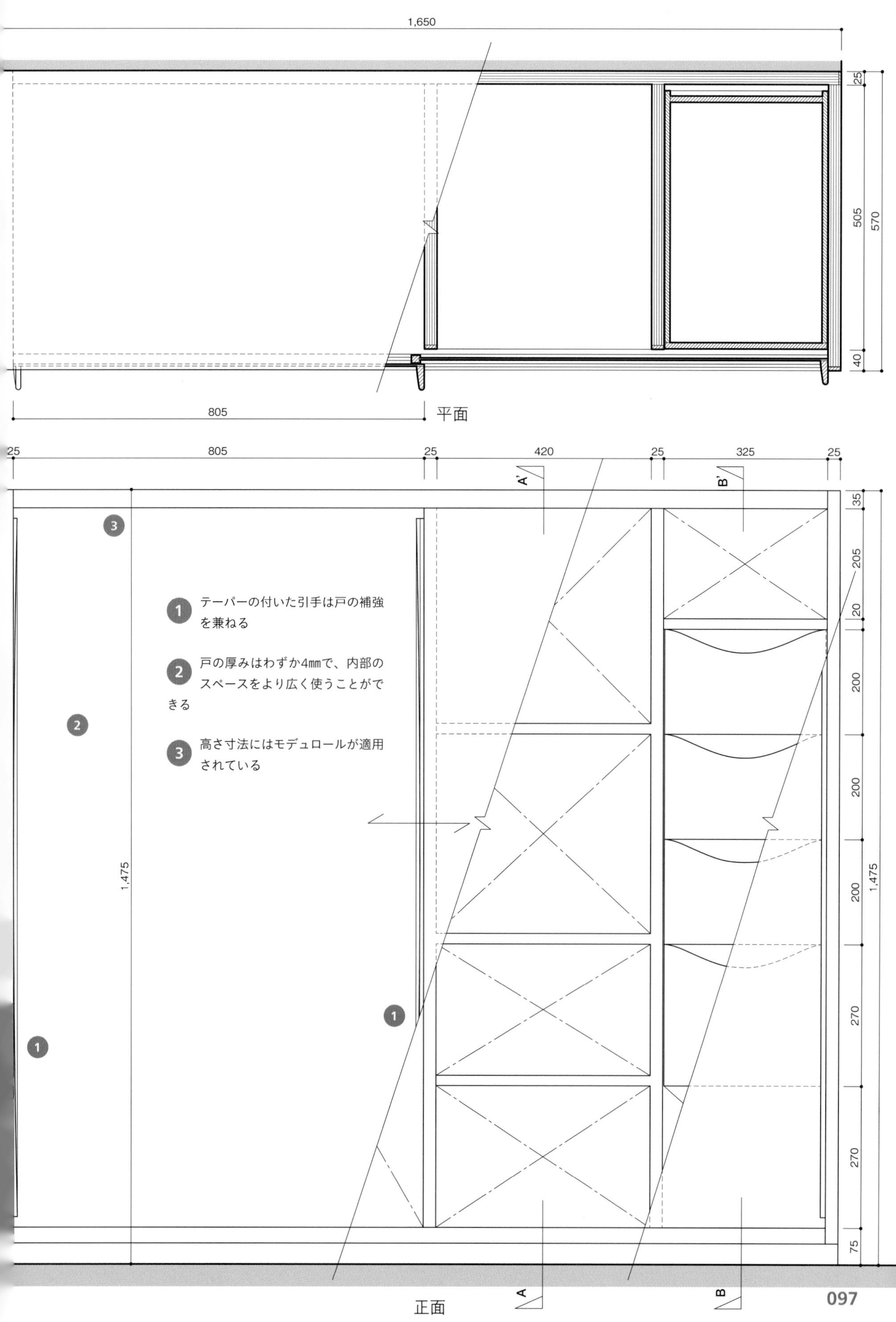
1,650
25
505
570
40
805
平面
25
805
25
420
25
325
25
A'
B'
35
205
20
200
200
200
270
270
75
1,475
1,475
❶ テーパーの付いた引手は戸の補強を兼ねる
❷ 戸の厚みはわずか4㎜で、内部のスペースをより広く使うことができる
❸ 高さ寸法にはモデュロールが適用されている
A
B
正面

トイレ埋込み棚（造付け）

S＝1：5

省スペースのトイレには、入隅部分にトイレットペーパーの入る棚が壁に埋め込まれている。
正面から見たときのプロポーションは、正方形を2つ横に並べたもの。コルビュジエの建築では、黄金比（1：1.618）の基図形である正方形（1：1）は好んで使われる。トイレットペーパーの納まる部分の高さ寸法（外寸）165㎜はモデュロールの「赤系列」にあり、赤系列を2倍すると「青系列」の330㎜になる。
奥行きの寸法は青系列から、取付け高さは赤系列より設定しているようだが、コルビュジエ本人はモデュロールは絶対寸法ではなく、あくまでも目安に過ぎないと言っている。

正方形を横に二つ並べたプロポーション

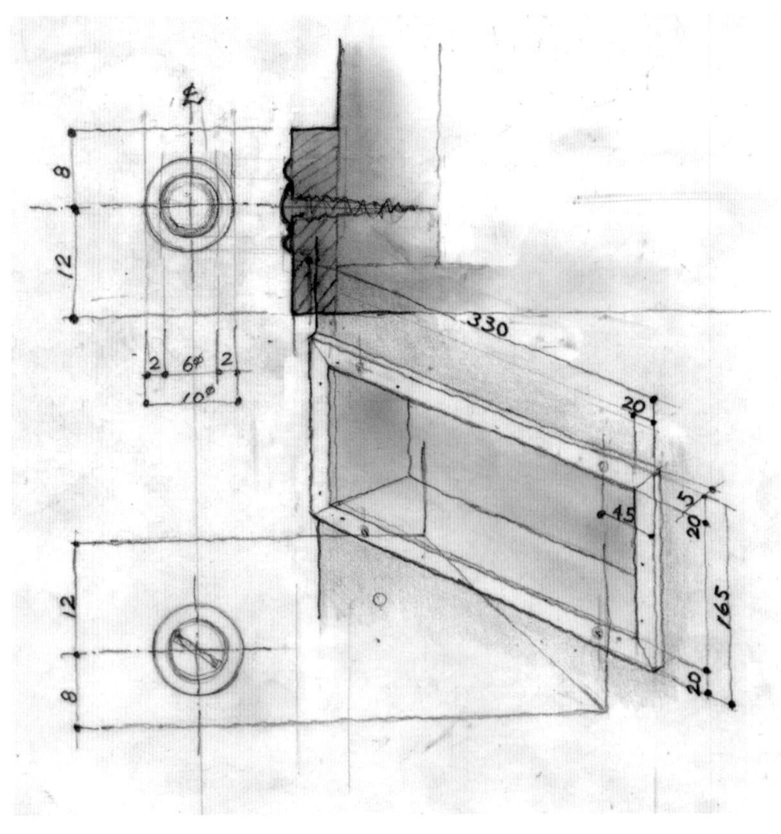

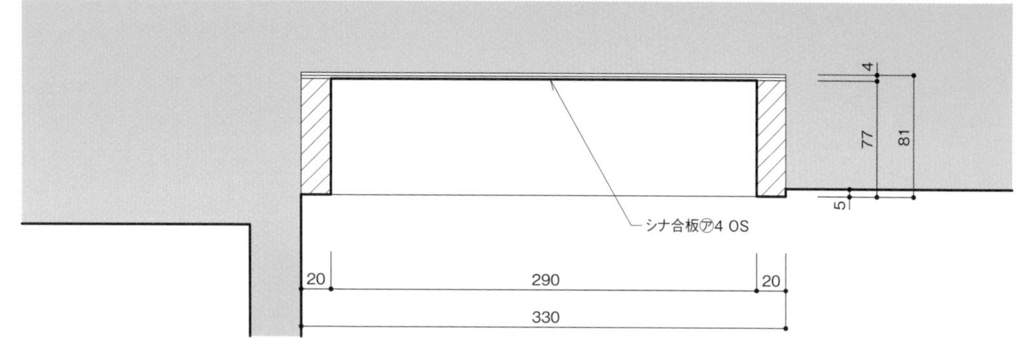

平面

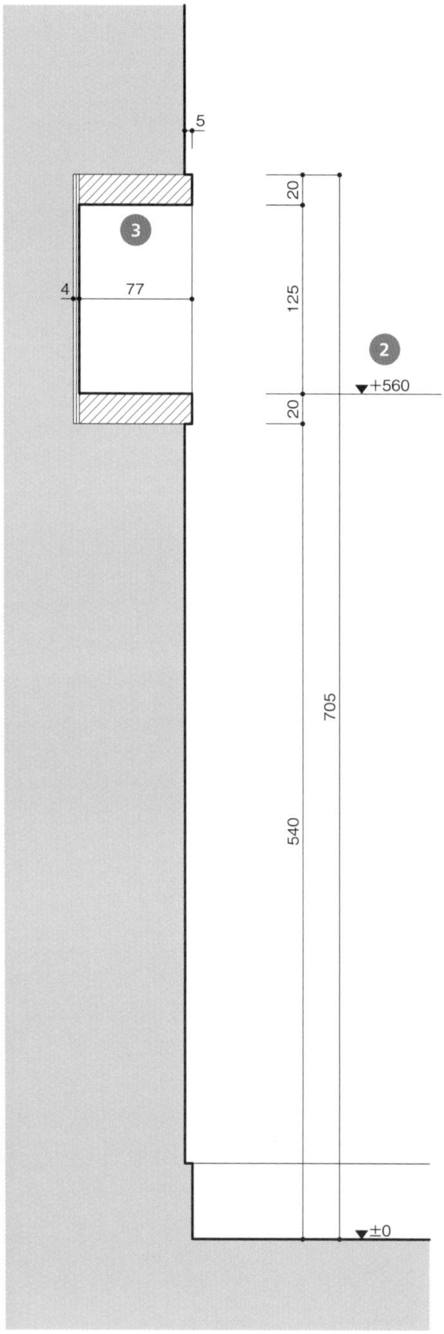

5
20
125
20
705
540
4
77
+560
±0

断面

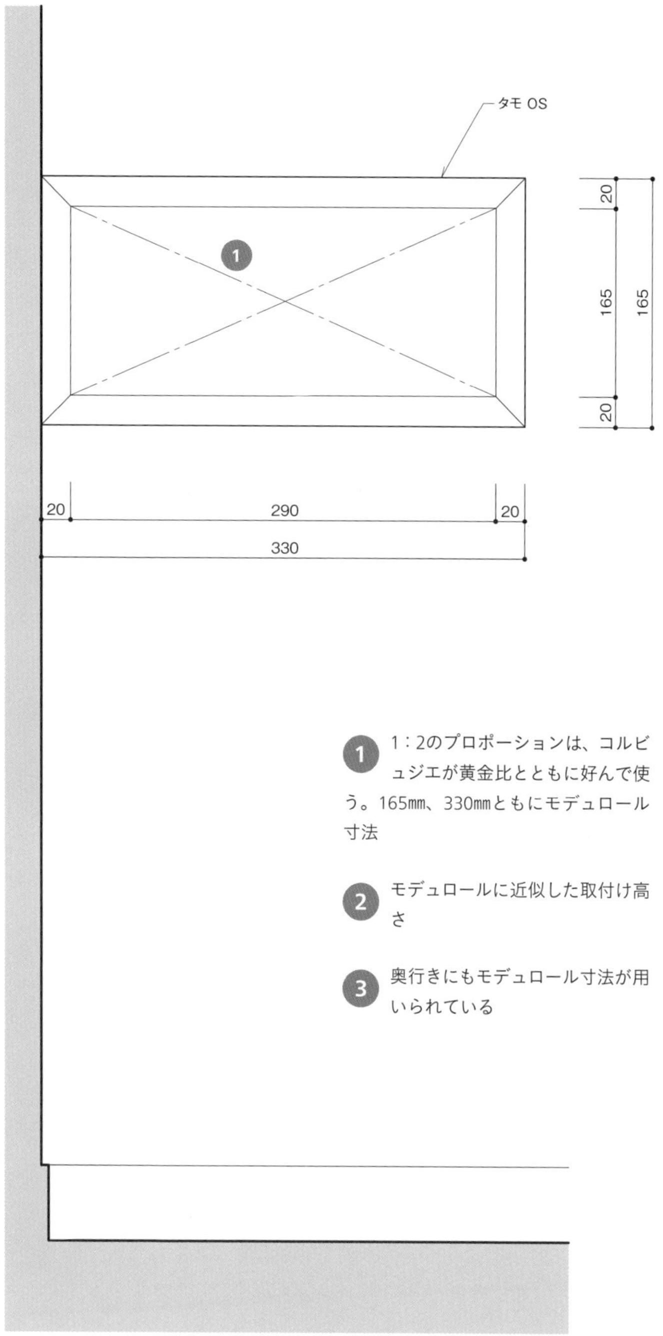

タモ OS
20
165
165
20
20
290
20
330

正面

❶ 1：2のプロポーションは、コルビュジエが黄金比とともに好んで使う。165㎜、330㎜ともにモデュロール寸法

❷ モデュロールに近似した取付け高さ

❸ 奥行きにもモデュロール寸法が用いられている

金物等 J

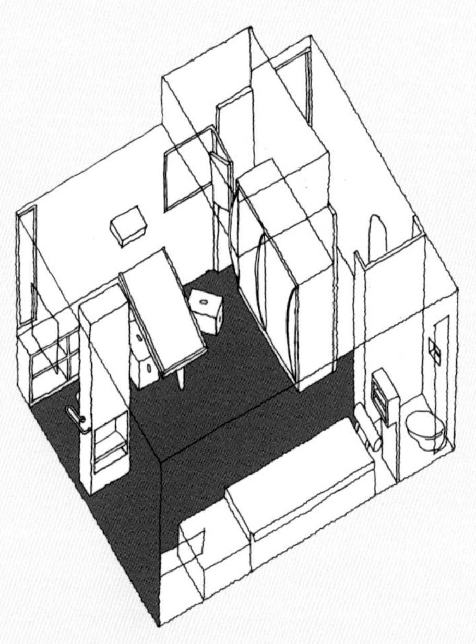

原寸制作に際して目標としたことは、限りなく忠実にディテールまでつくり込むことにあった。建具金物とそれに付属するビスにいたるまで制作した結果、得られたものは大きい。
「神は細部に宿る」というが、誠実に材料に向き合い、つくり込むことで、コルビュジエの思いが見えてくる。金物や直接手の触れる小さな部位への気遣いは徹底している。

金物表

金物等番号	名称	数量	材料・仕上げ
J1	掘込み引手	2	
J2	レバーハンドル	2	鋼板曲げ加工
J3	蝶番･マイナスネジ	2	スチール加工
J4	シンク	1	スチール FB 加工
J5	タオル掛け	1	スチール加工（原設計：炭素鋼にクロムメッキ処理）
J6	ランプシェード	3	スチールパイプ加工
J7	照明スイッチ	1	スチール加工 OP
J8	閂（かんぬき）	1	スチール加工
J9	引手	3	タモ OS
J10	木製打掛け	5	

※OS：ワトコオイル塗装（ナチュラル）ウェス拭き取り

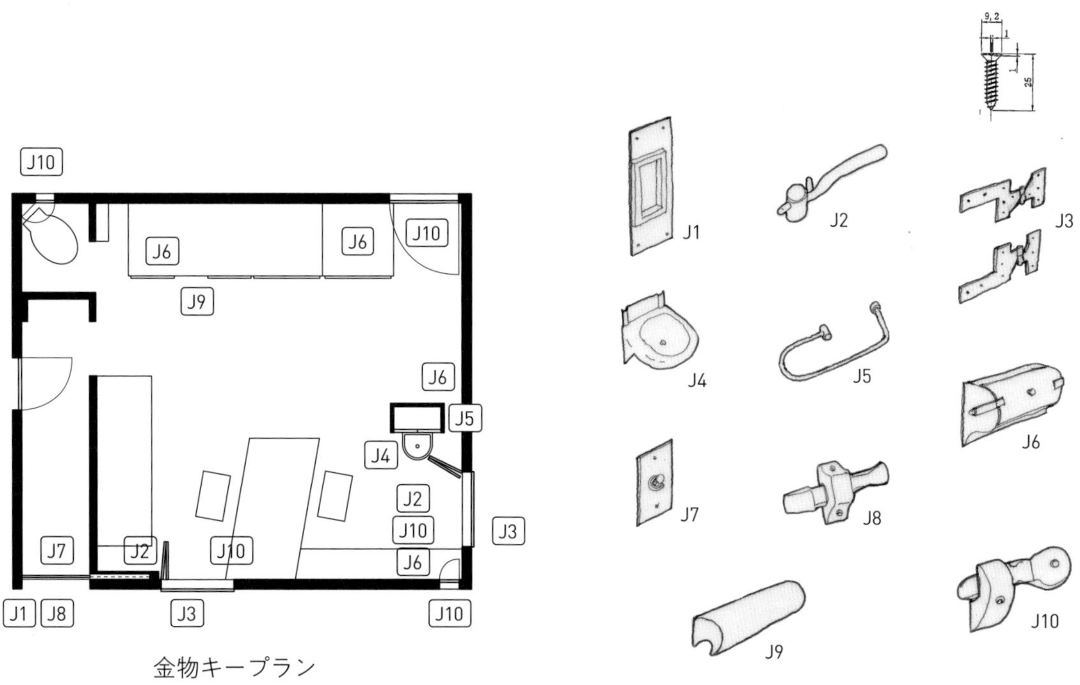

金物キープラン

姿図

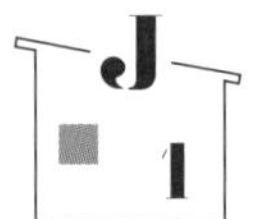

掘込み引手

S＝1：2

片開き扉が主流である西洋建築に、引き戸は珍しい。片引きの引込み戸のため、引き残しを最小限にしている。鍵穴部が偏心しているのは、そのためである。奥に片開き網戸があるため、すべてを引き込んでも廊下の内法有効幅を確保することができない。また引手の手掛け部分を突出させ、戸当たり機能をもたせている。

引手には銅板を加工して鍵穴を組み込んでいる

フィールドノートに記載した現地でのスケッチと実測図

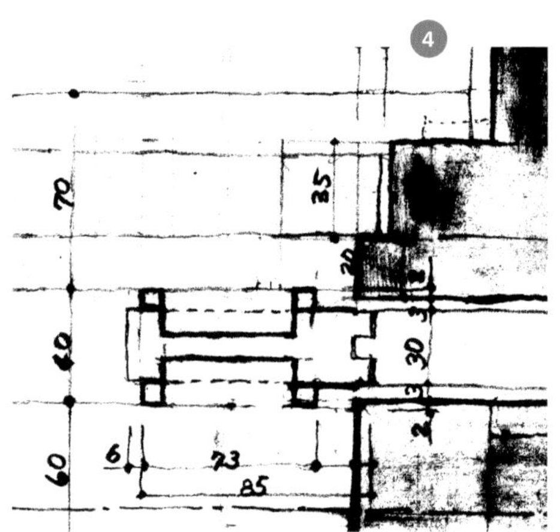

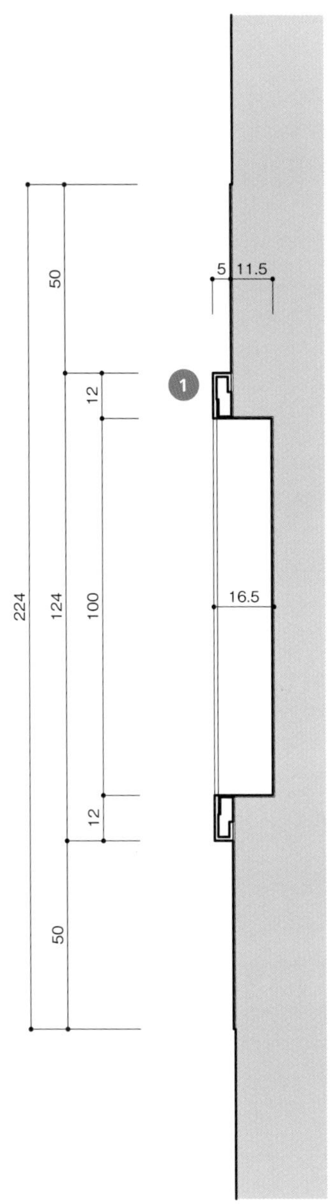

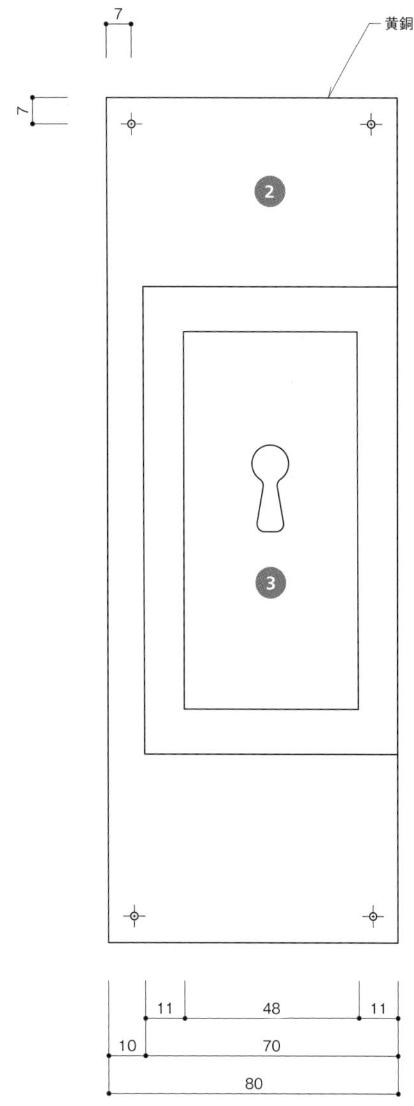

1 引手の指掛かりの深さを確保しつつ、戸当たりを兼ねる凸部

2 鍵穴部が偏心しているのは開放時の戸袋に納まった状態に配慮したためと思われる

3 鎌錠の鍵穴と一体化したデザイン

4 内側に併置された片開き網戸が90°開いたときの扉の厚みの分と、片引き戸の引き残し寸法が対応している

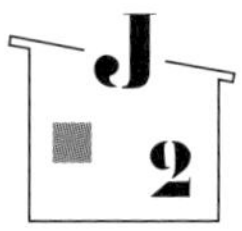

レバーハンドル

S＝1：1

レバーを握って上方に回転すると、窓が開く。開放状態のときはレバーの重量で回転し、回り止めで止まる。この休暇小屋のために開発されたと思われていたレバーハンドルは、マルセイユのユニテ・ダビタシオンにもある。ずっしりと存在感があり、回り止めなど考え抜かれた開閉システムで、コルビュジエの手を原寸で感じることができる。

南面の正方形窓に取り付けられたレバーハンドル

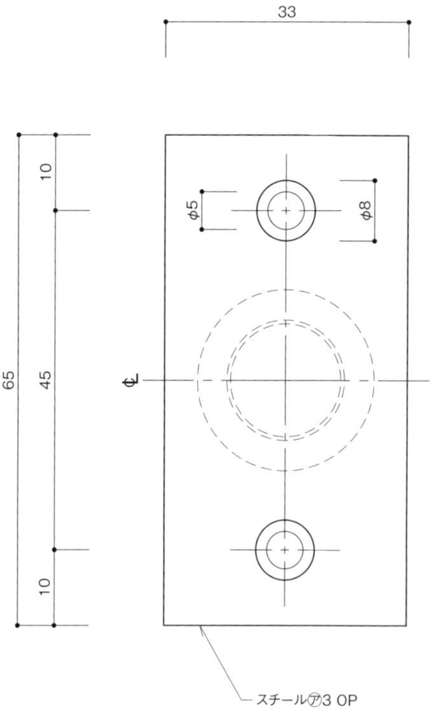

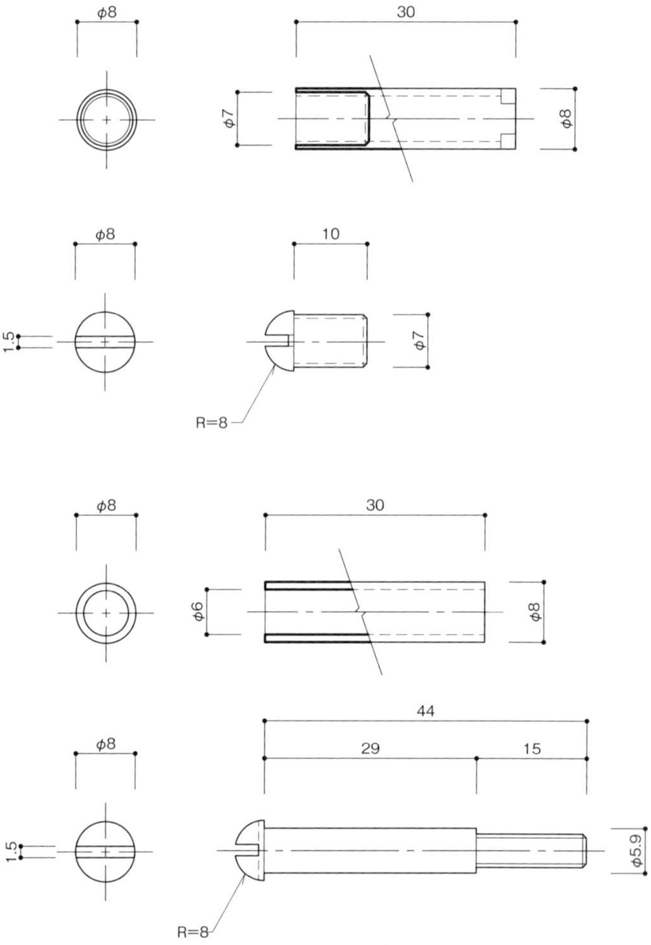

1 受け金物（キャッチ）の穴は上部13㎜・下部15㎜で、レバーハンドルの先端の径が14㎜なので、ハンドルの下から上への回転により閉まる仕組みとなっている。この穴の微妙な傾きが、建具の引き寄せを可能にして水密性を向上させている

2 ハンドルの抜け防止のためのピンが挿入されている

3 握りやすいようにカーブさせている。長さ170㎜のドアレバーの径は上部先端が14㎜・下端が18㎜。直径・高さともに30㎜の円柱の回転軸から150～350㎜の個所で曲がって、指の入る20㎜を確保している

33
10
φ5
φ8
65
45
℄
10
スチール㋐3 OP

φ8
30
φ7
φ8

φ8
10
1.5
φ7
R=8

φ8
30
φ6
φ8

44
φ8
29
15
1.5
φ5.9
R=8

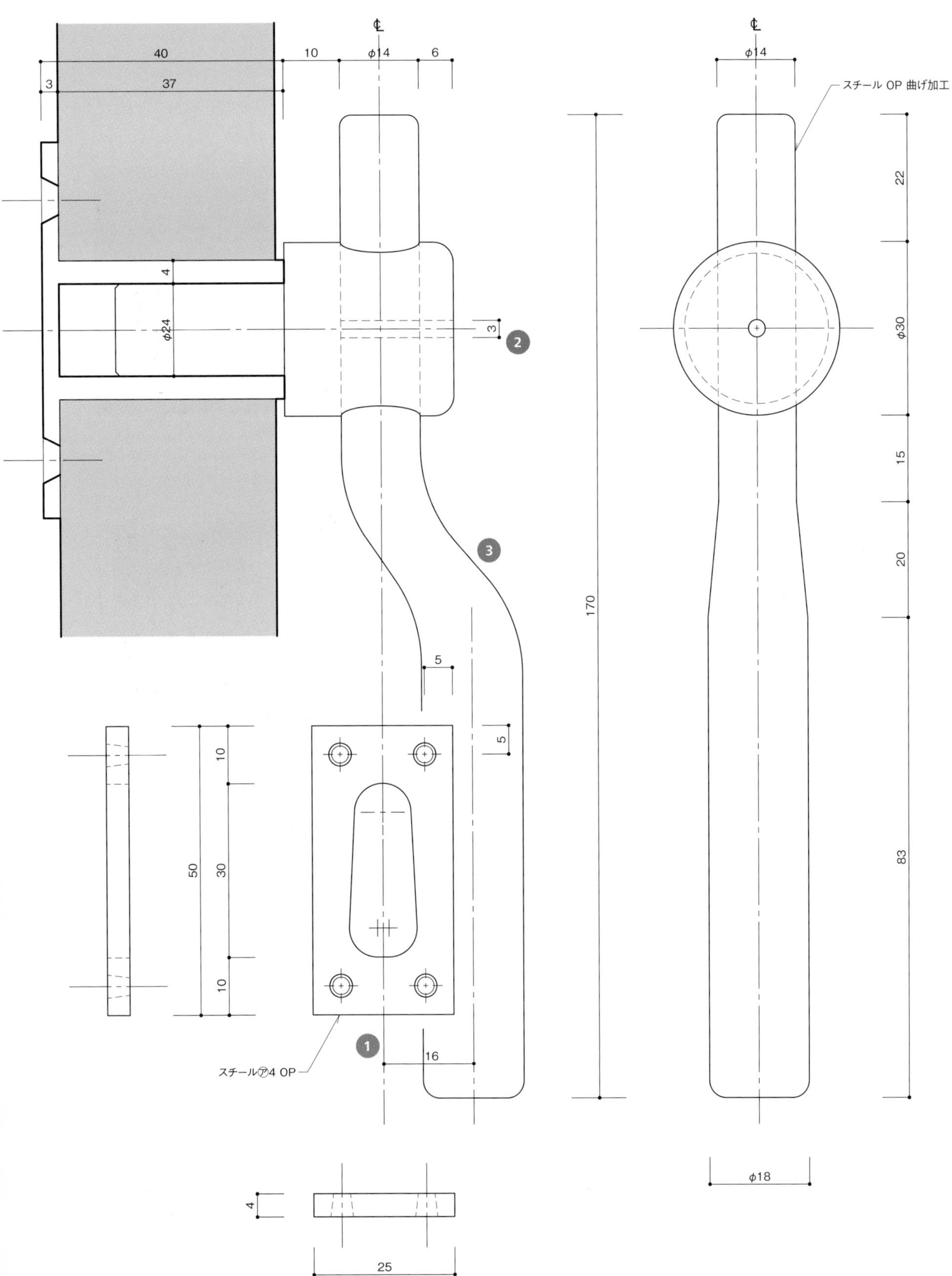

40
3
37
10
φ14
6
4
φ24
3
φ30
22
15
20
83
170
5
5
10
30
50
10
16
4
25
φ18
スチール OP 曲げ加工
スチール㋐4 OP

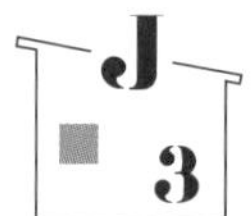

蝶番・マイナスネジ

S＝1：2

レプリカ制作にあたって目標として掲げたのは、単なる空間や家具の再現に留まらない、徹底した細部の忠実な再現であった。外被せの片開き木製窓用の蝶番に合うマイナスネジに、そのことが象徴される。樹脂ノギスなどによる綿密な実測を行って図面化し試作を重ねた。

建具に取り付けた状態

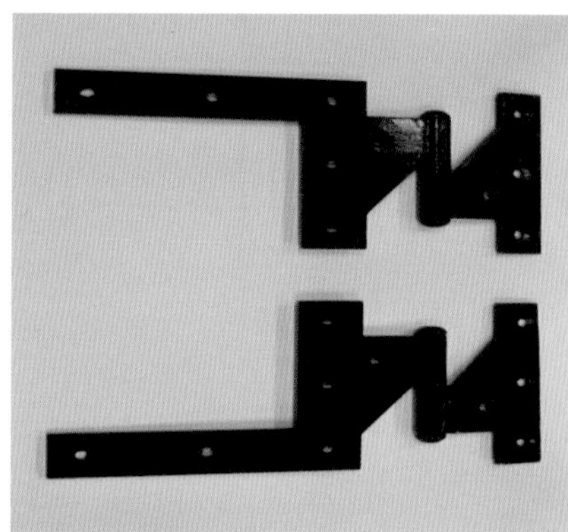

材取付けの蝶番は同形で、建具取付けのほうが枠の補強を兼ねたL字形になっている

ナックル部の溶接

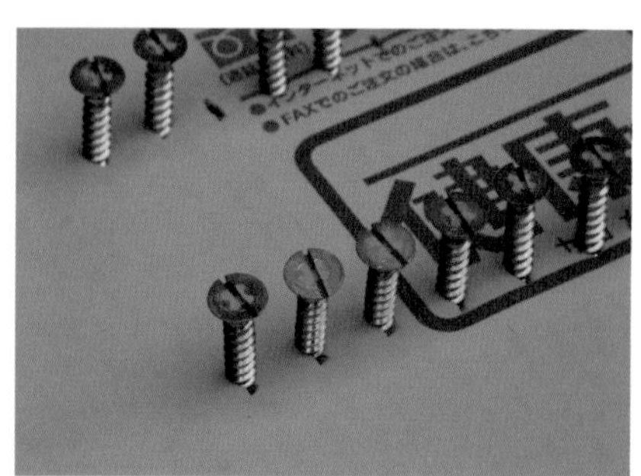

蝶番に合うマイナスネジを試作する

1. 180°開くための持ち出し丁番
2. 二管丁番になっており、建具を上から落とし込んでセットするので、ネジを外すことなく着脱可能
3. ナックル（管の部分）とピン（管を通る部分）の右端を半球状の化粧キャップで処理しているので、あたりが柔らかい
4. 今では入手困難なマイナスネジを金物に合わせて再現

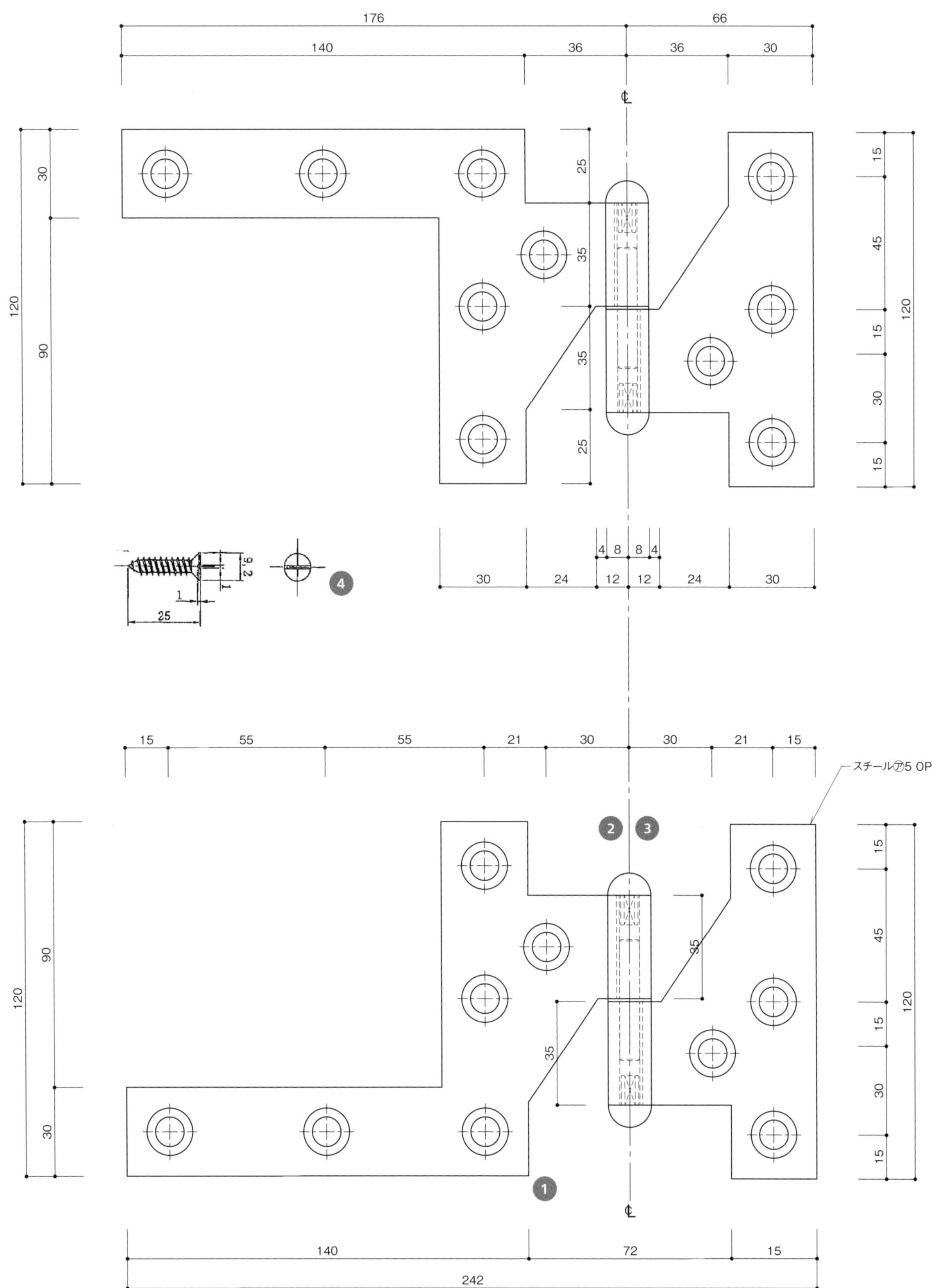
スチール㋐5 OP

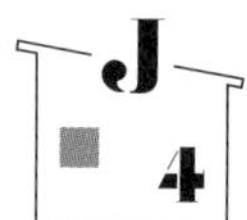

シンク

S＝1：3

「洗面器は工業が生み出した最も美しいオブジェの一つ」と、コルビュジエは語った。1952年当時は難加工材であったこととステンレス鋼にしては錆が出ていることから、この洗面器は炭素鋼を手作業で曲げ加工（深絞り）した後、クロムメッキで仕上げられたと考えられる。金属板を深絞りする技術は第二次世界大戦（1939〜1945年）に連合国軍が使用した深鉢形のヘルメットでその技術が確立されていたが、このような金属製の洗面器は珍しい。
身体の触れる部分のR加工はコルビュジエお決まりの形状であるが、同時に強度上有効な加工でもある。

オリジナルのシンク

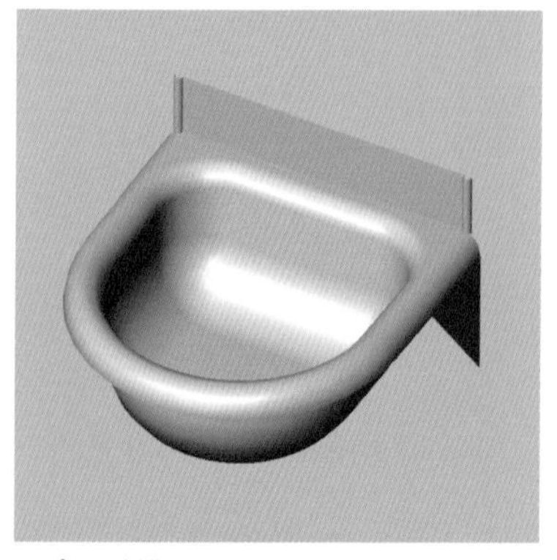

レプリカ制作にあたって起こしたCG

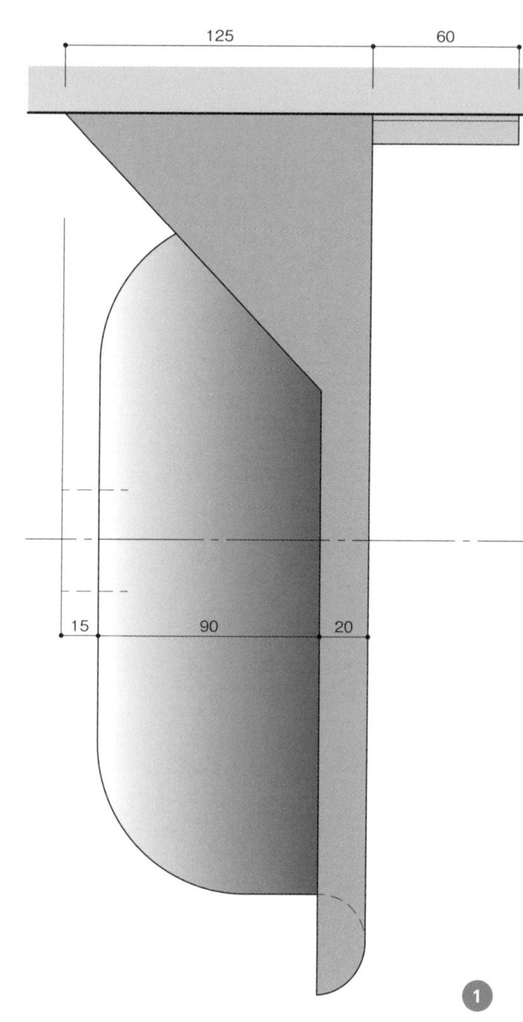

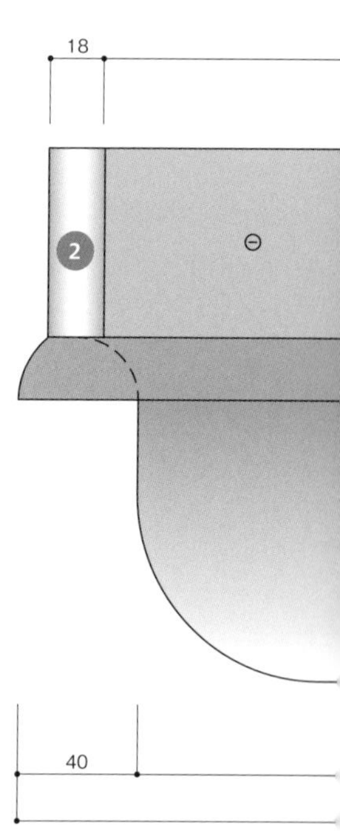

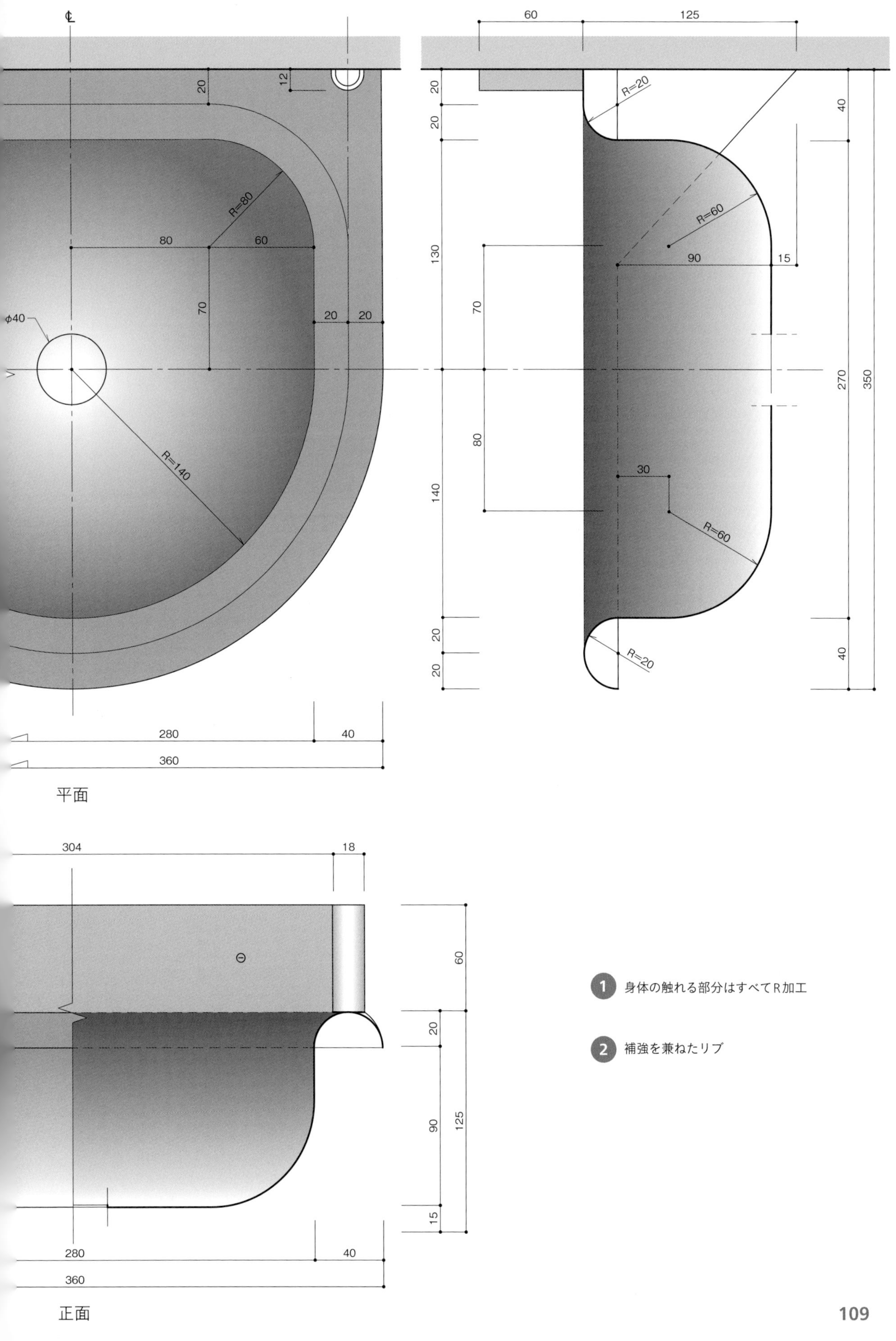

1 身体の触れる部分はすべてR加工

2 補強を兼ねたリブ

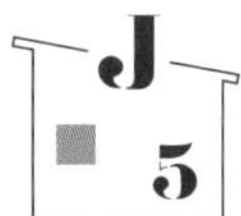

タオル掛け

S＝1：2

洗面棚と壁との隙間（約160㎜）に目立たないように設えられている。洗面棚で仕切られた東南のコーナーは、洗面器と折れ戸の鏡で最小限の洗面ゾーンを構成している。
工業化による大量生産をにらんで、洗面器と同じ金属材料で統一を図る。日常生活に必要な雑物が目立たないよう、シンプルなR字形状にデザインしている。

タオル掛けのパイプを洗面棚に取り付けるためのパーツ

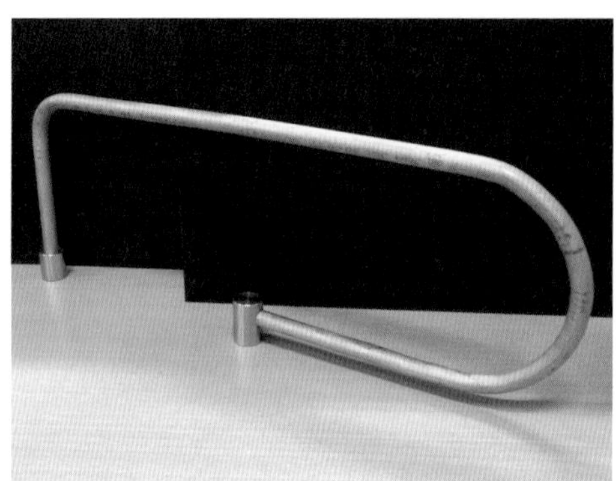

ステンレスパイプを曲げ加工して制作

1 蛇口と同じようにパイプを曲げて角をつくらないデザイン

2 壁との隙間に設えた寸法形状は機能性だけでない意匠性をもつ

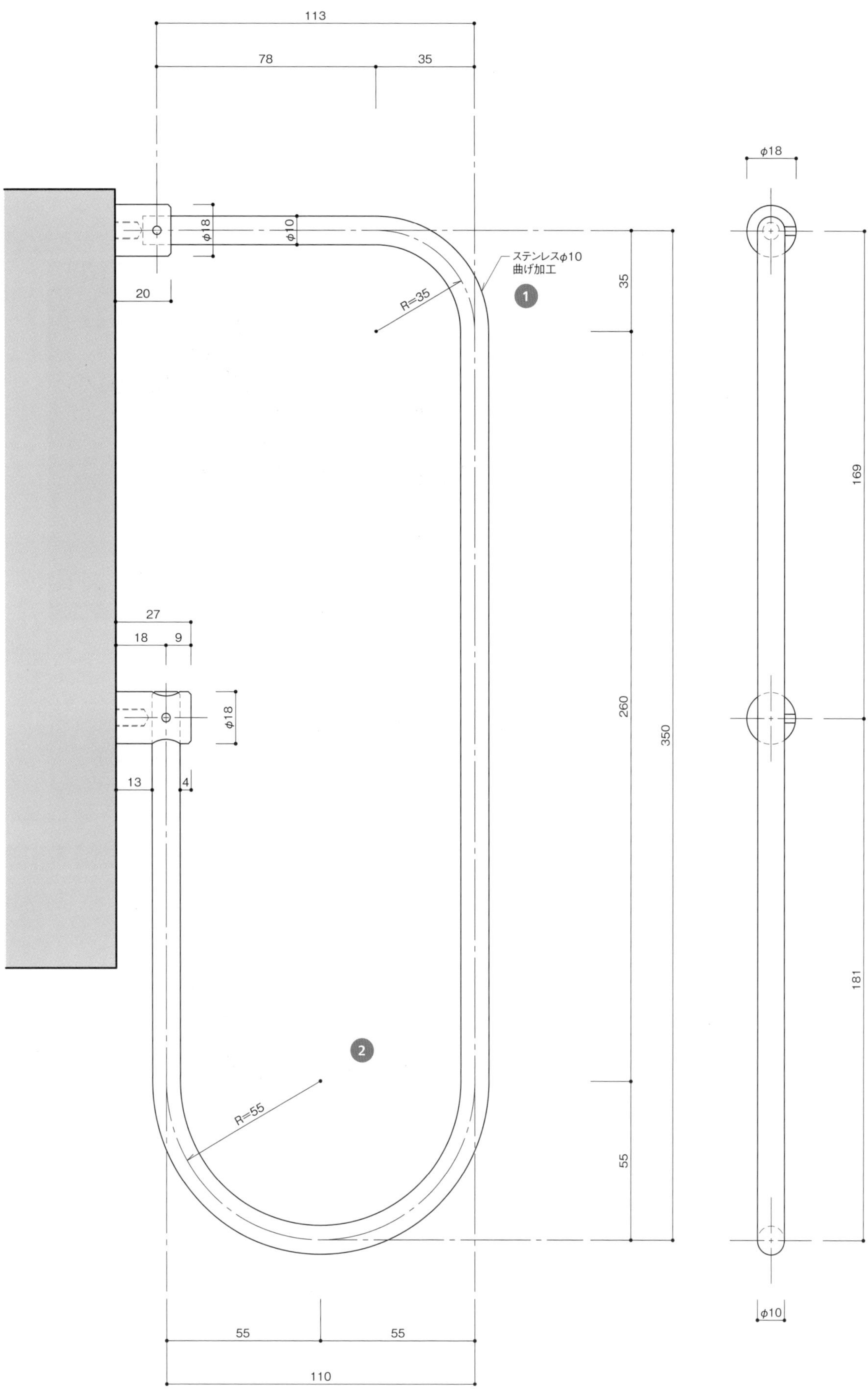
113
78
35
φ18
φ18
φ10
ステンレスφ10
曲げ加工
1
20
R=35
35
169
27
18
9
φ18
260
350
13
4
2
R=55
181
55
φ10
55
55
110

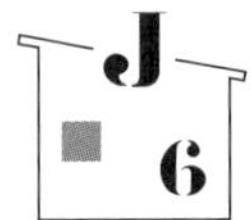

ランプシェード

S＝1：1、S＝1：2

照明器具は、器具自体のかたちを見せるものと、器具本体は隠し光のかたちを優先するものとに大別される。この壁付けのブラケット照明は、後者を重視しつつも、両者の性格を兼ね備えている。光を受ける反射傘を回転させることで、上、下、上下と、3タイプの段階的な調光を可能にするすぐれものである。居室に3カ所に設置され、さまざまなバリエーションの配光が可能である。また、現地ではプルスイッチを設けられており、枕元で消灯できる。

傘を回転することでアンダーとアッパー両方向に配光され、調光が可能

ランプシェード制作（塗装前）

ランプシェード制作（塗装後）

ツマミ。身体に触れる個所は常に丸くされている

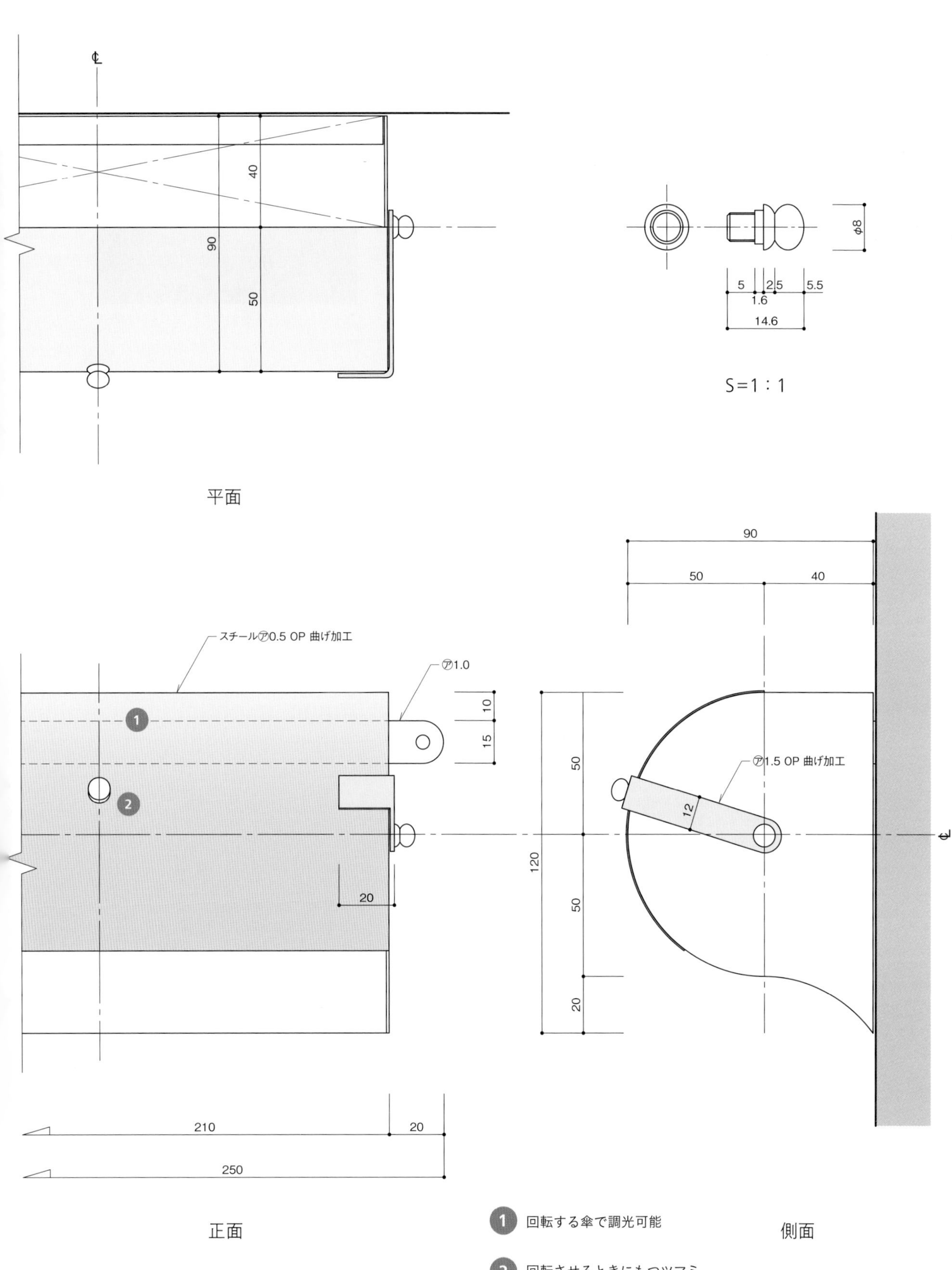
℄
40
90
50
φ8
5
2
5
5.5
1.6
14.6
S=1：1
平面
90
50
40
スチール㋐0.5 OP 曲げ加工
㋐1.0
10
15
1
2
20
50
120
50
20
12
㋐1.5 OP 曲げ加工
℄
210
20
250
正面
側面
1 回転する傘で調光可能
2 回転させるときにもつツマミ

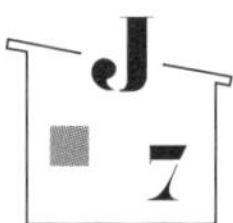

照明スイッチ

S＝1：1

埋込み型のタンブラースイッチと、フラッシュプレートの組み合わせによる、照明スイッチ。スイッチ本体は既製の中古品を使用した

1. フラッシュプレートの寸法は黄金比による
2. 手が触れるスイッチは丸く加工されている

スイッチプレートを制作し、スイッチと組み合わせた

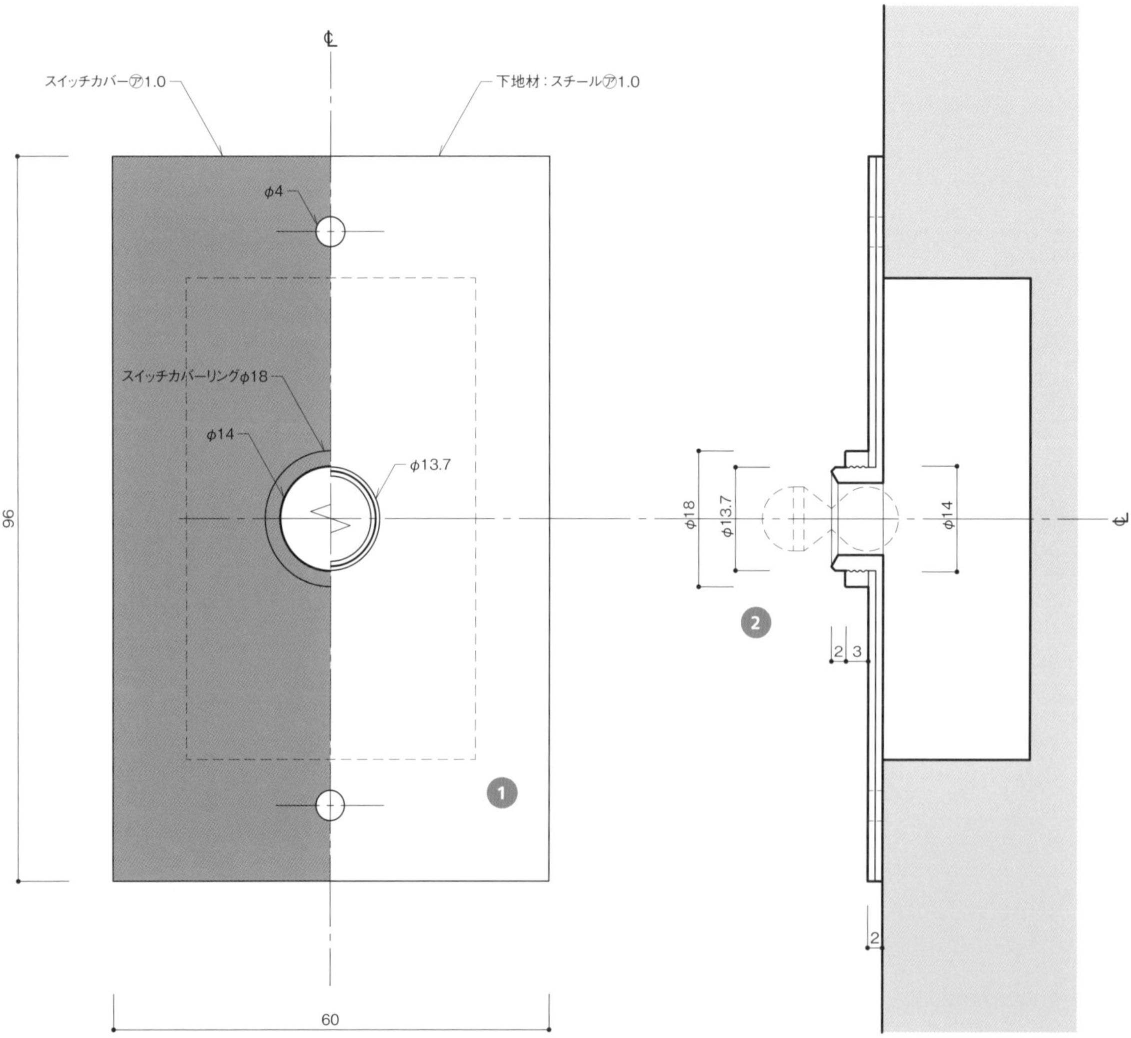

スイッチカバー㋐1.0
下地材：スチール㋐1.0
φ4
スイッチカバーリングφ18
φ14
φ13.7
96
60
φ18
φ13.7
φ14
2
3
2

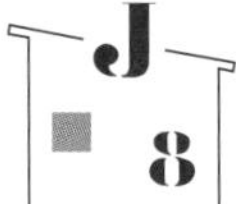

閂（かんぬき）

S＝1：2

出入口の網戸に取り付けられた木製の閂には、微妙な曲面が付けられている。コルビュジエは多くの小石を集め、手のひらに入れては触って確かめていたという。休暇小屋でも、身体の当たるところや手の触れる繊細な部分に、彼の特別な思い入れを感じ取ることができる。

木製の閂はドアの外側から操作する

1. ストローク30㎜に対して閂先端部を35㎜としてテーパーを付けている。受け口のストライクに挿入するほど、戸がしっかりと固定される
2. 持ち手部は滑らないように凹みをとっている
3. 手の触れる個所は、ほとんど木製でR加工が施されている

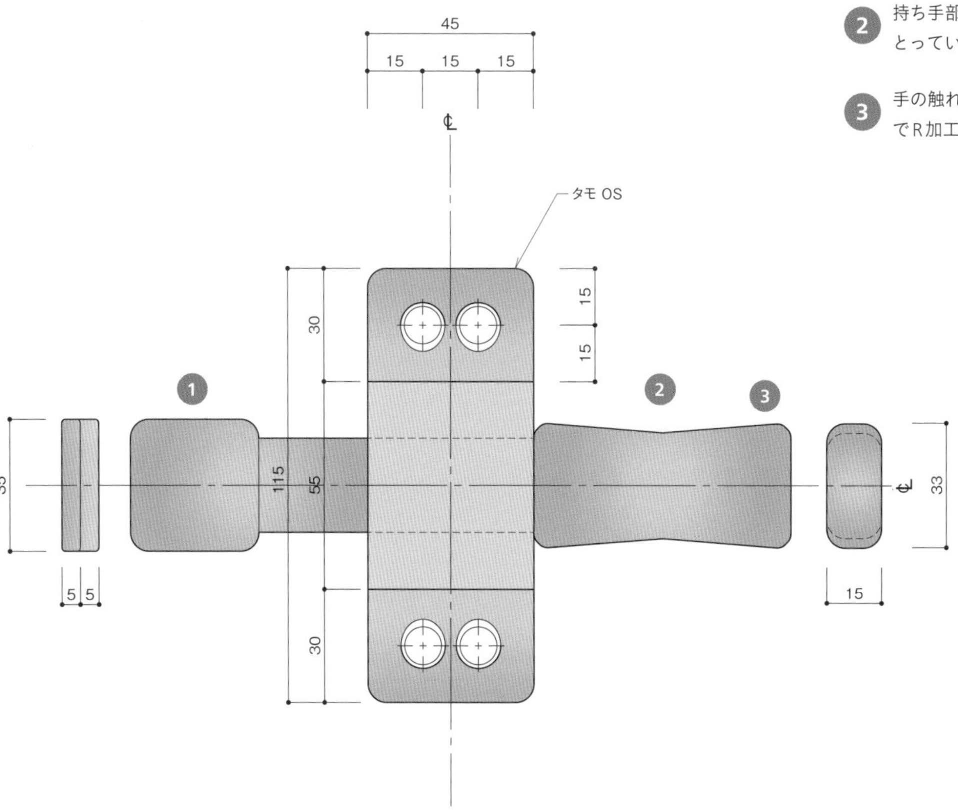

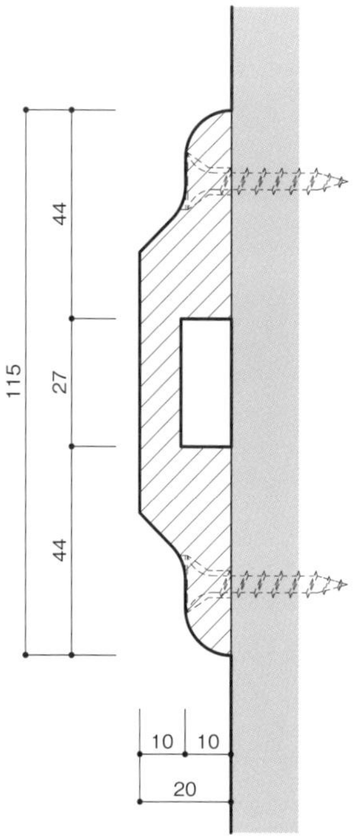

タモ OS

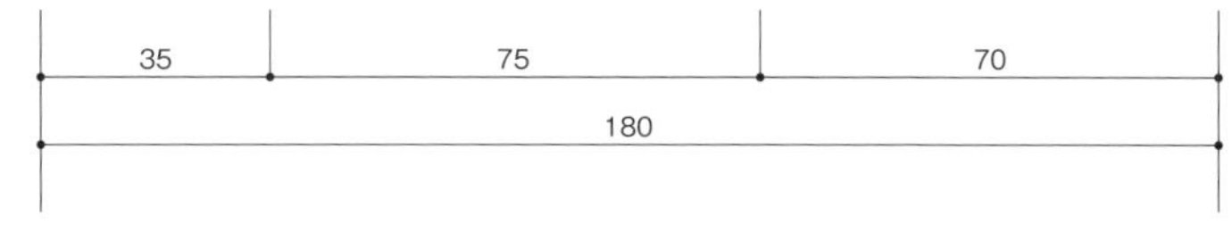

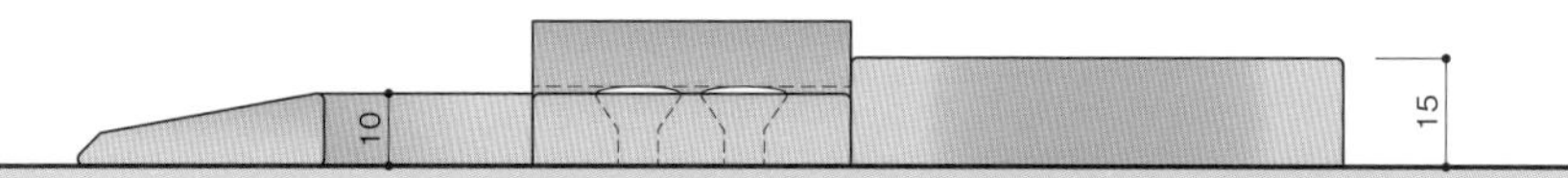

木製引手

S＝1：1

タンスの引手や建具の打掛けなど、手の触れるところには徹底してアールが使われ、材質は木製のものが多い。動作に応じた機能的な引手はいずれもシンプルで工業化を意識しながら、親しみのある形状になっている。手で考えられた「かたち」は、おのずと手に馴染みやすい。この種のディテールは微妙に変化しながらマルセイユのユニテ・ダビタシオンやラ・トゥーレットの修道院などでも転用され、「見てよし、触れてよし」に至るまでには相応の労力と時間を要したことだろう。

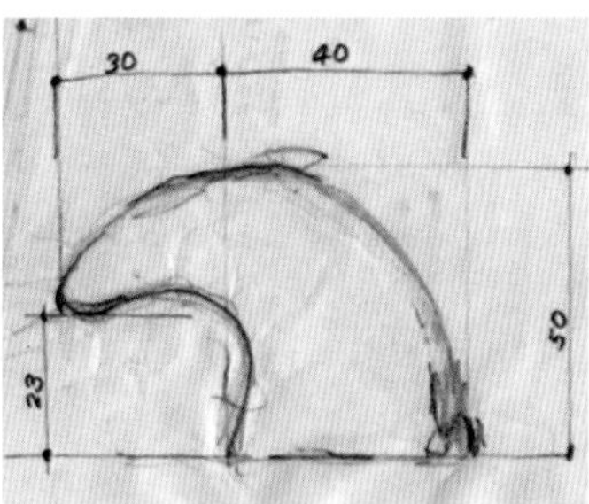

フロッタージュによる採寸

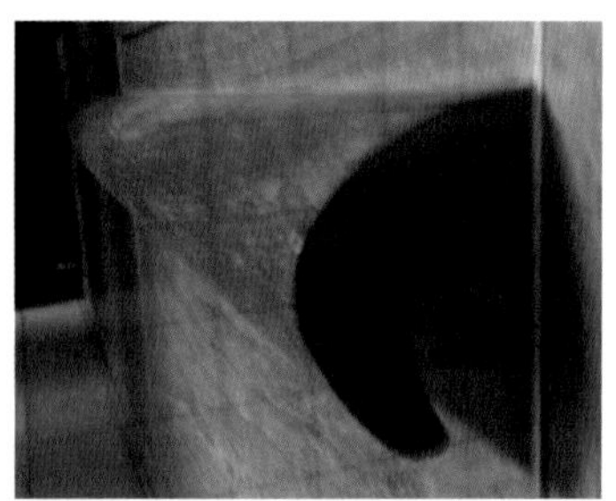

15mm方眼が刻まれた手製のアクリル板による採寸

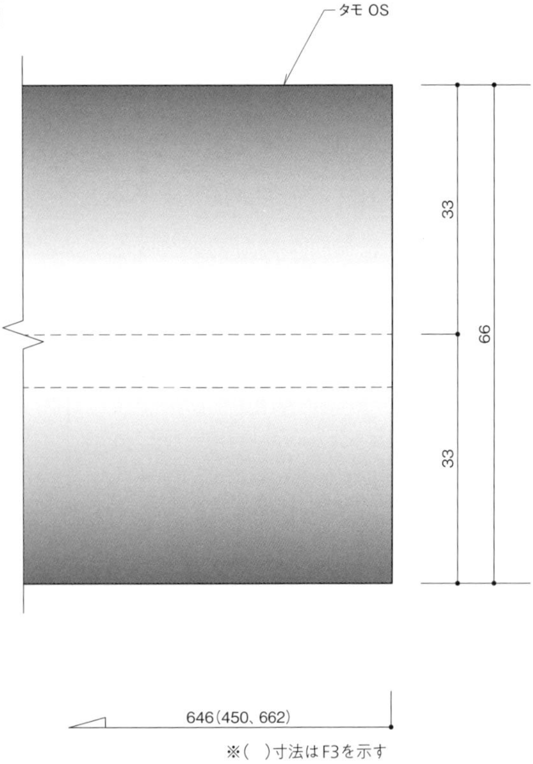

❶ 手指が入る寸法形状

❷ フリーハンドによる自由曲線

タモ OS

33
66
33

646(450、662)

※( )寸法はF3を示す

正面

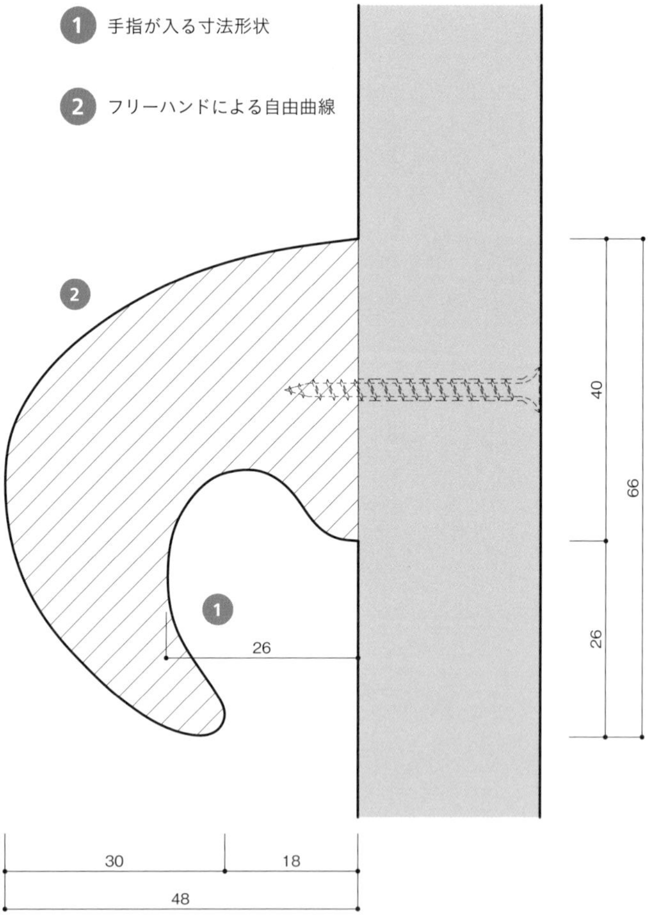

❷
❶
26
40
66
26
30
18
48

断面

J 10

木製打掛け

S＝1：1

各種窓に設けられた打掛け。どことなく胎児や勾玉にも似た打掛けにも手触り感が残る。

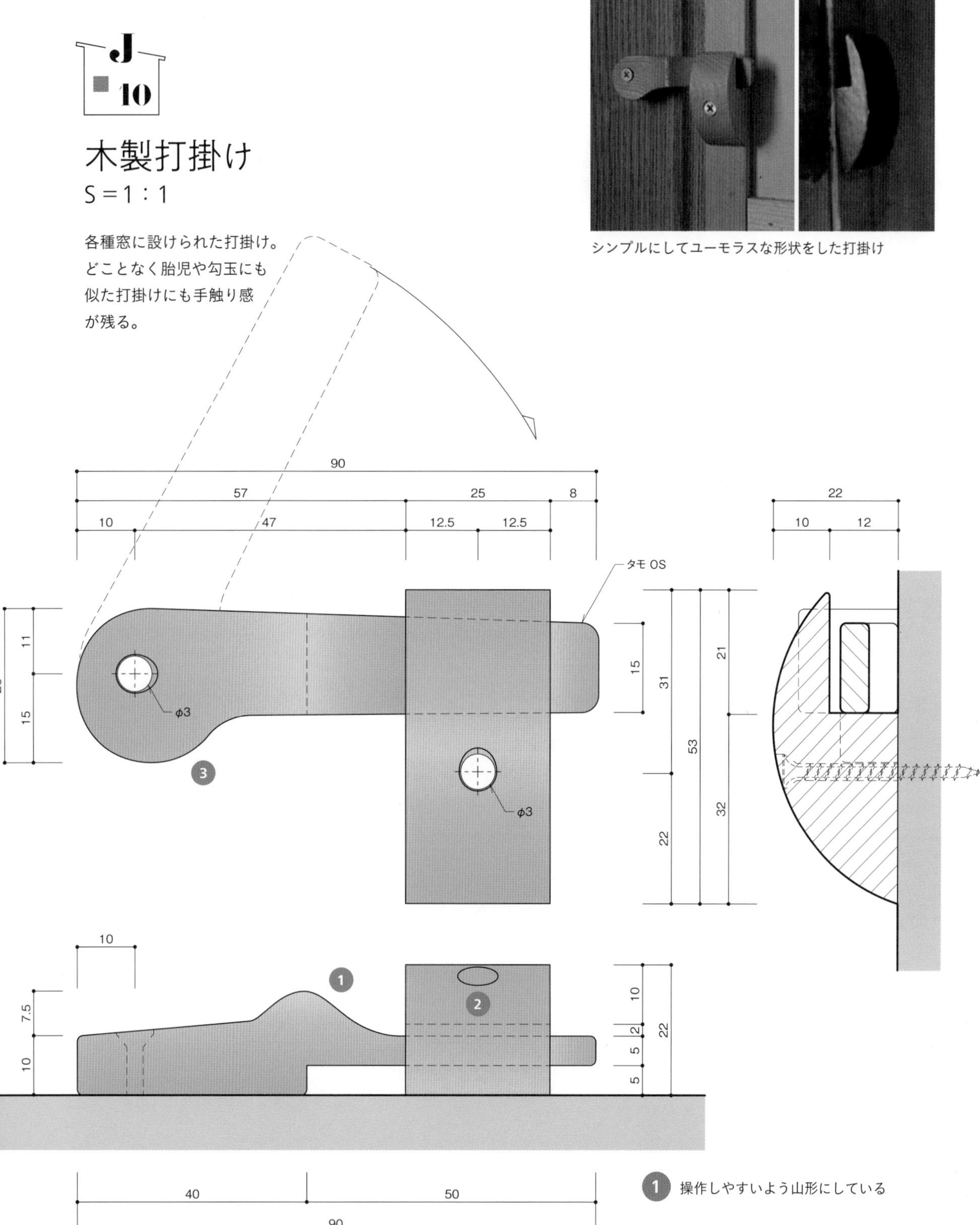

シンプルにしてユーモラスな形状をした打掛け

1 操作しやすいよう山形にしている

2 額縁の見付け寸法（25㎜）に合わせている

3 バランスをとるため、回転の中心と円の芯が偏芯している

CAPTER
4

建設編
つくる／レプリカの制作

模型制作、現地調査および図面作成を経て、レプリカ原寸制作に入る

ものつくり大学に建設されたレプリカ。キャンパス内の調整池を地中海に見立てた

休暇小屋は格好の教材

情報化社会といわれて久しい。スマートフォン一つで世界中を旅したつもりになったり、3Dやヴァーチャルリアリティ（VR）などを駆使することで宇宙遊泳も疑似体験できる時代である。これからはIoTやAIなども加わり、仮想現実の体験がさらに進化するであろうことは疑う余地がない。
こうした時代だからこそ、自らの身をその場に置いて、実際に“指で見て、目で触る”という五感を伴う肌感覚（タンジブルであること）がいっそう大切になるだろう。
実習を通した現場体験も、厳密にいえばある想定に過ぎない。しかしVRと大きく違うのは、人との協働と汗を伴うか否かである。基礎教育として、若いうちにこうした肌感覚を通した体験をすることで、そこから先は知識と想像力で補うことが可能となる。適度なスケールで複数の工種が絡む休暇小屋の制作は、分離しがちな技術と技能を統合させる現場を体験するための格好の教材であった。

準備と現場の指針

現場制作で忘れてならないことは「段取り八分、仕事二分」の原則に従った用意周到な準備と「挨拶と掃除」の心構えである。挨拶とは「明るく、いつも、先に、続けて」、掃除とは「6S／整理・整頓・清潔・清掃・躾・作法」と心得ること。これを守ることで掃除のSは、工事の無事安全を願うSafetyのSにつながる。
本章では、ものつくり大学の学生諸君による、手足を駆使した制作の一端を紹介する。

原設計から現地実測そして制作図面へ
／寸法の統一

休暇小屋の建設にあたり、大学の特長を活かしたものつくりを実践するために、以下の3点が再確認された。

①学生が主体的につくる
②限りなく本物に忠実に再現し、中途半端なつくり方はしない
③製造、建設両学科による共同作業を行う

手始めに、5分の1の模型を制作した。家具を含む全体をつくり込むことで原寸レプリカ制作へのイメージが共有され、現地調査のポイントが見えてくる。

合板による模型制作（S＝1：5）

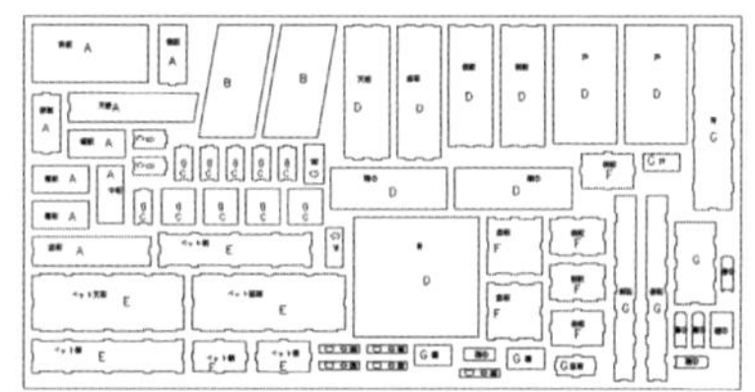
模型制作のための部品図

軸組模型（S＝1：20）。実物はパネルによる壁構造であるが、レプリカでは木造の在来工法とした

オリジナルの確認申請図面

図面寸法は壁芯で押さえるのでなく、天井高を含めて室内を内法寸法で記載している。壁の厚い石造建築の伝統から考えると、合理的な寸法表記といえる。平面図に記載されている斜めの線は設備配管のルートを示したものだが、あたかもトイレから東面の窓を通して外界を見るための視線のようにも見える。
立面図を見ると、窓は正方形と縦スリットの2タイプのみで、外壁の目地は東面も含めログハウス風にすべて水平に描かれている。
後に現場でモデュロール寸法により決めた正方形窓の腰壁の高さを変更することになるが、その理由は窓で切り取られる地中海の眺望を優先した結果であろうと推測できる

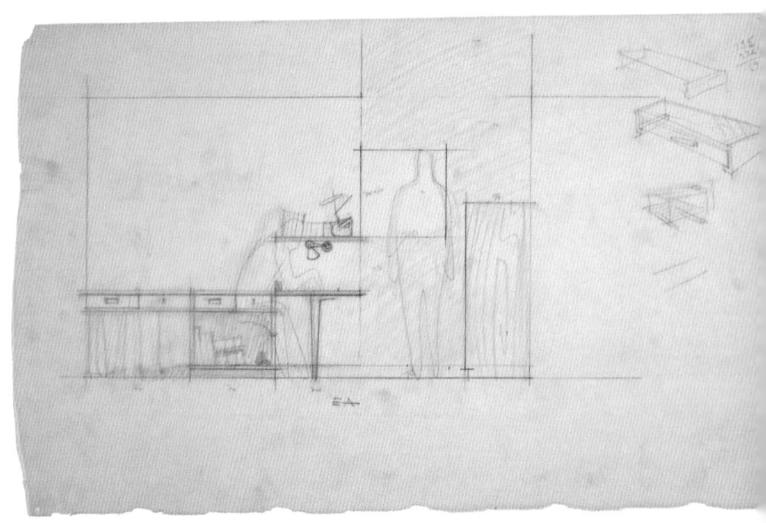
現場で変更されたモデュロール寸法　

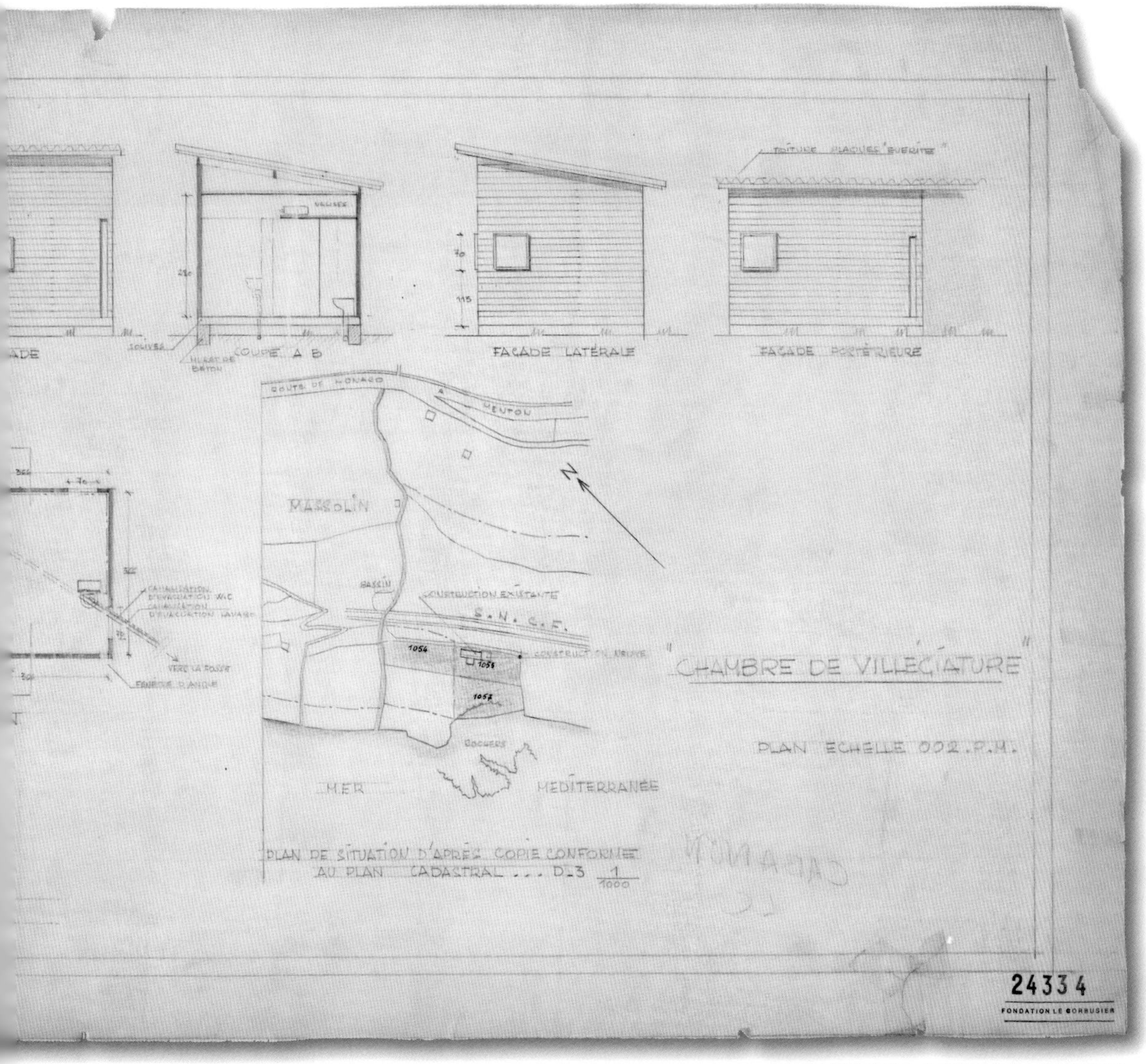

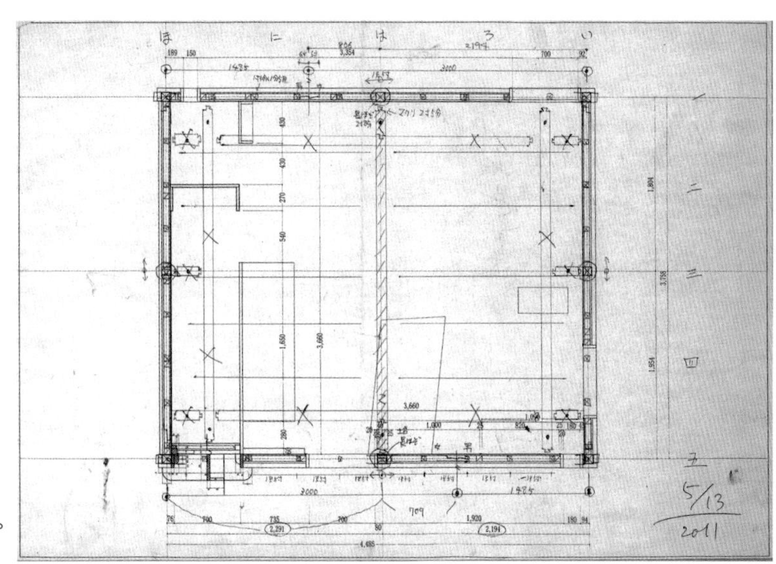

現場の作業に欠かせない板図。
今回作成した11枚のうちの1枚

工程表

—現地実測からレプリカ完成まで—

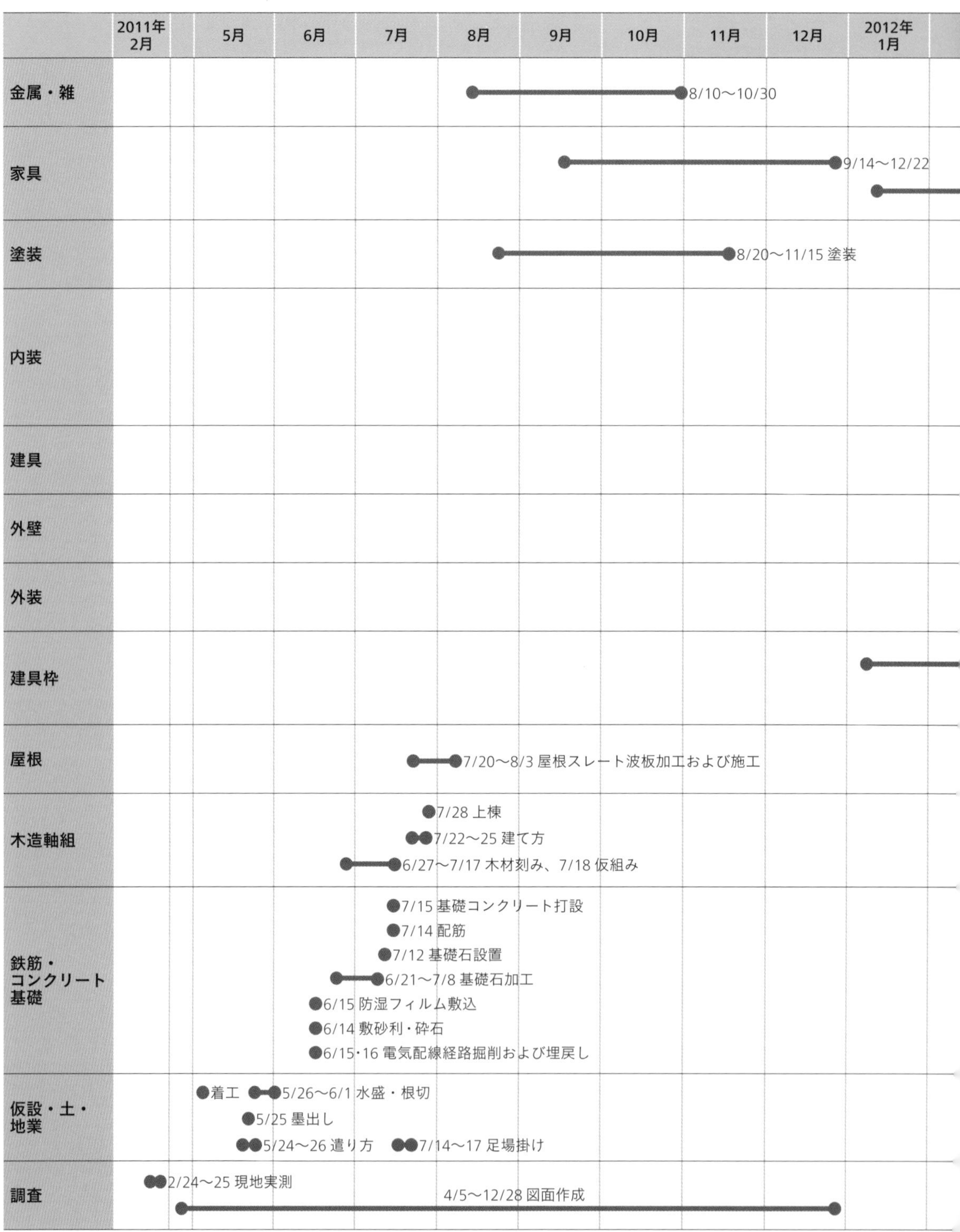

実測調査：2011年2月／着工：2011年5月／竣工：2012年11月

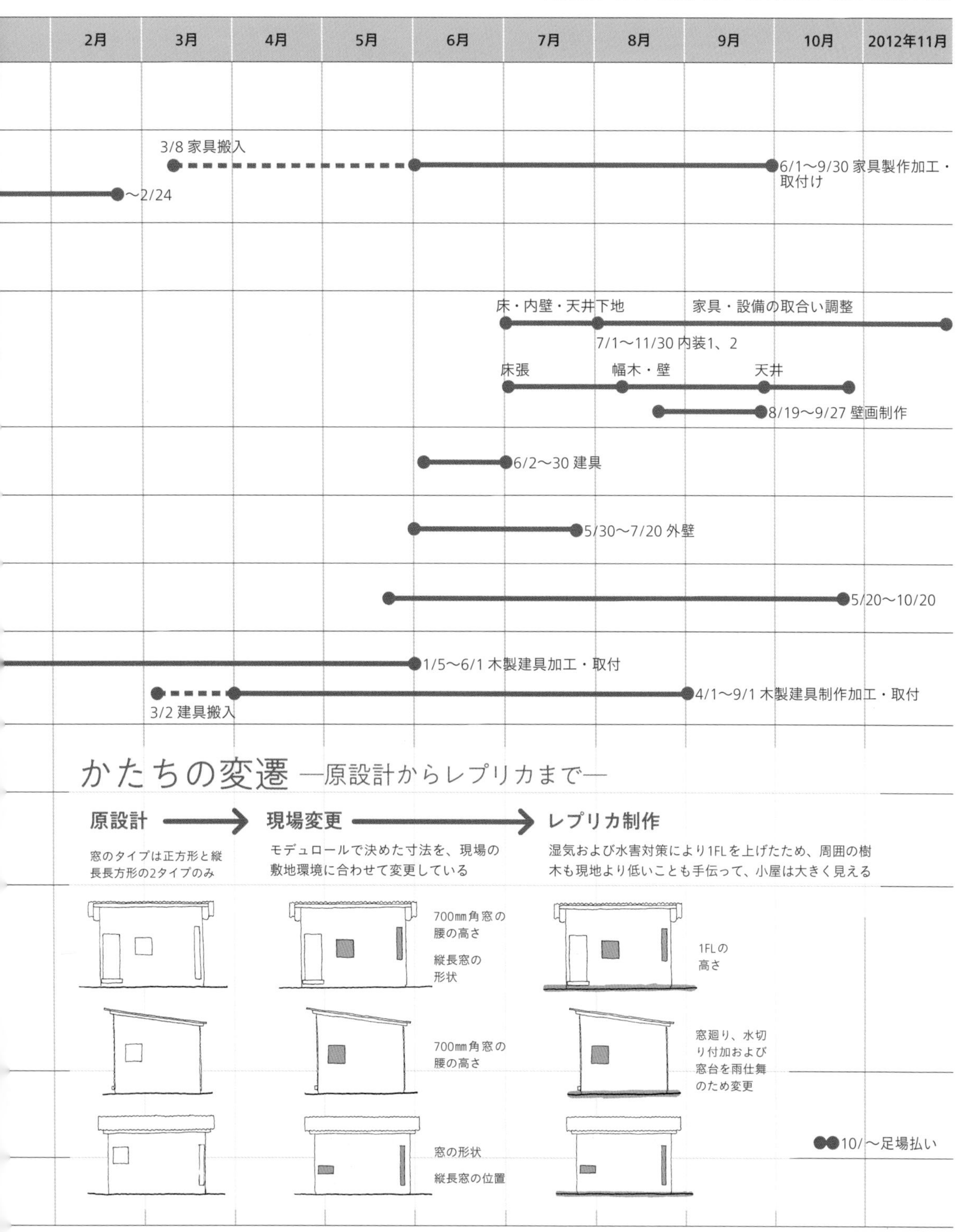

※実物の構造は木パネルによる壁構造であるが、本制作にあたっては仕上げ寸法の厳守を前提に、在来工法の木造軸組構造を採用した

1　仮設・土・地業工事

仮設工事に先立って草取りと整地および測量を行い、建物の位置や方位に見当をつけ、資材置場を確保する。また、近接する樹木に対しては枝を落としたり、建物に当たる樹木はあらかじめ根回しをして移植を行うなど準備工事を行う。

縄張り・掘削

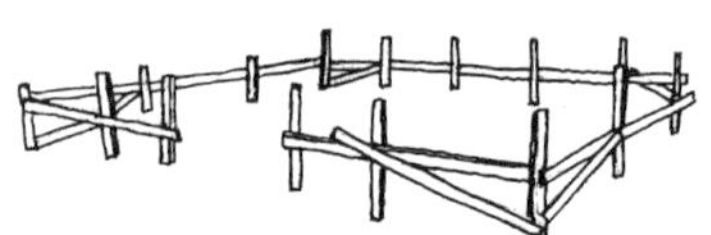

仮設工事

整地した後、墨出、水盛・遣り方を行う。なお、「盛る」とは目盛りのない定規に目盛りを使って、必要な寸法の目印と名称を順次付けていく工作用の定規づくりを指し、「水盛」は基準となる陸（ろく：水平）を決める、墨出しと同様に最初の大切な仕事である。仮囲いはカラーコーンとコーンバーで工事範囲を示した。

ポリエチレンフィルム付設

敷砂利・目潰し後、転圧

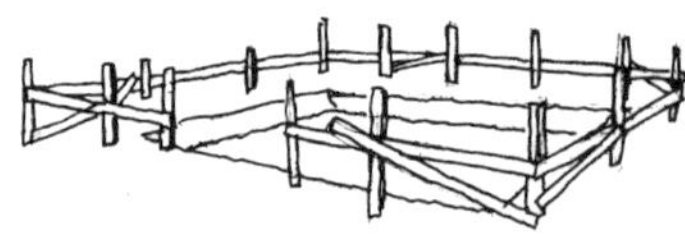

土工事、根切り・基礎工事

ベタ基礎のため根切りは総堀りとし、突固めの後に割栗石を付設。さらに防湿のためポリエチレンフィルムを敷き込む。その間に、基礎石をディスクサンダーと石ノミで加工する。

コンクリート打設前の配筋・型枠工事とともに、基礎石のセッティングと電気配管用スリーブを付設する。

コンクリート打設前

基礎石加工

コンクリート打設前の電気配管用スリーブ（CD管）付設

基礎石にアンカーボルトをセット

2 鉄筋・コンクリート・木造軸組工事下ごしらえ

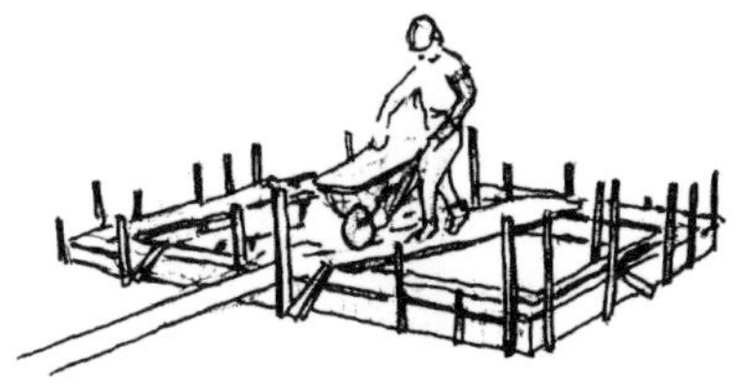

配筋完了

コンクリート工事

猫（コンクリートカート用一輪車）で生コン打設後、天端に水勾配をつけながら金ゴテで押さえ、型枠存置期間中はブルーシートでコンクリート養生を行う。湿気、雨水対策のためにベタ基礎の天端をGLよりやや高く施工する。

コンクリート打設

基礎コンクリートスラブ天端を金ゴテ押さえ

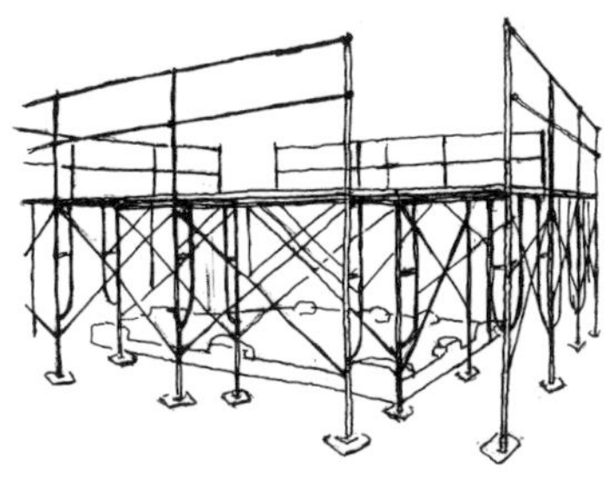

土台をセットした後に足場掛け

仮設足場工事と下ごしらえ

土台の据付けを行った後、単管足場を周囲に付設する。この間に手刻みで下ごしらえした部材の番付をしておく。
なお、レプリカ制作にあたり構造は木造在来軸組構法としたが、実際の構造はプレハブ化を想定した木質パネル構造である。

墨付け

刻み

刻みを終えた材料

3 木造軸組工事

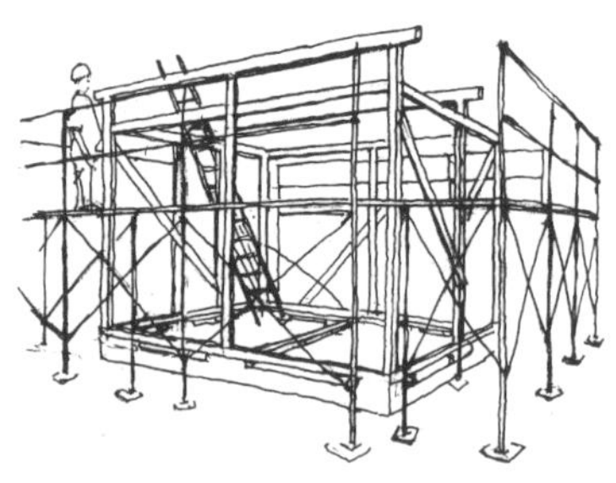

木工事／建方

土台を基礎石にアンカーボルトで緊結し、梁と桁など主構造部材を組み上げる。構造材として柱はヒノキ、桁はヒノキおよびツガ、梁はマツを使用した。
施工中に軸部が緩まないように仮筋かいを入れ、下げ振りを使って陸墨を出した後に固定する。

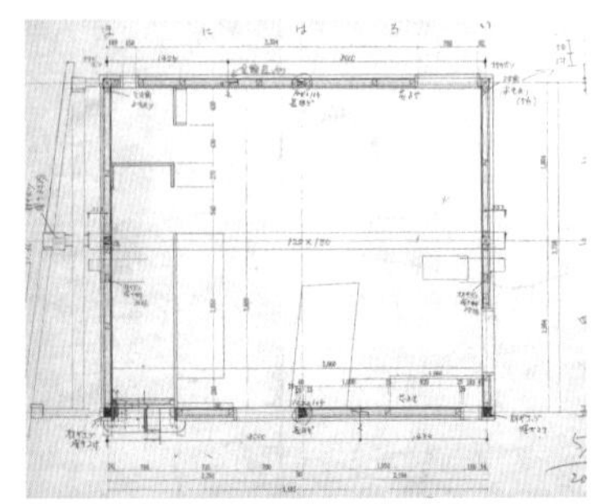

板図

土台に防腐塗料を塗布

基礎に土台を据付け

据付け作業

土台と基礎との取合い

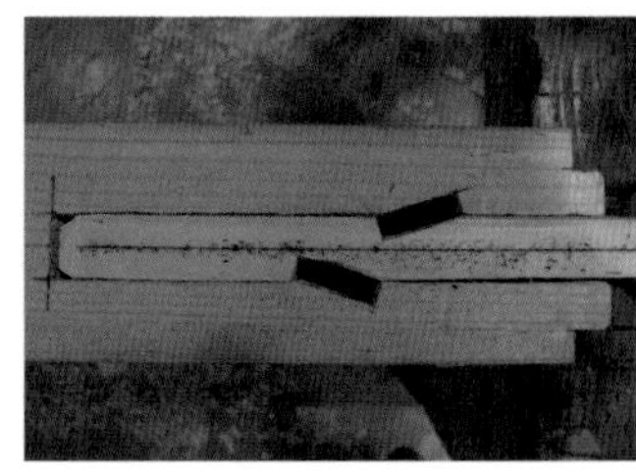

シャチ継手。クサビはクリ材

土台仮組み

土台据付け

建方を終え、軸組のみの状態

4 木造軸組・屋根工事

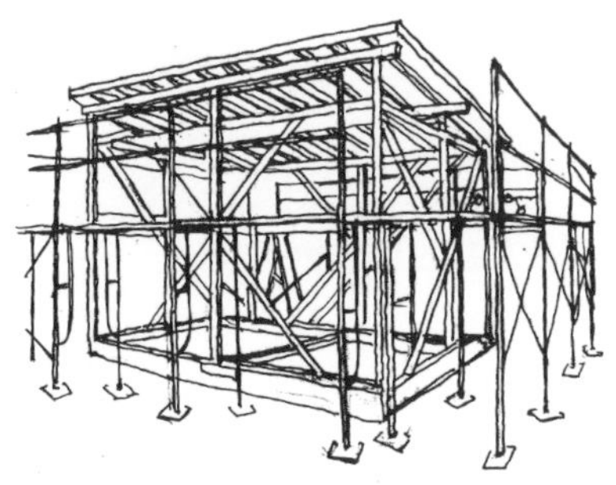

木工事／屋根下地

屋根の野地板を施工し、アスファルトルーフィングで覆う。とりあえず雨を防ぐことができ、ひと段落。屋根材（波形スレート：1,800×600×6㎜、16枚）を重ね葺きする。屋根が葺き終わると、資材などを持ち込む。筋かい、間柱などを取り付ける。

野地板施工前の屋根

野地板を張った屋根の見上げ

アスファルトルーフィングを施工

屋根材の仮組み

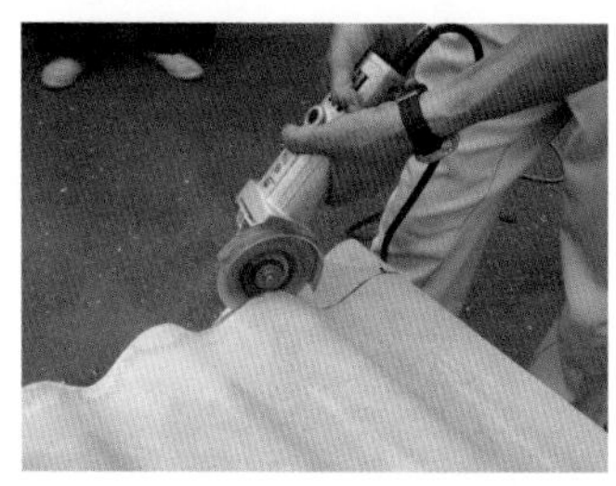

実習場での屋根材加工

屋根材の施工後

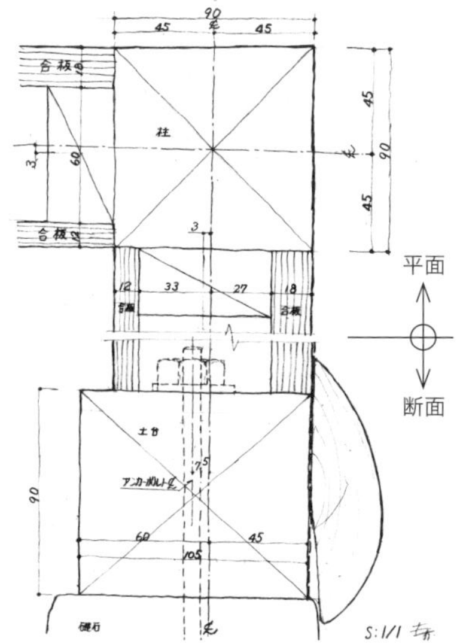

屋根工事を終えた状態

5 建具枠工事

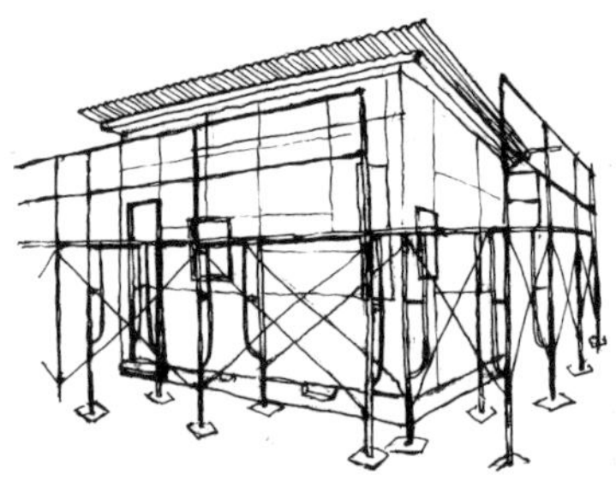

木工事／建具枠

壁の仕上げに先立って、建具枠を取り付ける。建具班により制作された建具の窓および出入口の枠を取り付け、足元のGLから1mの範囲には、防腐・防蟻剤を刷毛で塗布する。

出入口建具枠およびステップの取付け

出入口の引込み戸の三方枠は、戸袋側の竪枠のみを着脱可能として、戸の取り外しができるようにした。視覚的にも当たりの柔らかいステップの出隅部分は実測にもとづき蟻継ぎとし墨付けをした後、ベルトサンダー（電動鉋）でR成形する。取付けは、ビス頭が見えないように接着剤と隠し釘併用を原則としたが、特に荷重を受けるステップの側板は裏から片持ちで跳ね出した根太にスクリュービスでしっかりと締め付けた。

ステップ台墨付け

縦長窓の枠を取り付けた状態

ステップ台側板の蟻継加工

R部分をベルトサンダーで加工

側板完成

出入口の竪枠

側板の取付け

6 外壁下地・床工事

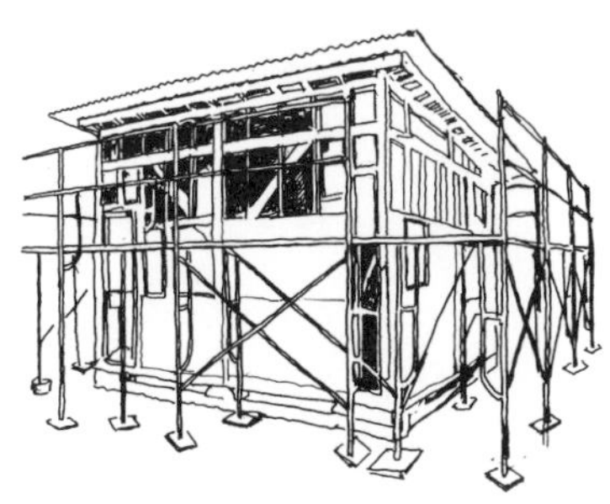

木工事／外壁および床下地

開口部の枠を取付け後、壁下地の構造用合板18㎜厚（外壁側）を施工する。外側を囲ってしまえば内部の床を張るための下地工事を進めることができる。床の捨張りは、構造用合板15㎜厚を使用。下地は最終的には隠れて見えなくなるが、寸法精度など仕上げ工事に大きく影響するので慎重に進める。

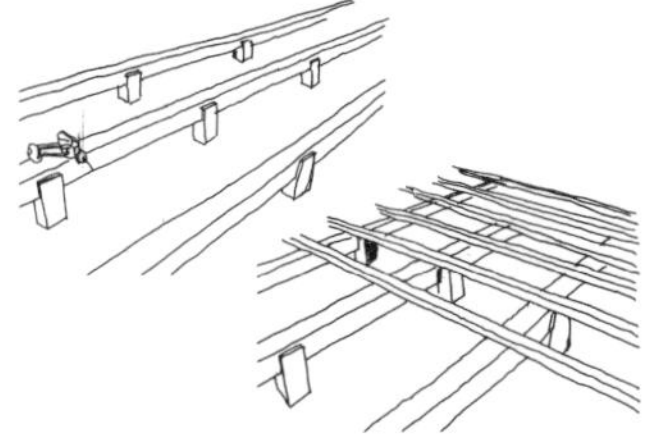

床組みには、床束を24本、大引きを13本使用。水糸を張って、水平を見ながら床束の高さを調整し、大引の上に根太を303㎜ピッチで配置する。

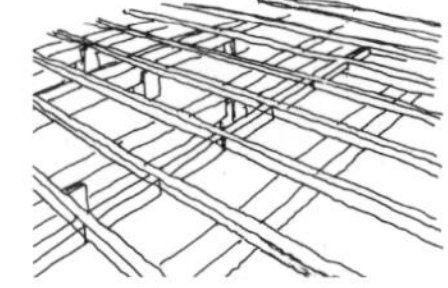

根太と根太の間には、床のたわみを防ぐため補強用の床貫を入れた。

木工事／外壁の防水

外壁下地の構造用合板を施工後、アスファルトルーフィングを張り、建具が入るまで開口部を合板でふさいでおく。

間柱を1尺5寸間隔で施工する

根太組み

床束、大引の施工

外壁下地工事を終えたところ

外壁にルーフィングを張り、開口部を養生する

7 外壁仕上げ

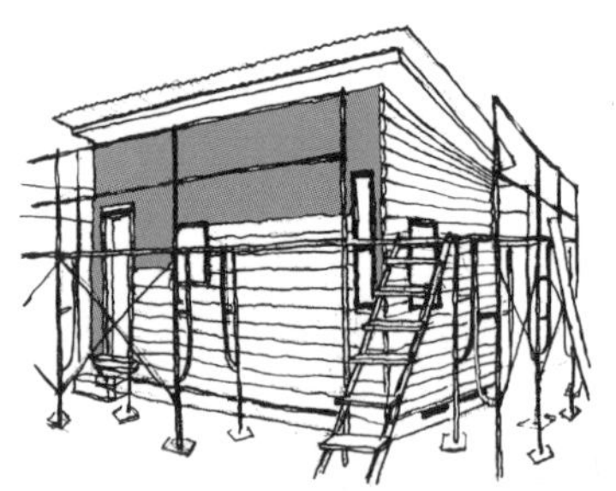

外壁工事

エゾマツ丸太の太鼓落としの端材を下見板張りで仕上げる外壁工事は、木の節を上にして自然材のカーブに合わせてから、「光り付け」(※)のように隙間なく下方から釘で留めながら張り上げていく。外壁の出隅などでは、極めて合理的に切りっ放しの粗野な納まりになっている。実物の印象を損ねないよう、1本1本ていねいに加工しながら取付けを行った。

下から張り上げていく

光って、加工する手間の掛かる作業

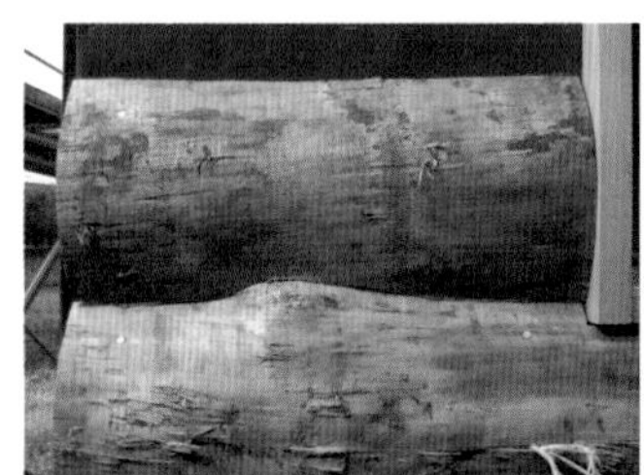

光り付けた状態

外壁材の種類と形状

外壁材の皮付きマツ丸太は、その製材加工に約2カ月弱の月日を要した。できるかぎり反りや捻れのない材を選定しながら、厚さ約30mm・幅約200mmの形状となるまで、裏面を電動カンナなどを用いて調整を図り、下ごしらえを行った。

製材・加工後、取付けの順番を想定して現場に搬入し、しばらく野積みにした

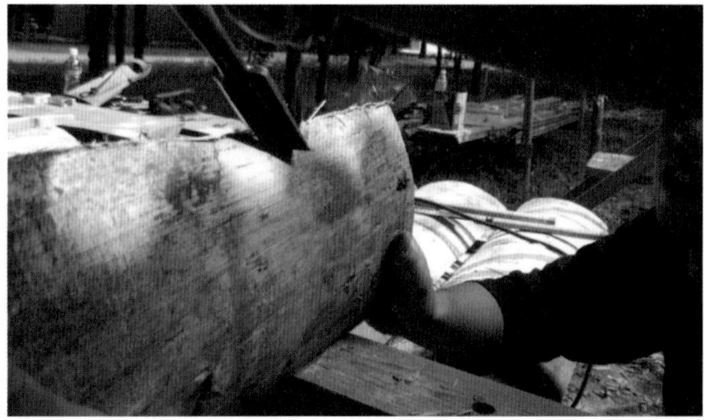

材の曲線に合わせる光り付け加工

※ 日本古来の光付けの「光る」は「比計る」と書くという説がある。材料、材質、形状など現場に応じて臨機応変に原寸を転写し、ピッタリと合わせ加工する作業にふさわしい。目盛りは「測る」ものであり、ものをつくるときは「比計る」を基本としてきた

下から張り上げていく

センターを意識した外観

ほぼ張り上がった状態

塗装前の外壁

外壁見上げ

窓周りの取合い

切放しの外壁の出隅

木材が縦に張られた出隅部

8 建具工事

制作工程

オリジナルはオーク材であるが、同じ環孔材広葉樹であるタモを使用。まずは原寸図を描き、材料表の作成を行った。これにもとづき材料を発注した後、パネルソーと帯鋸盤を用いて各部材を仕上がり寸法より厚さ3mm、幅5mm、長さ20mmずつ大きめに木取りを行う。木づくり（材木を適宜の用材に仕立てる作業）としては、手押し鉋盤、自動一面鉋盤で部材の仕上げ寸法に加工したが、薄い材については昇降丸鋸盤で幅決めを行い、長さ決めは軸傾斜丸鋸盤やパネルソーを使用した。次に、これら木づくりした材に墨付けし、必要な部材に加工する。以上の工程を経て仮組みの準備が整う。仮組みでは、接合部の納まりなどを確認する。

本組はスコヤで矩（かね：直角の意）を見ながら、端金（はたがね）を用いて框部分を組み立てていく。仕上げ塗装を行う前に木材をお湯拭きし、毛羽立たせる。接合部に接着剤が付着している個所は、ぬるま湯につけたウェスできれいに拭き取っておく。

塗装は、防虫・防腐効果のある水性一液性ステインで下塗り後、研磨紙（粒度320～400）で平滑にし、仕上げ塗りも刷毛塗りとした。

建具を取り付けた後の状況。パイン色をしている

出入口上部と同様に窓開口部上部に水切りを設けた。ガラスは使用せず、アクリル板とした

木づくりから仮組みまでの作業は実習場で進めた

片引き戸の仮組み

本組みの様子

縦枠の取付け

網戸の制作

片引き戸を下塗り後、研磨する

ステップ台の取付け

建具材料表

片開き窓　W-1

No.	部材名	寸法（mm）			数量	材種	備考
		高さ	長さ	厚さ			
1	縦枠	93	745	20	4	オーク	
2	上下枠	93	605	20	4	オーク	
3	縦枠	71	692	20	4	オーク	
4	上枠	81	573	20	2	オーク	
5	下枠	66	573	20	2	オーク	
6	押縁	25	605	20	8	オーク	

折れ戸　W-2、W-3

No.	部材名	寸法（mm）			数量	材種	備考
		高さ	長さ	厚さ			
1	窓板	340	687	21	2	MDF 合板	3 mm化粧合板両面張り（オーク）
2	窓板（鏡）	340	687	21	2	MDF 合板	化粧合板 18 mm
3	面材（長）	10	687	21	4	オーク	
4	面材（短）	10	340	21	4	オーク	

片開き窓　W-4

No.	部材名	寸法（mm）			数量	材種	備考
		高さ	長さ	厚さ			
1	窓板	154	1,824	24	1	MDF 合板	3 mm化粧合板両面張り（オーク）
2	面材（短）	24	164	5	2	オーク	
3	面材（長）	24	1,834	5	2	オーク	

片開き窓　W-5

No.	部材名	寸法（mm）			数量	材種	備考
		高さ	長さ	厚さ			
1	窓板	184	1,304	24	1	MDF 合板	3 mm化粧合板両面張り（オーク）
2	面材（短）	24	194	5	2	オーク	
3	面材（長）	24	1,314	5	2	オーク	

片開き窓　W-6

No.	部材名	寸法（mm）			数量	材種	備考
		高さ	長さ	厚さ			
1	窓板	304	704	24	1	MDF 合板	3 mm化粧合板両面張り（オーク）
2	面材（短）	24	314	5	2	オーク	
3	面材（長）	24	714	5	2	オーク	

両引き戸　F-1、F-2

No.	部材名	寸法（mm）			数量	材種	備考
		高さ	長さ	厚さ			
1	F1 扉　A	417	721.5	4	1	合板	化粧合板 4 mm
2	F1 扉　B	417	695.5	4	1	合板	化粧合板 4 mm
3	F2 扉　A	417	1,060.50	4	1	合板	化粧合板 4 mm
4	F2 扉　B	417	1,130.50	4	1	合板	化粧合板 4 mm
5	縁材	20	385	16	2		
6	受け材	8	385	15	2		
7	把手 A	50	385	15	2	オーク	
8	把手 B	50	385	15	4	オーク	

9-1 内装工事 ／床

図面どおりに継ぎ手はセンターを基準に割り付けて張っていく

床工事

屋根と外壁の建具の工事が終わって外周りが固まれば、本格的な内装工事に入ることができる。あらかじめ刻んでおいた木材を現場に搬入し、床から仕上げていく。

床材はツガの無垢材で本実加工のものを用い、張り方は同寸法の材を一定間隔にずらして張る「りゃんこ張り」になっている。小口面のジョイントは矩（かね）を出して突き付けた。道具などを落として床に傷がつかないよう、施工済みの個所は養生を施した。

釘締め作業は、床材に当て木をあてがい、長さ50㎜のフロアー釘（※）を雄実目掛けて斜めに打ち、それに連なる雌実がしっかりと隙間のないように玄翁で叩いて少しずつ嵌めていった。

壁より床を先行

本実加工の断面

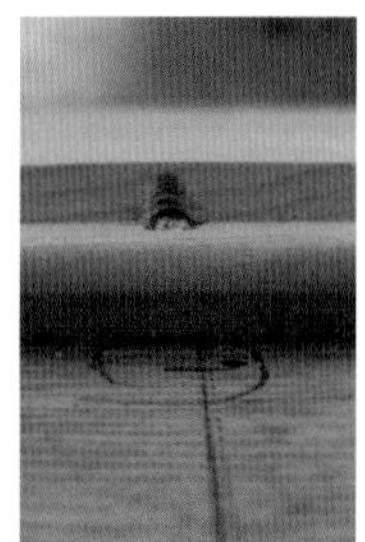

釘締め後の床板

幅木を現場に合わせて加工

出幅木の取付け

※フロアー釘：フローリング材の実（さね）部分に斜め打ちするため、打ち込みやすいように頭部にポンチ用の穴がある釘

9-2 内装工事
／壁

内壁工事

内壁は構造用合板12㎜厚の下地にシナ合板4㎜厚を張り、パネルジョイント部は押縁（25×5㎜）で仕上げる。効率よく張るため、広い個所には定尺1枚をそのまま用い、窓枠付近などはあらかじめ寸法を測り、余っている合板から使い切るように配慮した。すでに先行して電気工事が完了していたため、電線を通すための孔開け加工が必要となった。また、壁埋込みのトイレ棚の取付けは実際とは異なるが、表面の取付けビスを隠すために余分な間柱を鋸で切り詰め、外壁捨て壁からスクリュービスで裏側から固定した。

内壁を施工する前の状態

墨付け

構造用合板12㎜厚の内壁下地

シナ合板4㎜厚を張り上げた状態

電線用の孔開け加工。四角いニッチはトイレットペーパー置き場

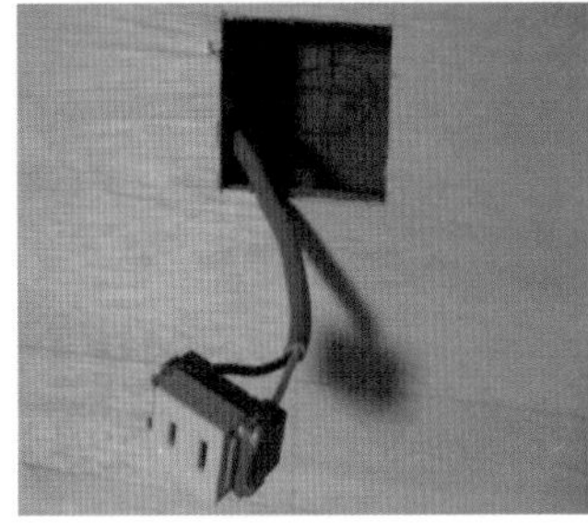

電気配線のルートを確保

9-3 内装工事 ／天井

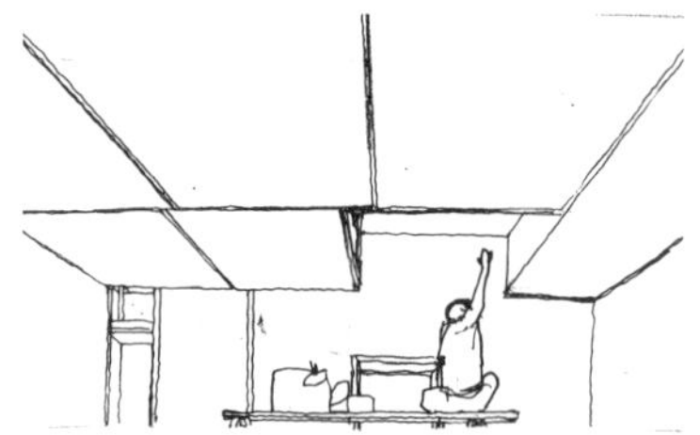

天井工事

水糸で高さを確認しながら、野縁を303㎜間隔で配し、野縁受けに吊り木を固定する。吊り天井として、その懐（ふところ）は収納として使われる。天井は水平に施工すると垂れ下がって見えるので、視覚補正のために起り（むくり）をとり、中央部を15㎜上げた。天井目地は幅違いの2タイプ（仕上がりで見付けが20㎜と40㎜）がある。
なお、仕上げのシナ合板は下地に接着剤塗布後、仮留め釘で固定した。

隠し回り縁の取付け

野縁および野縁受けの取付け

天井板の張り付け①

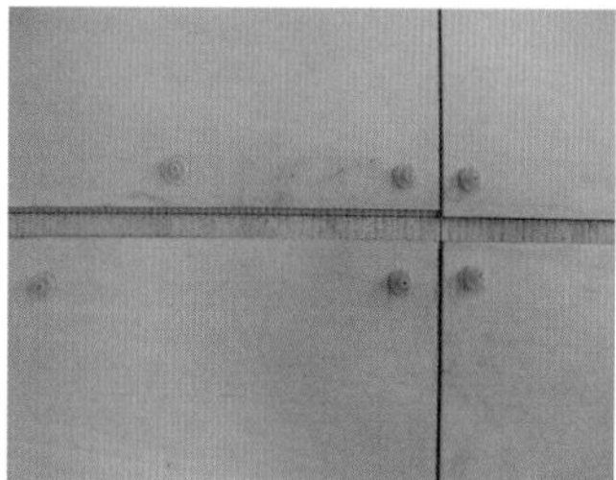

底目地の施工

天井板の張り付け②

天井裏の状況

建具取付け前の折上げ天井部分

10-1 塗装工事 ／外壁

外壁塗装工事（南・東・北面）

外壁塗装は、木材保護と着色のため防虫・防腐効果のある水性一液性ステインを下塗り後、研磨紙で平滑にし、仕上げ塗りも刷毛塗りを行った。建具の仕上げ塗装は木材を湯で拭き、毛羽立せてから行う。接合部に接着剤が付着している個所は、ぬるま湯につけたウェスできれいに拭き取った後、同じく水性一液性ステインを刷毛で下塗りし、風合いを損なわない程度に研磨紙で平滑にしたうえで刷毛で最終仕上げ塗りを行った。
また、西壁面ではモデュロールを原寸で壁画化した。絵のサイズは幅3,660mm・高さ2,260mmで、小屋の断面のプロポーションそのものである。

塗装前の南面

下地調整

塗装前の枠養生

壁画制作の工程（西面）

①外壁施工
実習場にて西壁面の原寸図を制作し、それをもとに額縁、外壁材の加工を行った。額縁はマツの耳板を使用し、重なり具合を見ながら1枚ずつ電気鉋で削って加工した後は、軒材との取合いを調節しながら張り付けた。

②壁画下地
額縁の中に750×1,220mmに切断したケイ酸カルシウム板9枚を横張りし、隙間をパテで埋めた。額縁とケイカル版の隙間にはシーリング材を打った。表面をヤスリで整え、シーラーを1回塗り、白の塗料を2回塗りした後、補助線として縦横360mm間隔で線を引いた。

③壁画下描き
型紙は原寸図を切り抜き、グリッドで位置を合わせて人型をなぞった。描線の幅は6mm前後とし、コルビュジエのタッチに忠実に描いた。赤・青系列の図は型紙とモデュロールのメジャーで高さを合わせ、数字はコルビュジエ文字の型を用いて描いた。

④壁画塗装
直線を描く際は、マスキングテープを使用した。モデュロールの黒の人型は、下描きに合わせて刷毛で塗り、細部はフリーハンドで描いた。塗りの面積が広い部分は2回塗りした。文字は細い筆を使って仕上げた。

10-2 塗装工事 ／内装塗色面

内部塗装工事

現場で混色しないで安定した色を得るため、施工に先立ち工場であらかじめ調合した製品を発注した。現場での塗料の配合は「塗料：硬化剤：希釈剤＝10：1：1」を基準にしつつ、季節や天候などに合わせて希釈剤の量を調節した。
塗装は、パテやシーラーによる素地ごしらえがその後の仕上がり、耐久性に大きく影響する。下塗り後、中塗り、上塗りをローラーと刷毛を使い分けながら行った。

塗色はスイスの壁紙会社Salubra社製ル・コルビュジエの色見本帳から6色を選択した。日本塗料工業会塗料用標準色から最も近似する番号を探し、マンセル記号に置き換えた（表2）。
白と黒以外の赤・青・黄・緑はコルビュジエの建築的ポリクロミーを構成する基本色であるが、マンセル値に置き換えたことで、それぞれの色が補色の関係にあることが分かった（表1）。

壁画

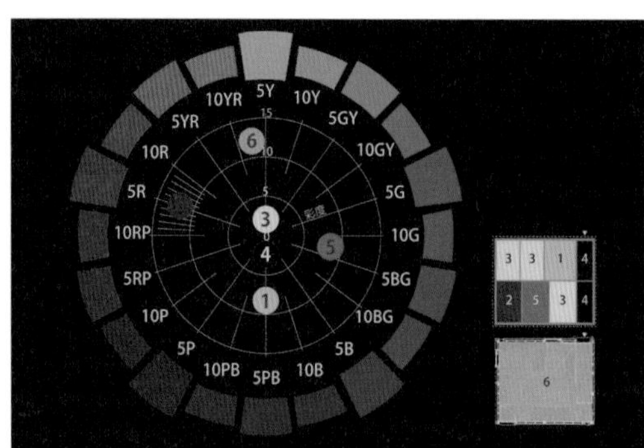

表1　マンセル色相環と指定した色

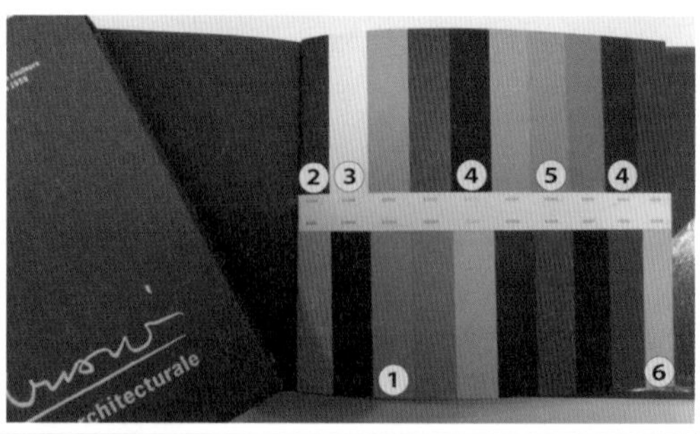

表2
色の指定と使用塗料への置き換え

	Salubra Color Keyboards	日本塗料工業会塗料用標準色	マンセル値
① 青 天井	4320N	F75-60P	5PB6.0/8
② 赤 天井	4320A	F05-40V	5R4.0/12
③ 白 天井	4320B	F25-92B	5Y9.2/1
④ 黒 天井	4320E・4320J の中間	FN-30	N3
⑤ 緑 天井・幅木	4320G	F52-50P	2.5BG5.0/8
⑥ 黄 床	4320W	F22-80V	2.5Y8.0/12

内部塗装の工程

①下地

素地ごしらえである木部補修用パテをヘラで天井全体に塗る。これは塗装後に木目が浮き出ることを防ぐために行う。乾燥後、紙やすりで表面が平滑になるまで研磨する。縁にはみ出たパテは鑿（ノミ）などを使い、削り落とす。

②塗装

塗装の前に各個所の養生を徹底して行う。床・天井・壁はすべてシーラー、塗料2回塗りとし、ローラーや刷毛を使い分けながら塗る。塗料の配合は塗料：硬化剤：希釈剤＝10：1：1を基本とするが、その日の天候などにより調節した。

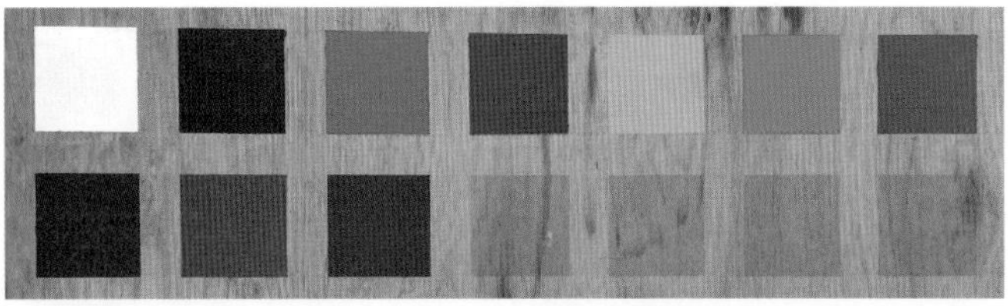

色見本。壁画を含めて使用した色はわずか10色

洗面棚の小扉

トイレの壁

内部改装前

天井の塗り分けの様子

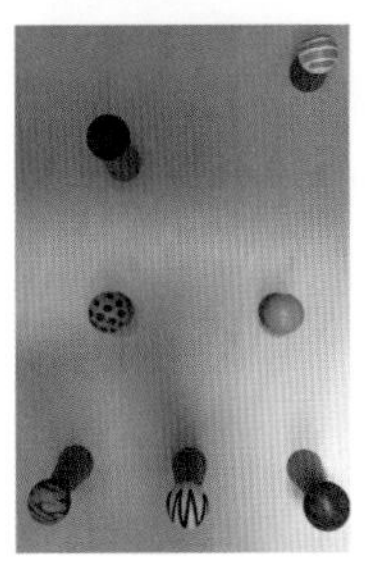

コートハンガー

床の塗装後

内部塗装の後

10-3 塗装工事 ／壁画

Salubra社製の色見本帳を参照

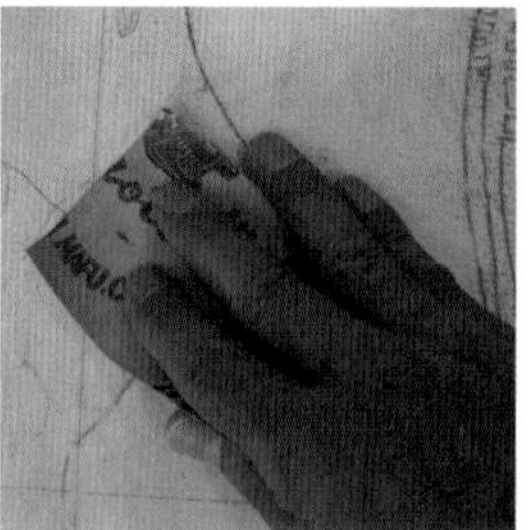

サンドペーパーで研磨

壁画工事

壁画の制作あたり、コルビュジエの色サンプル帳を参照した。
まず原寸大で下図を作成し裏面を鉛筆でカーボン紙化してから表面をトレースし、折れ戸や壁面に転写した。使われている色は10色で、意外に少ない。

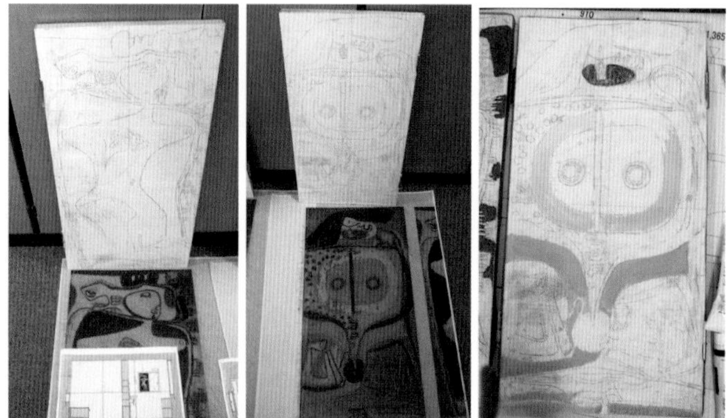

2種類の折れ戸の画

折れ戸への描画

ガッシュで下地をつくり転写した後、着彩を行う。

壁画への描画

白く塗装した壁面にメッシュを切って分割し、転写する。そのために原寸大の下図を制作し、折れ戸と同じように壁面に転写してから着彩に入る。

画を施した折れ戸

制作した折れ戸の画

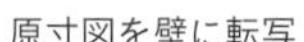

原寸図を壁に転写

制作中の壁画。大きな面積から塗っていくのが原則

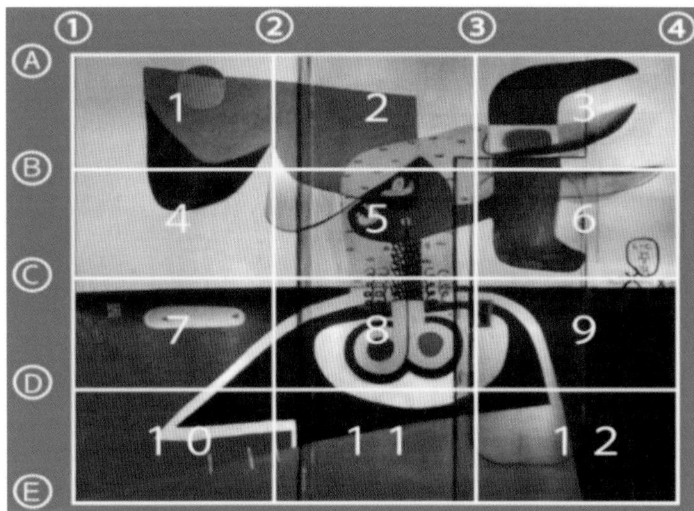

下図を制作するために絵を分割

現場で配色を確認しながら模写する

壁画によって扉がカモフラージュされる

11-1 家具工事

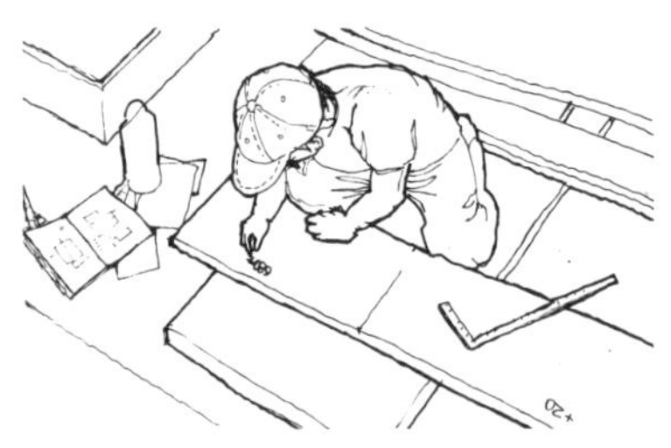

制作工程

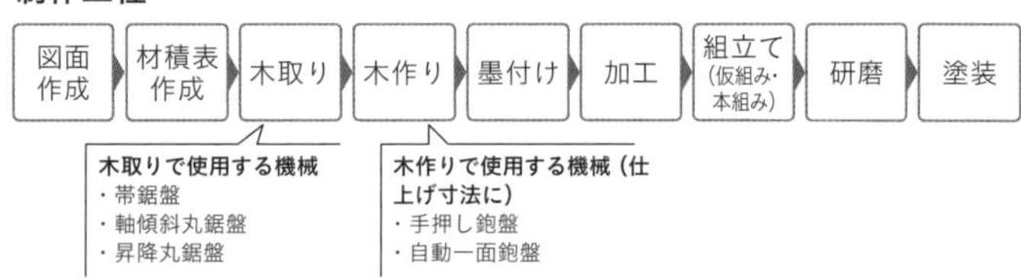

家具の制作工程と手順

予算の都合で材種をオリジナルのオーク材からタモ材に変更したが、形状は実物どおりに再現することに重点を置くことに変わりはない。現地実測調査結果をもとに制作図面作成から塗装に至るまで型どおりの手順で行った。

いうまでもなく、家具は空間と一体のものであるから制作する際にも常にその備え付けられる空間を念頭に置いて作業にあたることが大切である。

溝に入れたビスケット：幅250mm以上の板材同士の接合に使用。長さ方向に若干の遊びを設けている

ドミノ：枠などに使用。ねじれに強く、小さい木口面積のときに強度がとれる。脚と台輪、脚と枠などの接合に適している。大小6種類あるドミノチップのうち、5×19×39mmと4×17×20mmを使用

包み軸組蟻接ぎ：箪笥（たんす）で多用される組み方で、凸と凹が台形であるため引き出す方向に対して抜けにくい接手

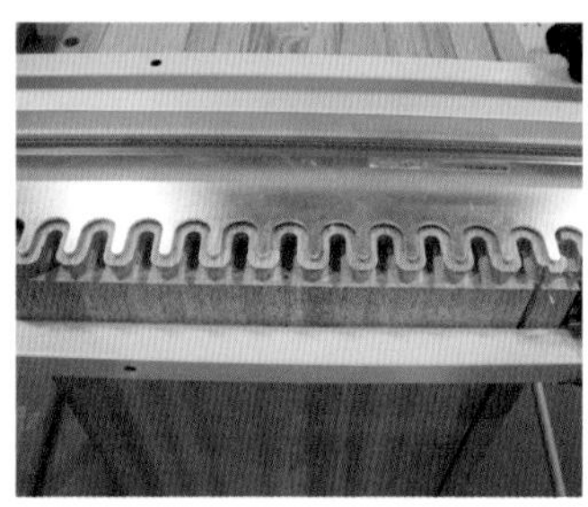

ダブテールマシンに加工機を垂直になるように据え付ける

ルーター・ビット・テンプレートの組み合わせでならい加工した後の状態

把手は縦挽きし、R面取りや溝部分をトリマーで加工する

ベッドの制作工程

①木取り：材料に無駄の出ないよう「大きいものから小さいものへ」チョークで切り出す部品の墨を出す。板材を帯鋸、パネルソーで切り出す際、仕上り寸法より厚さと幅の場合は3〜5㎜、長さは50㎜ほど大きめに切り落とすことが肝要である。

②木作り：木取りした材は手押し鉋盤に通しやすい長さに切断、手押し鉋盤で矩を出してから幅と厚さは自動鉋盤で、長さは軸傾斜丸鋸盤を使用して調整。

③墨付と加工：墨付には鉛筆、罫引、白柿（しらがき、※1）を適宜用い、汎用機械（※2）のほか、トリマー、ルータ、ビスケットジョインントカッター、ドミノカッターなどを用いた。
仕上り幅250㎜以上の板同士の矧ぎ合わせはビスケットジョイントとし、角材の接合には「ドミノ」を利用。また、タンスの包み蟻組接ぎ加工はダブテールマシン（※3）で行い、時間短縮を図った。

④組立て：仮組みで目違いを払い、全体の兼ね合いを見て糸面加工を施した後、オービタルサンダー（※4）（P320）で仕上げる。本組みはスコヤで矩（かね）を確認しながら接着剤を塗布し、端金（はしがね）を用いて締め付ける。

⑤研磨および塗装：布で水拭き乾燥後、耐水研磨紙（P600）で素地調整する。仕上げはワトコオイル（ナチュラル）で塗装しながら耐水研磨紙（P1000）を使用。

天板の固定に緊結金物を使用

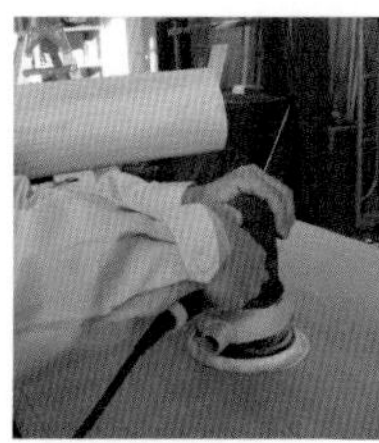
研磨して素地調整

仕上げに用いたワトコオイル

4枚矧（はぎ）のヘッドレストを金物を介して固定

矩を確認しながら端金で緊結

組み上げた状態

※1　白柿（白書）：精密な罫書き（けがき）に使用する刃物で、スコヤとセットで使う｜※2　汎用機械：この場合、軸傾斜丸鋸盤、昇降丸鋸盤、糸鋸盤、パネルソー、ベルトザンダーを指す｜※3　ダブテールマシンは既成のテンプレートに制約があるため、オリジナルとは若干異なる｜※4　オービタルサンダー：研磨ペーパーを装着して研磨する電動空圧工具

11-2 家具工事

スツールの加工

ノコギリ、ノミを用いて接合方法は蟻組接ぎとした。また、ダボ穴は本棚と同様に墨付け後、ドリルで治具（じぐ）を用いて垂直にあけた。仮組み後、接合部分を酢酸ビニル樹脂接着剤（以下「酢ビ接着剤」）を塗布して接着。その後、研磨紙（P180・240・400）で仕上げた。

テーブル甲板の加工

大手材は墨付け後、ルータで丸面の部分を荒取りし、甲板（タモ化粧合板片面張りMDF）との接合面はジョイントカッターを使用してビスケット穴をつくり、研磨紙で平滑に仕上げた。
仮組み後、酢ビ接着剤を塗布して圧締した。甲板の仕上げ材であるクルミを厚さ15mmで木口切りにし、テーブル寸法に合わせて加工調整した後、酢ビ接着剤を使用してMDFの甲板に圧着させた。仕上げに表面を粒度180、240、400の順に電動サンダーで研磨した。

テーブル脚の加工

酢ビ接着剤を用いて3枚の板を矧ぎ合わせた720×120×120mmの材料を制作。ルータを使用して深さ5mmの間隔で荒取りした後、研磨紙で仕上げた。

本棚とスツールを搬入

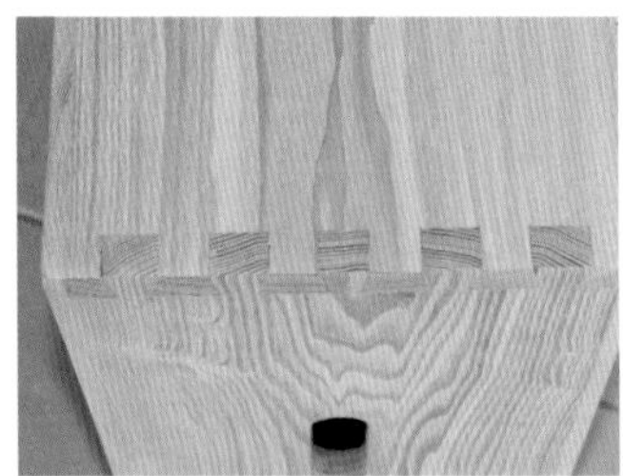

スツールの蟻組接ぎ

洗面棚の取付け

テーブル甲板にクルミ材を使用

テーブル脚の加工

コート掛けの旋削

塗装前のコート掛け

12-1 金属・雑工事

マイナスネジ

マイナスネジの制作

金物などの制作工程

実測時の写真とスケッチを常に見比べながら、実物に触れた記憶を頼りに手順や方法を工夫しながら加工を行う。
丸形状は旋盤、角形状はフライス盤、穴あけはボール盤など、さまざまな工作機械を使用した。最終仕上げや板材の仕上げは、紙ヤスリなどの手作業を中心に進めた。

蝶番の制作過程

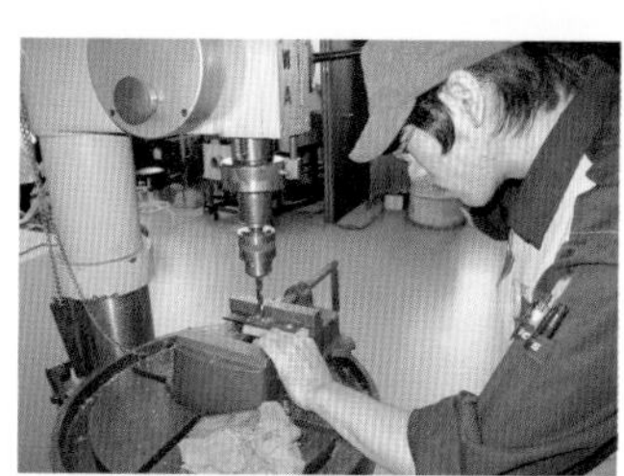

蝶番の制作

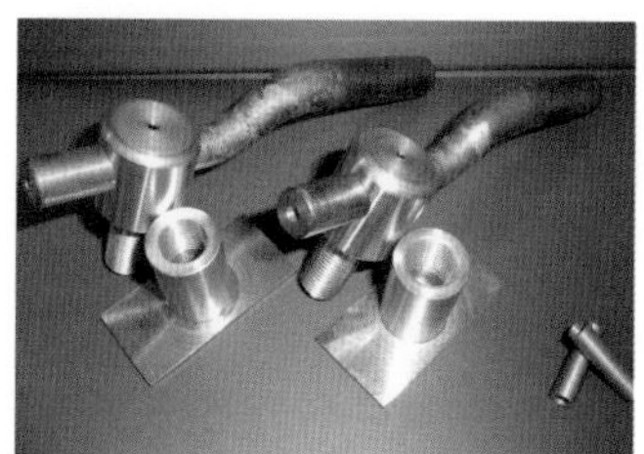

レバーハンドル

レバーハンドルの台座の削り出し作業

玄関引き戸の掘込引手

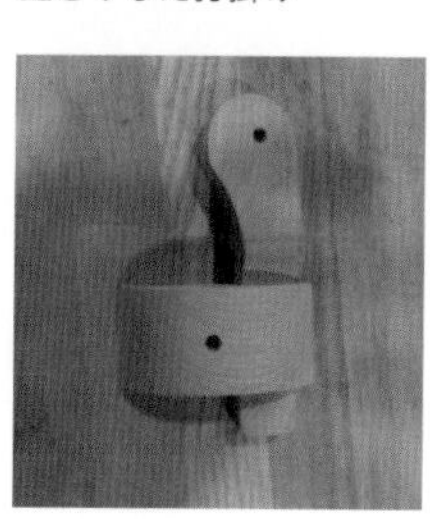

型どりした打掛け

手掛け

ランプシェードのツマミ

ランプシェードのツマミ制作過程

掘込引手の銅板を切り抜く

12-2 金属・雑工事

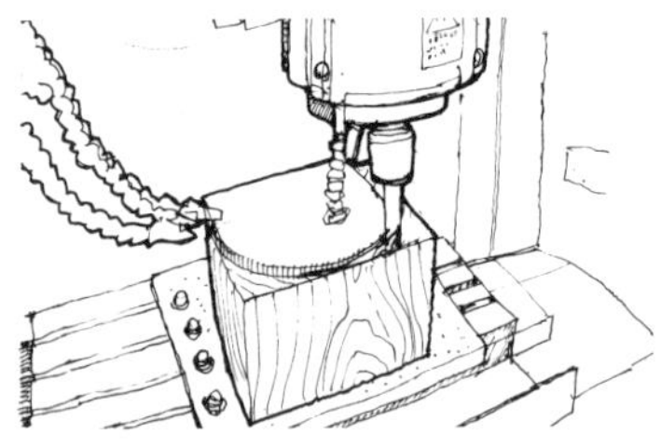

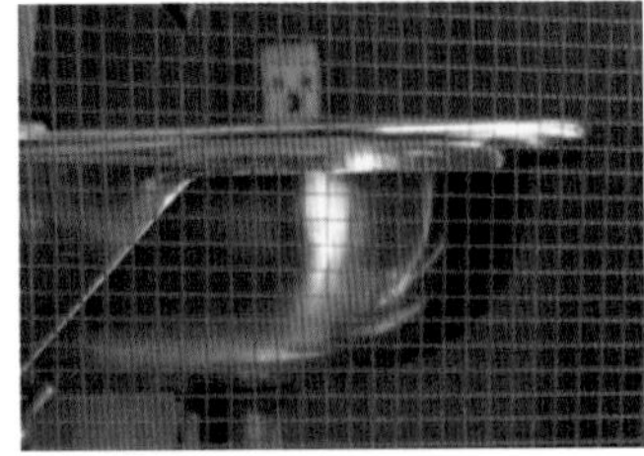

現地で測定器をあてて測定

モックアップに測定器をあてる

シンクの制作工程

現地実測では、限られた調査時間のなかで採寸を行うため、5㎜方眼の糸を張った測定器を事前につくり準備した。現地における限られた時間内での実測では、折れ尺やノギスによる寸法どりに限界があるため、自作したグリッド方眼の測定器を可能なかぎり近づけて撮影した。詳細部分や微妙なRは、この写真を手掛かりに制作を進めることができた。

制作は、図面制作→木型の作成→洗面器という手順をとった。木型制作にあたっては専用の図面を作成し、加工機用のNCコードをつくり、マシニング加工（※）を行った。その後、材料のカットと鍛金による絞り加工を施し、表面処理を行い完成に至った。

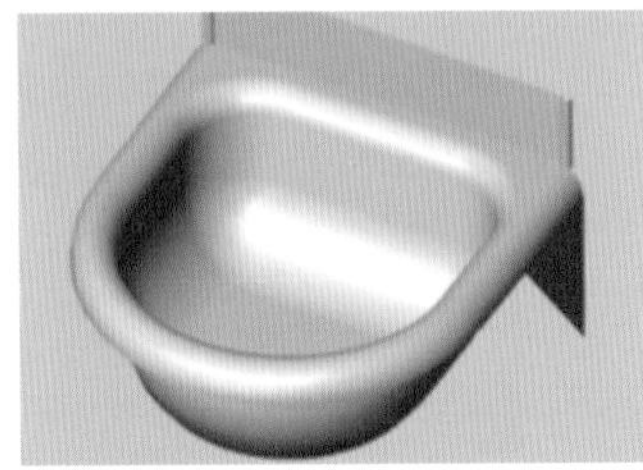

図面と写真を比較しながら作成した3Dモデル

鍛金のための木型のケヤキ材

木型の原木から加工して木型をつくる

シンクの制作手順

図面の制作	▶	木型の作成	▶	洗面器の制作	▶	完　成
・現地調査その他の資料をもとに図面を作成する		・木型図面の作成およびNCコードの作成 ・マシニング加工		・材料のカットおよび鍛金による絞り加工 ・表面処理		

※　マシニング加工とは、NC工作機械「マシニングセンタ」を使用し、材料を切削する機械加工のこと。日本工業規格（JIS）では、マシニングセンタ（Machining Center）について「主として回転工具を使用し、フライス削り、中ぐり、穴あけおよびねじ立てを含む複数の切削加工ができ、かつ、加工プログラムに従って工具を自動交換できる数値制御工作機械」と定義している

レプリカに設置した洗面器と、足元に置いた木型

ものつくり大学構内につくられた休暇小屋とアトリエのレプリカを、北東側より望む。両者の間に墓碑のレプリカがある

南側外観。1FLを現地に比べ、やや高めに設定。周囲の樹木が低いことも手伝って、実際よりも大きめに見える

休暇小屋を東側より望む。東面の妻壁上部は扇形に張られている

外壁の出隅部。実物に忠実に納めた

外被せタイプの木製窓の上部は、出入口と同様に水切りを設けた

実物では見ることができない西面の外壁に、モデュロールの図を描いた（図はcm表記になっている）。
壁画部分を黄金比の2,260×3,660㎜にするため、原画のプロポーションよりも横幅を縮小している

外部と居室の緩衝空間としての前室。原設計図面には
“COLIDOIR” と記載されている

突き当たりの壁に設置された、キノコ形のコート掛け。
取付け高さがモデュロール寸法になっている

完成した居室空間。小屋の方位はほぼ現地と合わせているため、風土こそ違っていても、1年を通して光の変化する様子を具体的に見ることができる。ここには現地での限られた見学時間内には味わうことのできない時空間がある。「2人以下、2時間以上」の滞在が望ましく、さまざまな発見をすることができる

壁から斜めに突き出たテーブルは、空間に動きと遠近感を与える。低めの家具との透視効果も加わり、自然に視線が窓へと導かれる

洗面棚と壁の隙間は室内に取り入れる光と風の道であり、
同時にタオル掛けを隠すスペースにもなっている

居室からトイレを見る。床から設けられた縦スリットの窓は換気に有効である。トイレ奥の緑の壁を入隅から入隅まで全面に塗らず途中で止めているのは、手前のカーテン（赤）との補色効果を高めるためである

アトリエ制作-1

模型、平面・断面図の作成

施工する前の下準備に模型は欠かせない。施工のイメージをあらかじめつかむために有効な縮尺としてS＝1：10で作成した。
平面の寸法が内法表記であることから、当時コルビュジエが母へ宛てた手紙をもとにアトリエ内の内法を1,800×3,800㎜とした。実制作では、日本の在来工法を用いて柱を75㎜角の芯々制、大壁（壁厚125㎜)、間口と桁行を1,901×3,901㎜とした。断面寸法は現地で撮影した写真をもとに判断した。羽目板の幅90㎜（実測値）を手掛かりに羽目板の総数が24枚であることから、軒高2,160㎜や窓台の高さ900㎜などの寸法を推定した。

現地アトリエの西面

現地アトリエの内部

アトリエの外壁下部。現地では水が入り腐食していたことを踏まえ、本制作では羽目板を土台にかぶせ雨仕舞を施した

現地では、地上に流した2本の角材を土台に本体を載せてあるだけで、あたかもモバイルハウスのように簡易なつくりだった。本制作では動かないよう、しっかりと固定している

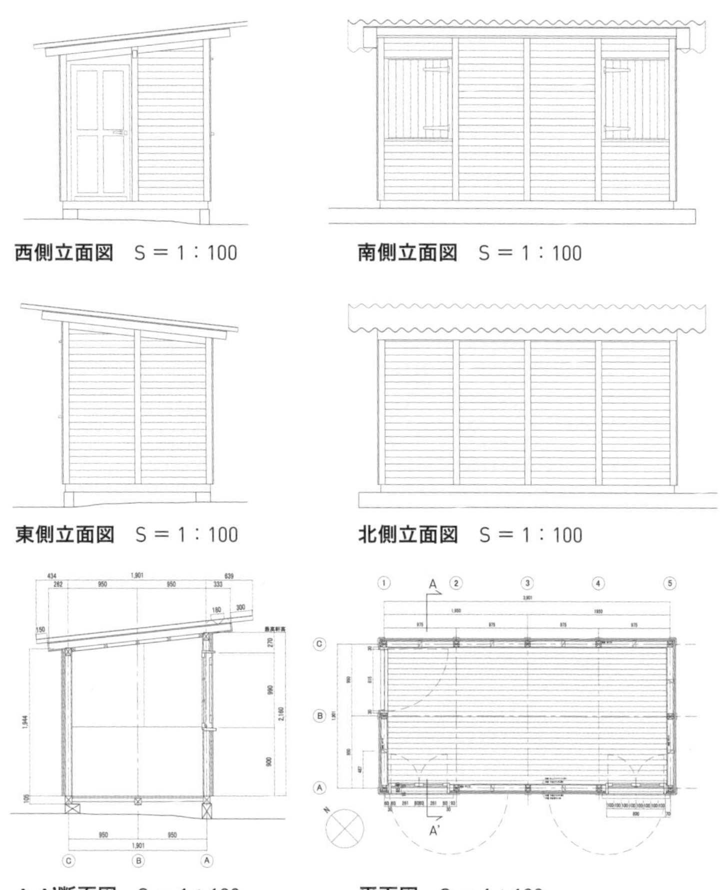

レプリカ制作の下準備として図面制作および模型制作を行う。この事前作業は、現場における施工手順の確認と誤り（例えば扉の開き勝手など）を事前にしるうえで欠かせない作業である

アトリエ制作-2

アトリエの原寸レプリカ制作

主要材料は休暇小屋と同様にスギ材やヒノキ材、シナおよびラワン合板、屋根材は石綿スレート大波板を使用。工具は丸鋸、帯鋸、手鋸、鑿を使い、屋根材加工にはベビーサンダーを用いた。
軸組みはあらかじめ手刻みで切り出した部材をノミで現場調整しながら組み上げた。仕上げ工事の内壁は現地写真から割付けを確認して4mm厚のシナ合板で仕上げ、外壁の塗装は白と緑の塗装を施した。

完成したアトリエ：緑と白に塗装された外壁は木地のままの休暇小屋とは対照的である

①製材：所定の寸法に製材する

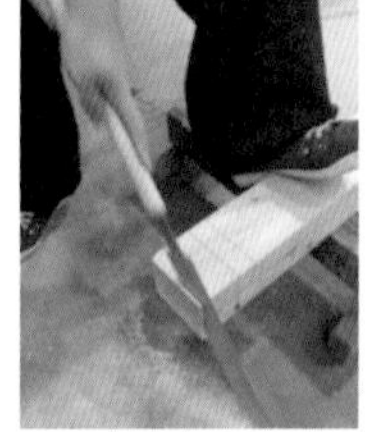

②材料取り：すべて手刻みで仕口を加工する

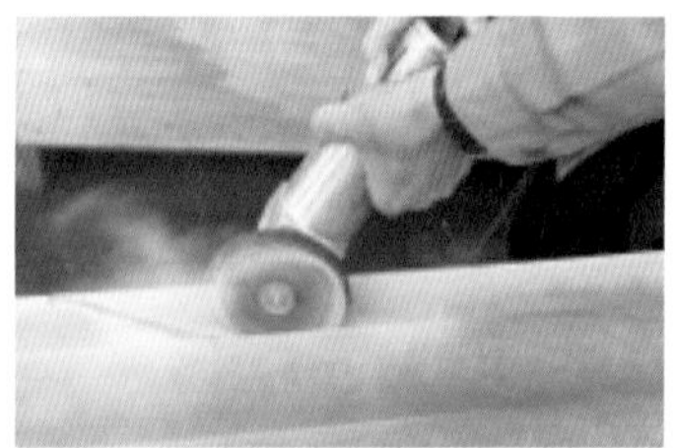

③屋根材加工：あらかじめ重ね代を考慮して切り揃える

④仮設：敷地の状況を確認後、縄張り、遣方を行う

⑤根切り・基礎：通り芯の墨出しを行った後、基礎を打設するための根切りを行い、沓石のレベルを合わせて設置

⑥基礎：沓石を固定するためモルタルを流し、金ゴテで均す

⑦沓石の上部に枕木を2本セットする

⑧枕木を基礎の上に設置した後に、防腐・防虫ステインを塗付した

⑨土台組み：枕木に土台を正確に載せ微調整

外壁仕上げ：塗装下地調整後、2色（緑・白）に塗り分ける。南西の妻面は緑に塗装

⑩土台のセット：遣方の芯墨を確認しながら枕木と土台をボルトで緊結

⑪組立て：手刻みの柱、梁、および桁を現場合わせで水平・直角を見ながらノミで調整しながら組み立てた後、垂木、野地板、石綿スレート大波板を施工

⑫外壁：実物は土台の面一であるが、水切りを考慮して土台を面内にした

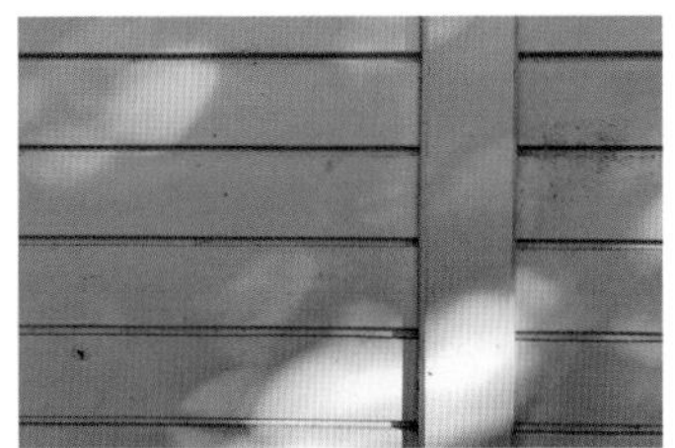
⑬羽目板の幅90㎜（実測値）をもとに窓台や軒高などを決定

⑭床工事：フローリングは部屋内法1,800㎜を26枚で割り付ける

⑮仕上げ工事：内壁は実測時の写真から割付けを確認し、シナ合板で仕上げた

⑯建具の取付け

⑰内部完成（東方向を見る）

⑱内部完成（西方向を見る）

墓碑制作

1957年の秋、最愛の妻イヴォンヌが亡くなった折につくられた墓碑。コルビュジエはその8年後、小屋の前のカベ海岸で遊泳中不慮の死を遂げる。村の共同墓地にあるコンクリートでできた2m角の小さな墓碑は随所に黄金比が使われている。

向かって左側はコルビュジエを表し、銘板や巡礼を示す貝殻などがはめ込まれている。右側のイヴォンヌを模した中空シリンダーには、手彫りの十字架があしらわれている

墓碑をコンクリートで制作

制作にあたり、墓碑の実物の写真とル・コルビュジエ財団に掲載されている設計図などを参考に、施工図面を作成した。

コンクリートの表面には数カ所に貝殻などの陰刻が施され、設計図では墓石上面の陰刻装飾は輪形のみだが、実物にはU字形も施されていた。

制作ではネームプレートはあえて再現せず、埋め込まれた巡礼の象徴である貝や十字架などを再現するにとどめた。

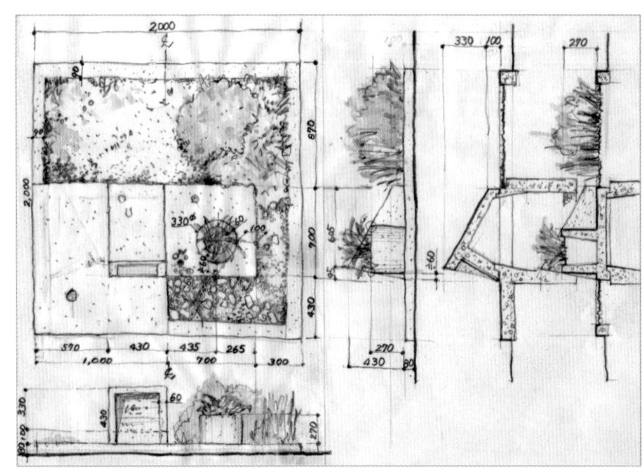

現地での実測図

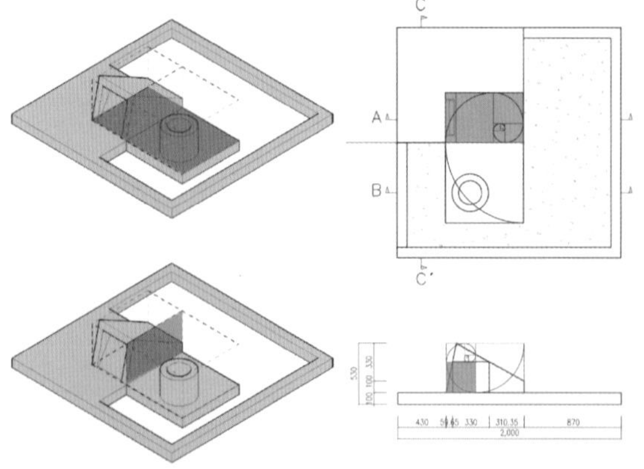

黄金比で構成された墓碑。ホタテ貝は巡礼のシンボルであり「再生」「豊穣」を意味する

①掘削・砕石敷き

②型枠敷設

③コンクリート打設

④-1 型枠設置

④-2 型枠設置

⑤型枠脱型

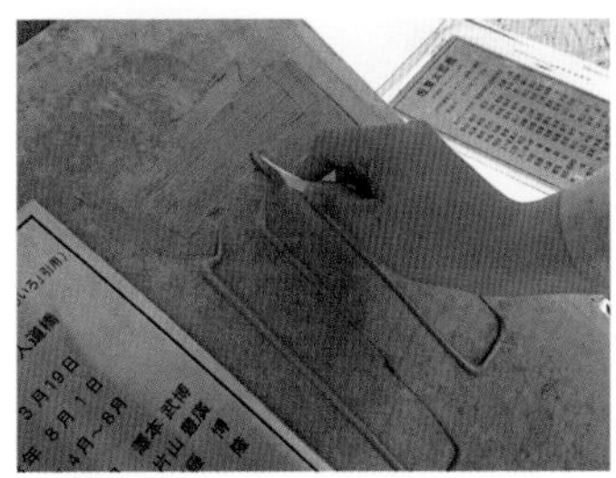

⑥銘板張り

⑦ネームプレートの代わりに確認申請済のプレートを設置

⑧型枠を脱型しコンクリート表面を補修

⑨完成。レプリカでは小屋とアトリエの間に設置している

ものつくり大学キャンパス内に完成したレプリカ

ものつくり大学でのスケッチ

世界一小さい世界遺産から学ぶこと

ものつくり大学キャンパス内に限りなく忠実に再現したレプリカが存在する。このことは、より本物に近い空間を長時間体験することが可能になったことを意味する。その空間により長く・より多く触れるたびに発見があることは、現地での短い見学時間ではなかなか得ることのできない大きな喜びである。

コルビュジエの凄さは、小屋に通いつめて自ら提唱した「近代建築の五原則」にブレーキをかけ、西洋的二元論に待ったをかけたことにあるという思いに至る。弟子の一人であり、日本の近代建築の旗手と称される前川國男は「コルビュジェを簡単に機能主義者と片づけるのはとんでもない見当違いである」と語っている。

「建築家になる前に、優れた生活学者にならねばならない」というコルビュジエの言葉は、彼自身の人としての生き方であり、晩年の言葉「近代は金儲けはしたけれど人間のためには何もつくってこなかった」と吐露する心中に、人間コルビュジエの忸怩たるが思いが伝わってくる。

私たちは、質素で粗末な材料でつくられたこの小屋から空間の本質を見る。環境に寄り添い溶け込んで遠慮して住むこと、小さくても多様な空間が可能なこと、などなど。用途規模は違えども、3年後に完成するロンシャンの礼拝堂と同質の光が存在する。「素のル・コルビュジエ」であるための「胎内空間」は、やがて「建築」へ広がるあらゆる要素を秘めているように思う。

レプリカ制作を発意して現地実測を行ったころは、その後の世界遺産登録を夢想だにしなかった。世界一小さい世界遺産といわれる「カップ・マルタンの休暇小屋」は、私たちに多くのことを語り掛ける。

調整池を地中海に見立てキャンパス内に建設されたレプリカ。
撮影：米野雅之

雪景色となった休暇小屋とアトリエ

紅葉の季節の休暇小屋とアトリエ

「知行合一」―体験型教材としてのレプリカ制作の意味

ものつくり大学技能工芸学部 原寸プロジェクト実行委員会は、学長プロジェクトの一環としてル・コルビュジエが妻のために設計した「カップ・マルタンの休暇小屋」の原寸のレプリカを2012年キャンパス内に制作した。

本制作は、「世界を変えたモノに学ぶ」をテーマに体験型教育の実践と生きた教材の学内展示によるものづくり教育の内外へのアピールを目的としている。学生自らの手によってつくりあげるという実学実践のため、教員・学生共々現地に赴き、実測調査から行うという「知行合一」を目指し、その過程や行為のなかに成果を見てきた。

完成後は、レプリカではあるが世界遺産を身近に目で見て体験し、小さくて材料は粗末でも空間は豊かであることを肌で体現できる格好の生きた教材となっている。

「手は第二の悩、足は第二の心臓」というように、情報過多な現代社会にあって不足しているものは、知識を智恵にする「考える力」である。それが育つには、自らの手足を動かすという基礎訓練が大切だろう。目に見える歴史としての建築が人の生命と財産を守りながら、未来を生きる人々のための生活を支えていかなければならない。そして、制作を通して人として成長すること。これらのことは恐らく一生の問いとして持ち続け、学ぶ意識の基本に置いておきたい。

車の両輪である「知」と「行」によりつくられたレプリカは、教育の実践の成果としても意味をもつだろう。

CHAPTER
5 考察編
かんがえる／休暇小屋の分析と考察

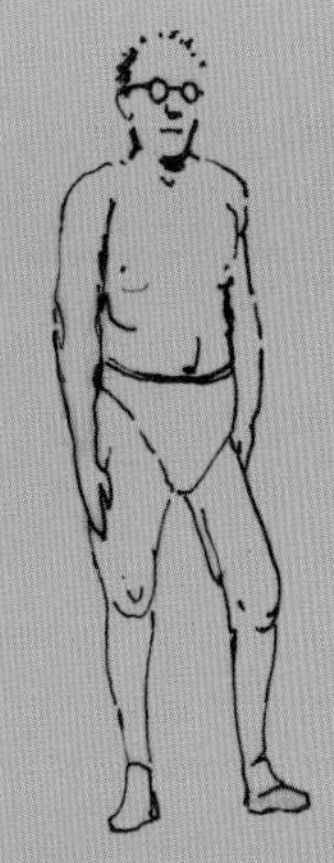

素のコルビュジエに出会える場所

休暇小屋の構想は、CIAM第2回大会のテーマであった「生活最小限住居」からすでに始まっていた。これが核になってコルビュジエは、住宅だけで完結することなく建築空間として発展していくものでなければならないと考えていた。巨大化する建築に対する人間のための建築を構築しようと模索していたコルビュジエは、常に身体の延長として空間を捉えようとしていたはずである。そのために肉体を駆使して海に遊び、妻の眠る共同墓地のある山腹のロク・ブリュヌ村を歩いた。
現地を訪ねると、この小さな小屋は、周囲の自然と一体であることが分かる。コルビュジエは、この小屋で晩年を過ごし、終の棲家とした。自ら予言していたとおり、カップ・マルタンの地で、大きな胎内ともいうべき海の羊水に抱かれながら彼は逝った。
遺体を引き上げた村人たちは、彼を「小屋のおじさん」としか認識しておらず、後の報道で有名な巨匠建築家ル・コルビュジエであったことを知ったという。このエピソードは、まさに身も心も「素の人間：ル・コルビュジエ」がここで過ごしていたことを物語っている。

コルビュジエ年表

休暇小屋の位置づけと日本人の弟子たちの活動

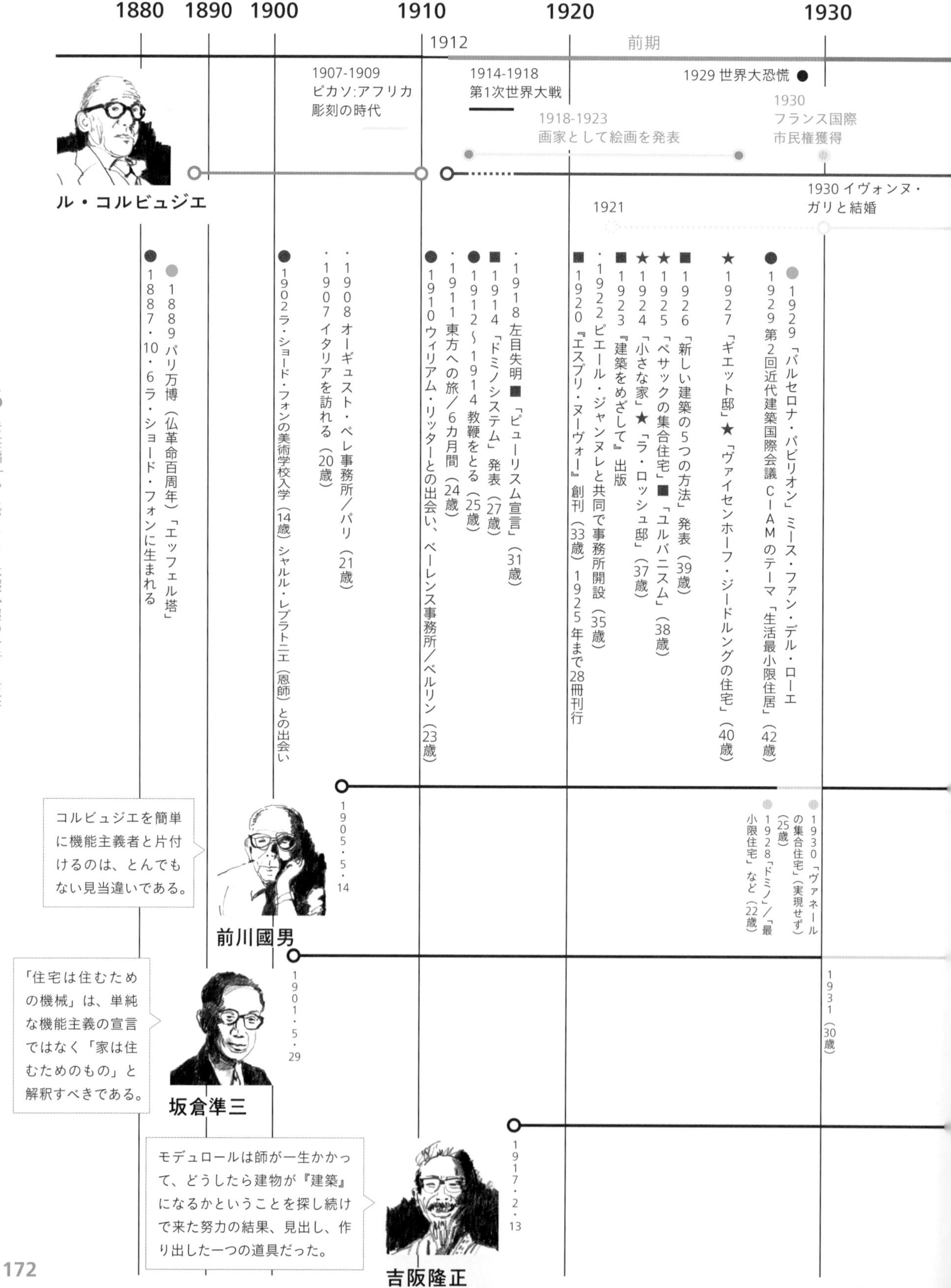

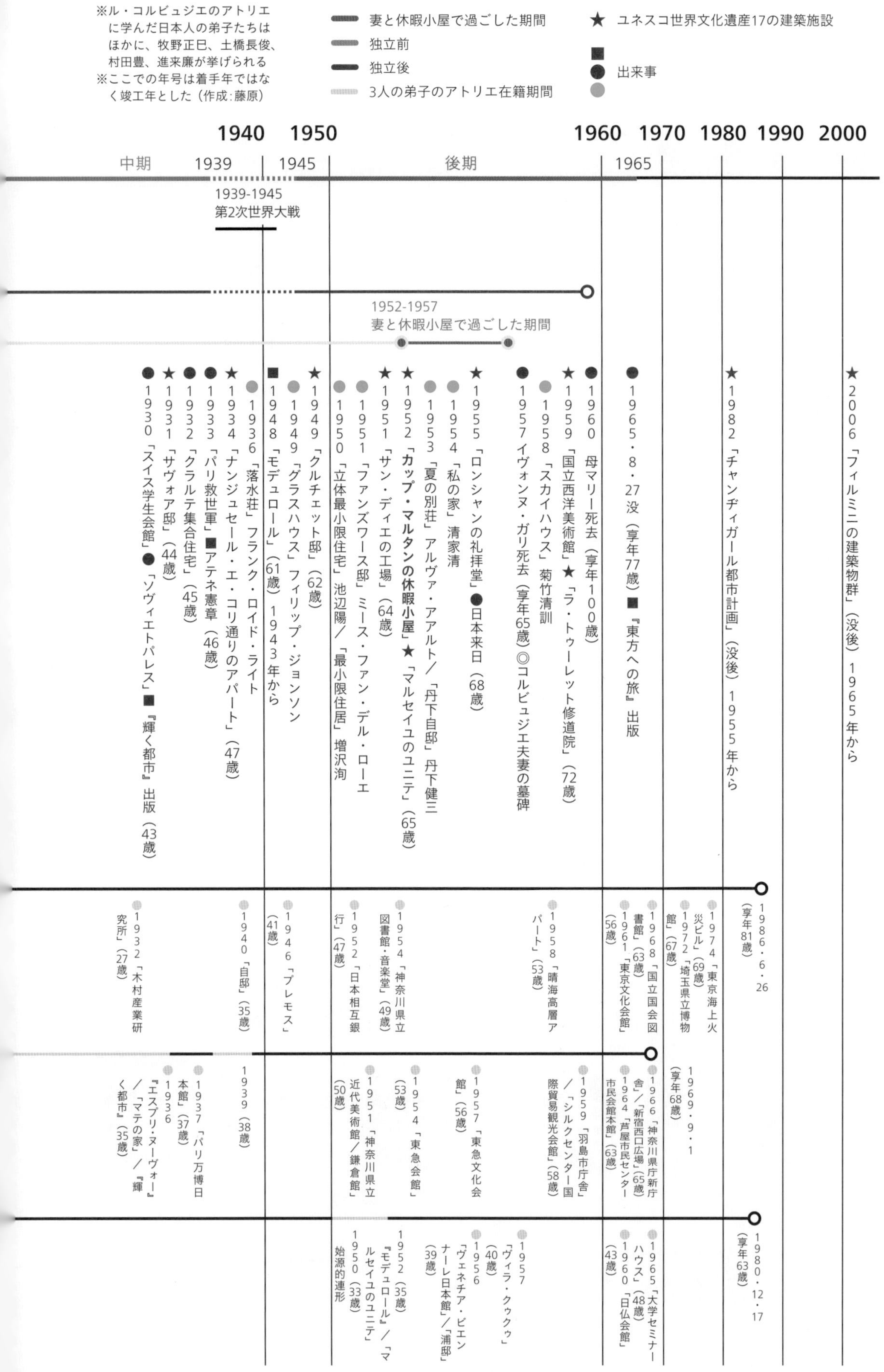

※ル・コルビュジエのアトリエに学んだ日本人の弟子たちはほかに、牧野正巳、土橋長俊、村田豊、進来廉が挙げられる
※ここでの年号は着手年ではなく竣工年とした（作成:藤原）

妻と休暇小屋で過ごした期間
独立前
独立後
3人の弟子のアトリエ在籍期間

★ ユネスコ世界文化遺産17の建築施設
■ ● ● 出来事

1940 1950 1960 1970 1980 1990 2000

中期 1939 1945 後期 1965

1939-1945
第2次世界大戦

1952-1957
妻と休暇小屋で過ごした期間

● 1930「スイス学生会館」●「ソヴィエトパレス」■『輝く都市』出版（43歳）
★ 1931「サヴォア邸」（44歳）
● 1932「クラルテ集合住宅」（45歳）
● 1933「パリ救世軍」■アテネ憲章（46歳）
★ 1934「ナンジュセール・エ・コリ通りのアパート」（47歳）
● 1936「落水荘」フランク・ロイド・ライト
■ 1948『モデュロール』（61歳）1943年から
● 1949「グラスハウス」フィリップ・ジョンソン
★ 1949「クルチェット邸」（62歳）
● 1950「立体最小限住宅」池辺陽／「最小限住居」増沢洵
● 1951「ファンズワース邸」ミース・ファン・デル・ローエ
★ 1951「サン・ディエの工場」（64歳）
★ 1952「**カップ・マルタンの休暇小屋**」★「マルセイユのユニテ」（65歳）
● 1953「夏の別荘」アルヴァ・アアルト／「丹下自邸」丹下健三
● 1954「私の家」清家清
★ 1955「ロンシャンの礼拝堂」●日本来日（68歳）
● 1957イヴォンヌ・ガリ死去（享年65歳）◎コルビュジエ夫妻の墓碑
● 1958「スカイハウス」菊竹清訓
★ 1959「国立西洋美術館」★「ラ・トゥーレット修道院」（72歳）
● 1960 母マリー死去（享年100歳）
● 1965・8・27没（享年77歳）■『東方への旅』出版
★ 1982「チャンディガール都市計画」（没後）1955年から
★ 2006「フィルミニの建築物群」（没後）1965年から

● 1932「木村産業研究所」（27歳）
● 1940「自邸」（35歳）
● 1946「プレモス」（41歳）
● 1952「日本相互銀行」（47歳）
● 1954「神奈川県立図書館・音楽堂」（49歳）
● 1958「晴海高層アパート」（53歳）
● 1961「東京文化会館」（56歳）
● 1968「国立国会図書館」（63歳）
● 1972「埼玉県立博物館」（67歳）
● 1974「東京海上火災ビル」（69歳）
1986・6・26（享年81歳）

● 1936「エスプリ・ヌーヴォー」／「マテの家」／『輝く都市』（35歳）
● 1937「パリ万博日本館」（37歳）
1939（38歳）
● 1951「神奈川県立近代美術館／鎌倉館」（50歳）
● 1954「東急会館」（53歳）
● 1957「東急文化会館」（56歳）
● 1959「羽島市庁舎」／「シルクセンター国際貿易観光会館」（58歳）
● 1964「芦屋市民センター市民会館本館」（63歳）
● 1966「神奈川県庁新庁舎」／「新宿西口広場」（65歳）
1969・9・1（享年68歳）

1950 始源的連形（33歳）
1952『モデュロール』／「マルセイユのユニテ」（35歳）
● 1956「ヴェネチア・ビエンナーレ日本館」／「浦邸」（39歳）
● 1957「ヴィラ・クゥクゥ」（40歳）
● 1960「日仏会館」（43歳）
● 1965「大学セミナーハウス」（48歳）
1980・12・17（享年63歳）

コルビュジエ世界遺産一覧

竣工年順	国	施設名	設計決定年	竣工年	都市名
①	スイス	レマン湖畔の小さな家	1923	1924	ヴヴェイ
②	フランス	ペサックの集合住宅	1924		ボルドー近郊ペサック
③		ラ・ロッシュ・ジャンヌレ邸	1923	1925	パリ
④	ベルギー	ギエット邸	1926	1927	アントウェルペン
⑤	ドイツ	ヴァイセンホーフ・ジードルングの住宅	1927		シュツットガルト
⑥	フランス	サヴォア邸と庭師小屋	1928	1931	パリ郊外ポワシー
⑦	スイス	イムーブル・クラルテ	1930	1932	ジュネーヴ
⑧	フランス	ナンジュセール・エ・コリ通りのアパート	1931	1934	パリ、ナンジェセール・エ・コリ通り
⑨	アルゼンチン	クルチェット邸	1949	1949	ブエノスアイレス州都ラ・プラタ
⑩	フランス	サン・ディエの工場	1946	1951	アルザス＝ロレーヌ地方都市サン・ディエ
⑪		マルセイユのユニテ・ダビタシオン	1945	1952	マルセイユ
⑫		カップ・マルタンの休暇小屋	1951		ロク・ブリュヌ カップ・マルタン
⑬		ロンシャンの礼拝堂	1950	1955	オート＝ソーヌ県ロンシャン
⑭	インド	チャンディガール（高等裁判所 1955／合同庁舎・美術館 1958／議事堂 1962／開かれた手の碑 1985）	1952	1955～1985	パンジャブ州チャンディーガル
⑮	日本	国立西洋美術館	1955	1959	東京
⑯	フランス	ラ・トゥーレットの修道院	1953		ローヌ県のエヴー
⑰		フィルミニの建築物群（文化の家 1965／フィルミニのユニテ・ダビタシオン 1968／競技場 1969／プール 1970／サン・ピエール教会 2006）	1953	1965～2006	ロワール県のフィルミニ

ル・コルビュジエはその生涯において75の建築作品と約200の計画案を遺した。そのうち「ル・コルビュジエの建築作品」として2016年7月、世界文化遺産に7カ国・17施設が登録された（フランス10、スイス2、ドイツ1、ベルギー1、インド1、アルゼンチン1、日本1）。

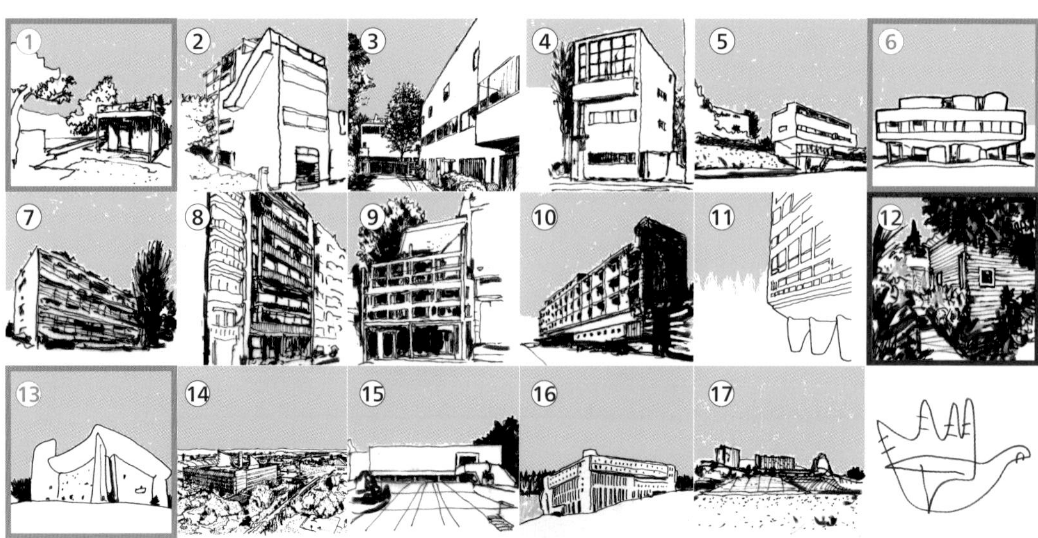

7カ国17カ所に点在する、コルビュジエの作品。

英仏海峡
ベルギー ④
ドイツ
③ ⑥ ⑧
⑩ ⑤ ⑬
フランス
スイス
オーストリア
⑦ ① ⑯ ⑰
ビスケー湾
②
イタリア
⑪ ⑫
スペイン
地中海
⑭ ⑮ ⑨

コルビュジエの17の世界遺産のなかでも異色の存在である「カップ・マルタンの休暇小屋」は「世界一小さい世界遺産」といわれている。晩年の、自由になれる思索の場であり、終の棲家となった休暇小屋での生活が彼に与えた影響は計り知れない

時代 / キーワード / 場所	抽象的ピューリスム主義／「白の時代」インターナショナル	フランス構造主義ブルータリズム／ヴァナキュラー
キーワード	浮遊感（大地からの解放）、軽さ、薄い壁（外皮・皮膜としての外壁）、直線的・幾何学・プロポーション、インターナショナル、無機的、静的、グローバリズム、理（知）性、抽象、外的、明るさ、合理性、未来、開放性（大きな窓）、機械（人工）の美学、キューブ、機械	大地に根ざす（大地との一体感）、重さ、厚い壁（内部から）、マッシブ（彫刻的）、存在感、曲線・肌触り・テクスチャー、ゲニウス・ロキ、ヴァナキュラリズム、有機的、動的、感性、精神性、具象、即物的、内的、暗さ、非合理性、過去、閉鎖性、自然の美学、チューブ、手足
山 垂直性	 サヴォア邸 1931 近代建築の5つの方法、大地からの解放・分離	 ロンシャンの礼拝堂 1955 大地に根ざした彫刻的建築
湖・海 水平性	 母の家（小さな家）1924 浮いた個室と閉じられた敷地、横長窓	 カップ・マルタンの休暇小屋 1952 胎内空間に穿たれた窓

ポッシェ（※）

※ ポッシェとは、図面の壁や柱などの部分を塗り潰すこと

休暇小屋はわずか45分で生まれた？

最小限空間に凝縮されたコルビュジエのアイデア

「1951年12月30日に、コート・ダ・ジュールの（ヒトデ軒の）テーブルの片隅で、妻の誕生日プレゼントに休暇小屋のプランをスケッチし、翌年、波の打ち寄せる岩場の外れにそれを建てた。その私のプランはたったの45分でできてしまった」（※1）とコルビュジエ本人は言う。確かにその基本プランの要点は押さえられていた。その後、ジャン・プルーベやシャルル・バルペリスなどの所員たちや技術者によって、人間工学やモデュロール、工業製品、技術的根拠、造形芸術性などが詳細に検討され、具体化されていった。コルビュジエは「最終的に描かれた図面は（自分の）スケッチの清書に過ぎない」（※2）と語っている。

1928年から1930年までコルビュジエの下にいた前川國男は、第2回近代建築国際会議（1929年のCIAM）が始まるまで、そのときのテーマである「最小限住宅」をいじっていたと漏らしている。コルビュジエは前川に「これは最小限住宅のプランだが、これだけで完結しては困るんだ。これが核になって、いろんな展開が、住宅としてではなく、だね、建築の空間として、ヴァリエーションをつくり出せるようなものでなくてはだめだ」と語った。コルビュジエは、このときからすでに「最小限住宅」を単なる特殊解と見ずに、発展性のある普遍的なテーマとして考えていたことが窺われる。前川はさらに付け加えて「その言葉が妙に頭にこびりついていて、ふり返ってみると、どうもぼくのやってきたことってのは、そこのところから一歩もでていないんじゃないかって気がするんだよ」とコルビュジエの言葉を重く受け止めている（※3）。

「最小限空間」に対するコルビュジエの興味は、遡ること東方への行脚ともいえる建築発見の長旅（1911年※4）のころにその萌芽を見るべきだろうし、「サント・ボーム」でのプロジェクト（1948～50年ごろ※5）における思索も含め、それまでずっと温めて来たすべてのものがわずか45分間のスケッチに結実したとしても不思議はない。コルビュジエ熟年の64歳の頭の中に、キャバノンの究極の最小限空間に対する語りつくせぬさまざまなアイデアが詰まっている。コルビュジエの絵空事のエスキスをその周りのスタッフがまとめて具体化したかのような論調にはくみせず、コルビュジエの肩をもちたくなる理由はここにある。

※1『ル・コルビュジエ　カップ・マルタンの休暇』ブルノ・カンプレト著
※2『モデュロールII』ル・コルビュジエ著
※3『一建築家の信條』前川國男/宮内嘉久編
※4 24歳の青年ジャンヌレ（ル・コルビュジエ）は半年間の東方（中欧、トルコ、ギリシャ、イタリア）を巡る旅を通して、建築に対するさまざまな啓示を受け、多くのスケッチと手記を遺した。そのときの経験が、後の活動の礎をつくった
※5 南仏マルセイユ近郊の岩山サント・ボームに、マグダラのマリアが過ごしていたとされる洞窟と、マリアを祀るサン・マキシマン教会がある。ここを整備したいという地主からの依頼を受けたコルビュジエは、既存の洞窟教会の岩山を貫通させ、光と闇で祈りの空間を提案したが、実現することはなかった。しかし洞窟という最も根源的な人間の居場所に対するこのときの施策は、この休暇小屋を含め、後の彼の作品に色濃く反映することになったに違いない

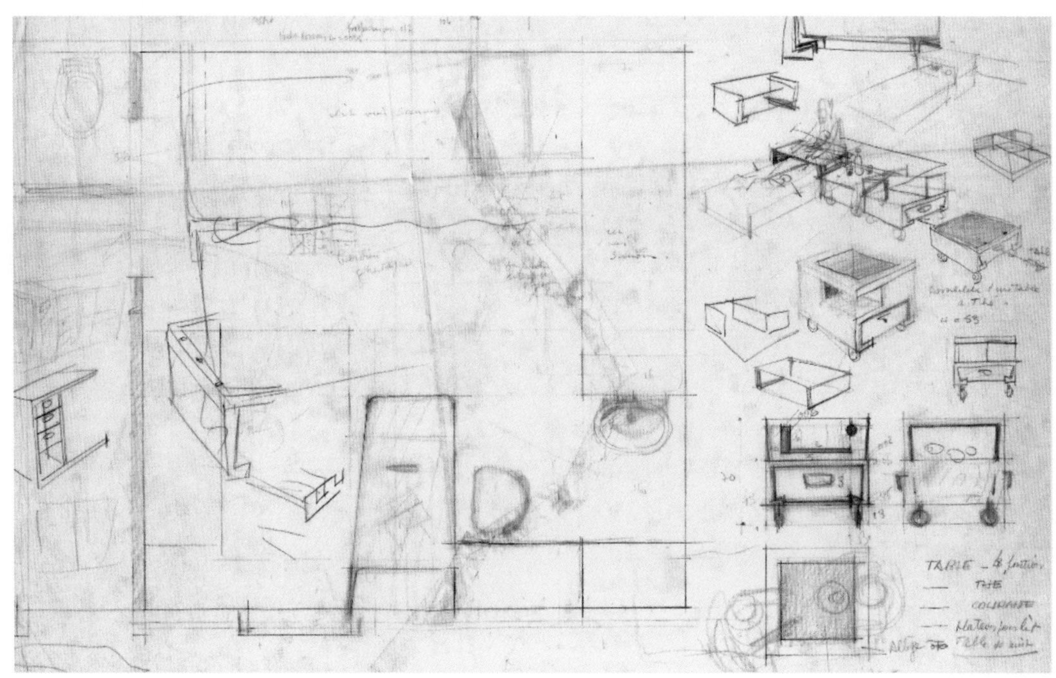

コルビュジエが記した家具などのスケッチ　©F.L.C./ ADAGP, Paris & JASPAR, Tokyo, 2023 E5027

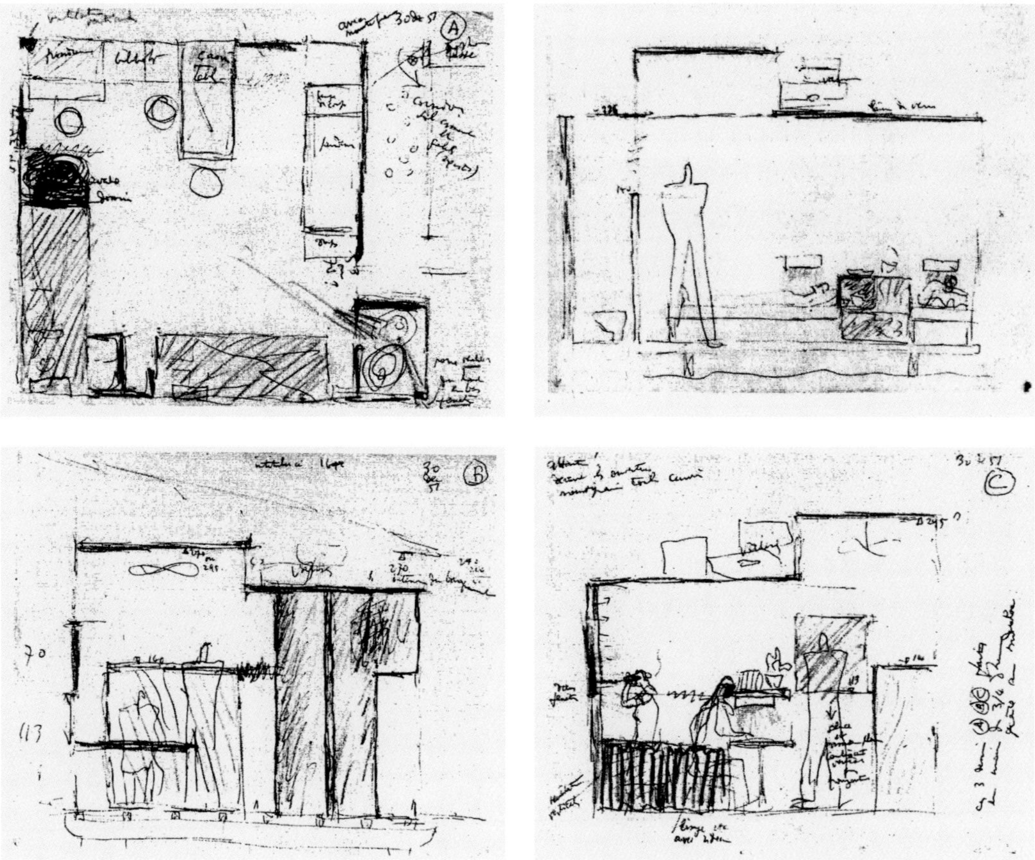

コルビュジエによるカップ・マルタンの初期スケッチ　©F.L.C./ ADAGP, Paris & JASPAR, Tokyo, 2023 E5027

休暇小屋に至るアプローチの妙

ゲートゾーンからのアプローチ

線路沿いのル・コルビュジエの径を行くとやがて屋根が見えてゲートに着く。ゲートゾーンから螺旋状の階段を時計回りに降り、アトリエを巻き込むように小さく反時計回りに反転しながら誘導され、アトリエ前まで下り切ると、真正面に地中海が広がる。この反転がないと、アトリエを通り過ぎてそのまま休暇小屋へ行ってしまう。

そして右奥には、イナゴマメに覆われた小屋がその姿の一部を覗かせている。アトリエから休暇小屋へと続く粗末なコンクリートのたたきの途中には、折れ曲がりを設けている。創作の場としてのアトリエと休息の場としての小屋、両者を分ける結界の役割をイナゴマメと同様にさりげなく担っている。

さらに誘導されるままに進むと、アイストップになって小屋の出入口に至る。このような巧みな誘導と視覚効果の演出でアプローチが完結する。

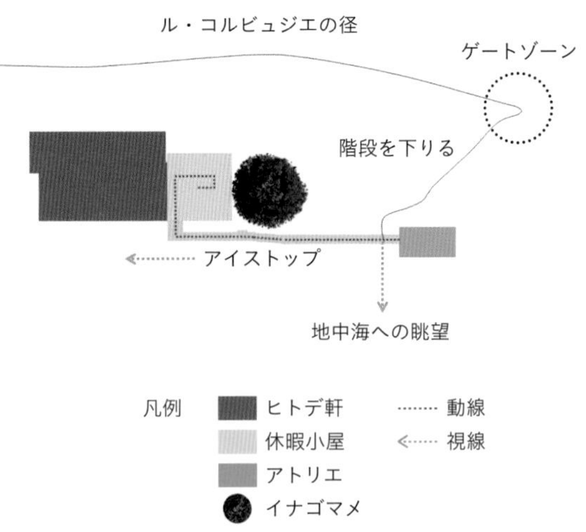

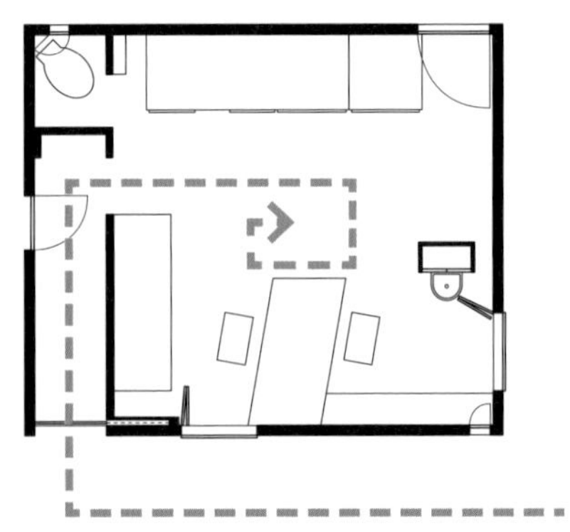

カップ・マルタン駅からル・コルビュジエのプロムナードを通り時計回りに螺旋状にアプローチ

アトリエの絶妙な配置

コルビュジエは、アトリエを敷地の階段を下り切った左側に配置し、創造の場として小屋と対置させる。「生」「未来」を表すかのように外壁を緑と白に塗り分け（扉が黄色のときもあったようだが）、ひと際、海からも目立つ存在になっている。駅からは大きな螺旋を描くような動線を経て階段を下りてくるこの場所は、限られた敷地の中で絶妙な配置になっている。

左／ゲートゾーンから螺旋状の階段を下りると左下にアトリエが見えてくる　右上／アトリエと階段
右下／アトリエに降りたところ。時計回りの螺旋状の階段がアトリエに下り切る手前で反時計回りに反転し地中海に正対する

階段を下り切ったところで改めて地中海が眼前に現れる

折れ曲がりのあるアプローチ。等高線に沿いつつ、やや視線を左へ逸らしてからイナゴマメの結界付近でやや右へ折れ曲がり小屋と平行にアプローチする

断崖絶壁に穿たれた洞穴

「籠る」と「見る」
— 景観と一体化・埋没する建築

地理学者ジェイ・アップルトンによると、環境美は「隠棲と探索（hide and seek）」原理で説明される。迷宮的環境の中で生きなければならない宿命を負った生命は、生態学的戦略として見晴らし（prospect）と隠れ場（refuge）の両立する視点を好むという。樹木で小屋を隠し、地中海を伺い眺めるさまは、正しくこの条件を満たしている。

カップ・マルタンの休暇小屋は、穿たれた洞窟の削り取られた窓（window）として、また、胎内空間として必要最小限の開口部をもつ。

断面

胎内空間としての小屋は、海と山と三位一体

山を背後にして海を見る

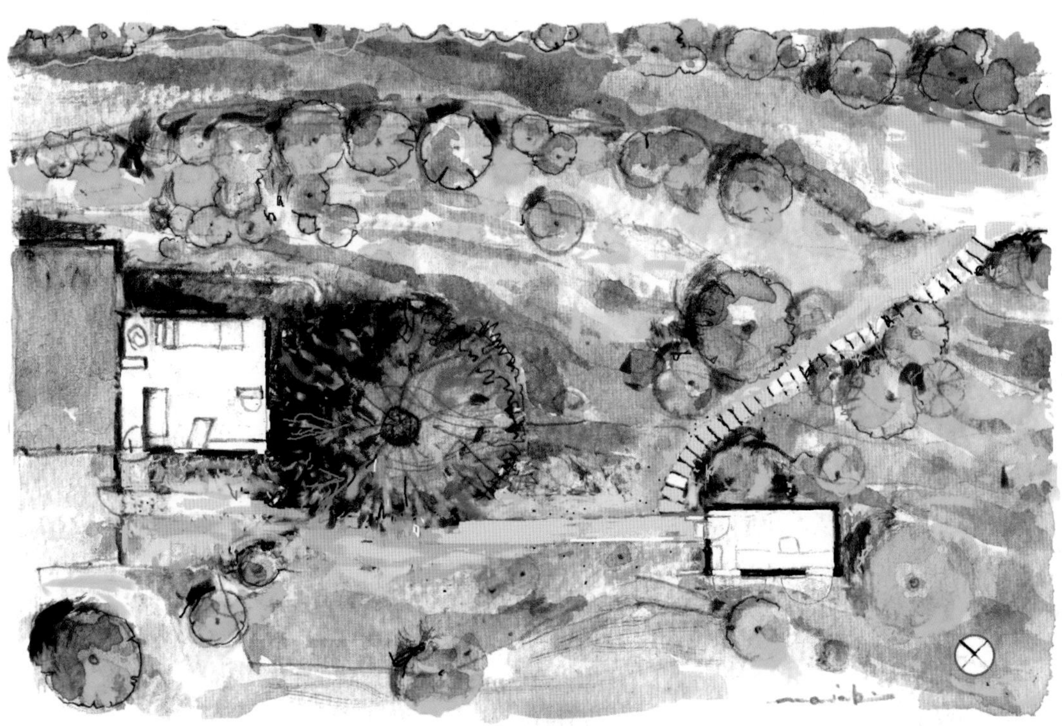

樹の影の奥に控えて建つ休暇小屋

1+1=3とする配置計画

アトリエの建設

1952年8月5日に休暇小屋が完成して約2カ月後の10月2日に、コルビュジエは休暇小屋から12mほど先の段丘テラスの端に、海に向かったアトリエ（仕事部屋）を建てようと思い立つ。そのときの喜びに溢れた思いと概要を、母親へ手紙で報告している。
1953年、コルビュジエは休暇小屋に隣接するレストラン「ヒトデ軒」の主人トマ・ルビュタトに、休暇小屋の東側のイナゴマメの樹の下にコンクリートのたたき制作を依頼した。

翌1954年7月、簡単な工事現場用のキット式のアトリエがルビュタトの手によって組み立てられた。コルビュジエはこのアトリエに、台に板を載せただけの机と椅子代わりのバランタインウィスキーの木箱を置いて夏のバカンスとクリスマスをこの地で過ごし、海を眼下に望みながら仕事にいそしんだ。アトリエの完成は、単なる職住分離を超えた両者間にほどよい距離をつくり、そこに新しい空間を生むことになる、それまでのキャバノンだけの生活が一変し、豊かになった。

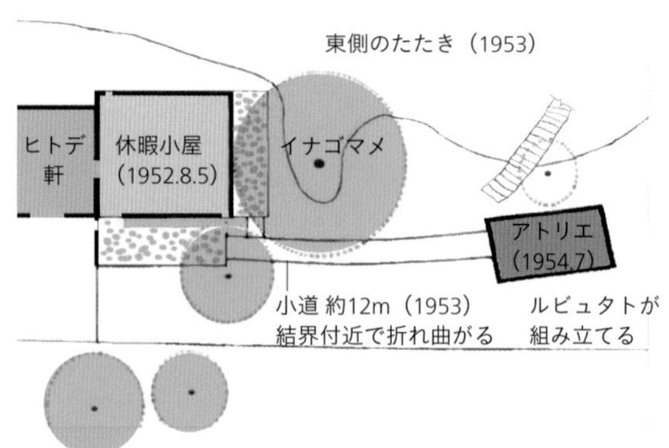

アトリエの完成で、それまでのキャバノンだけの生活から一変して豊かになった。単なる職住分離を超える両者間のほどよい距離のなかに、新しい空間が生まれた

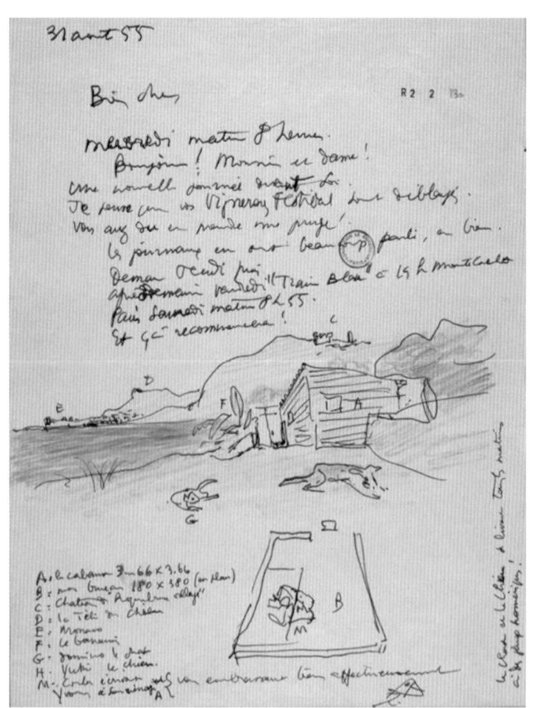

アトリエを手前に建てる計画を記した母宛ての手紙
©F.L.C./ ADAGP, Paris & JASPAR, Tokyo, 2023 E5027

1+1=3の成立

アトリエと休暇小屋は職（想・創）と住（息）が左右に配置され、ほどよい距離を保つことで、それぞれの世界を形成している。休暇小屋が完成した後にイナゴマメとの外部空間にたたきがつくられ、さらにアプローチが施工された。この場所の環境形成は、休暇小屋だけでは不十分で、アトリエが置かれることで初めて両者の間に屋外空間が生まれ、完結すると考えられる。この空間は両者を分離すると同時に結びつけるマグネットのような役割を果たす。

外部と内部 ― 反転する外部空間 ―

コルビュジエにとって、屋外空間は休暇小屋の内部空間と同様に重要な場所であった。
コンクリートのアプローチを進むとイナゴマメ付近で折れ曲がり、プライベートゾーンとの間に結界をつくる。此処を境にして休暇小屋は樹木で守られた内的外部空間に変わる。休暇小屋の東側のイナゴマメの樹の下につくった床では、自然石を張ることでコルビュジエお気に入りの居場所に変化し、コルビュジエはここで仕事をすることを好んだようだ。

イナゴマメの樹木のあたりでコンクリート床が折れ、手前と向こう側との空間に結界をつくる。さらに歩を進めると床が自然石に変わり、樹木に覆われた私的領域に変化する

休暇小屋脇の屋外空間からイナゴマメの樹木を通して地中海を望む

小屋脇の自然石による床と腰壁および樹木で囲まれた内的外部空間

断面・立面の分析

窓の位置を立面で調整

外観をもたない洞穴といえども立面にコルビュジエ流のこだわりがある。
断面（1階の床高、室内の天井高、天井の懐、屋根の形状など）を根拠に、おおよそ建物のボリュームが見えてくると、窓の位置を立面図上で調整（トレセ・レギュラトウール）している。正方形の窓が2カ所ともセンターラインを基準に決定されていることで、180°開いた（開口部と障子の正方形が2つ並んだ）状態を想定したと思われる。

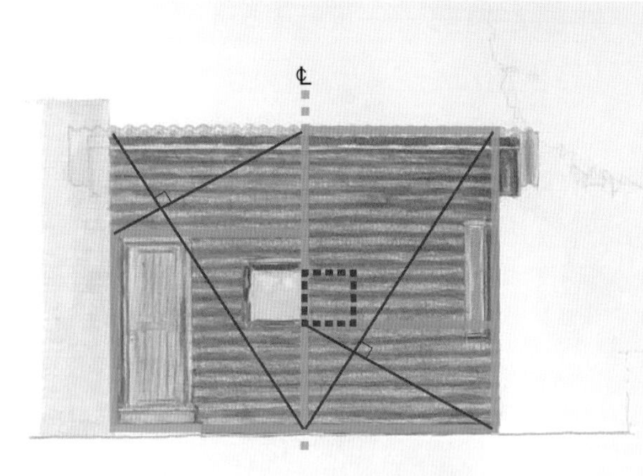

正面から見ることのないこだわりの南側エレベーション

吟味されたこだわりの立面。南面する700角の窓を180°開放すると、ポジとネガの2つの正方形が並んで中心に存在する。そして両側の大小異なる縦長の開口部のうち右の窓は、バランスを見てより光が入るよう高めの位置にしている

折り上げ天井が空間に広がりを与える

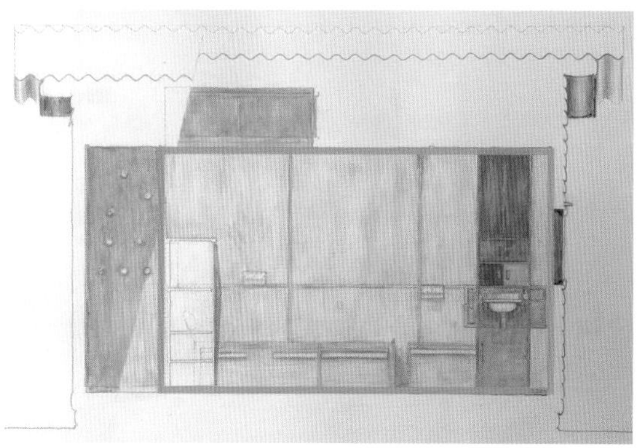

黄金比の断面

折り上げ天井があるため視線が伸びる

全開放の障子の端がセンターにくる

大地を眺める横長窓。ベッドの幅寸法と同じ

緩衝領域としての前室の役割

増築した廊下を緩衝空間に

短い廊下状の前室は、小屋に至る最後のアプローチ空間として機能する。同時に、パブリック（外部あるいはヒトデ軒）とプライベート（居室）の緩衝空間でもある。

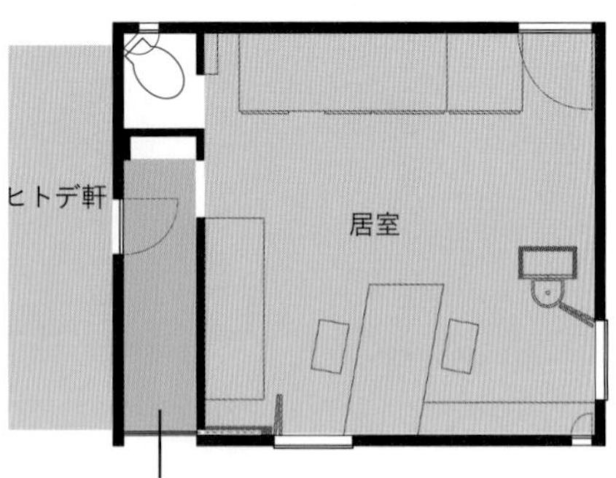

両者を分ける緩衝空間としての前室

アプローチの廊下は両者を分けるセミパブリックスペース

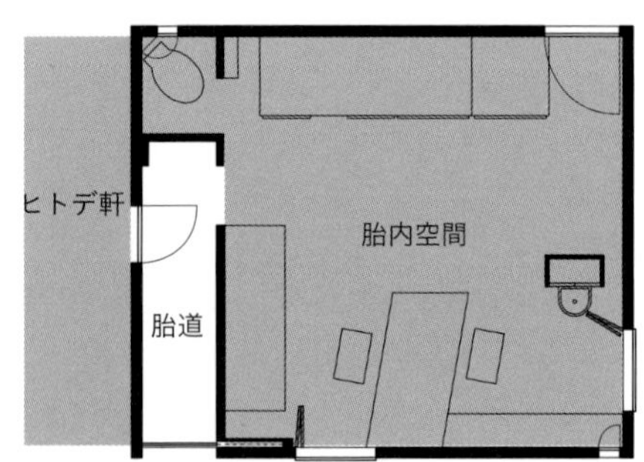

居室まで距離があることで、明るい外から暗い室内に入るときの暗順応に対する配慮がされている。天井の塗色は、すべての色を含む黒を選んでいる。廊下のヒトデ軒側の壁面には、コルビュジエの手による表現主義的な絵画が一面に描かれ、ヒトデ軒へ通じる扉をカモフラージュする。

内向きな胎内空間を連想させる女性像のある居室とは対照的に、外向きなコルビュジエの意思表明を思わせる。
なお廊下幅は70㎝で少し狭い印象を受けるが、コルビュジエは「オリエント急行の列車の通路幅も70㎝で、人間1人大きな荷物を運ぶのにまったく支障がない」と考えていたようである。

また、トイレを仕切るために設けられた帽子掛け（？）は見せる収納として、アイストップの役割を果たしている。

コルビュジエの壁画でカモフラージュされた扉

照らされる壁・反射する床

『壁を尊重してください…光はもし壁が
反射してくれるなら生気がある…
光のあたる壁をつくるということは
内部の建築的な要素を構成することだ』

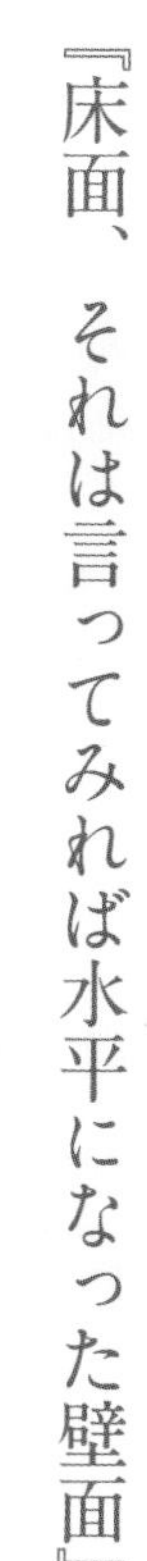

『床面、それは言ってみれば水平になった壁面』

――ル・コルビュジエ

壁面をなめる光

南面に壁際に設えられた縦長窓から射し込む光は、東側の壁全体をなめるように伝う。洗面棚は壁から離して設置されているため、光は奥まで届く。縦長窓は換気用としても機能するが、むしろ採光用として重要な意味がある。
光に照らされた壁面がそのまま網膜上に映る光の面積になって明るさ感をつくり出す。

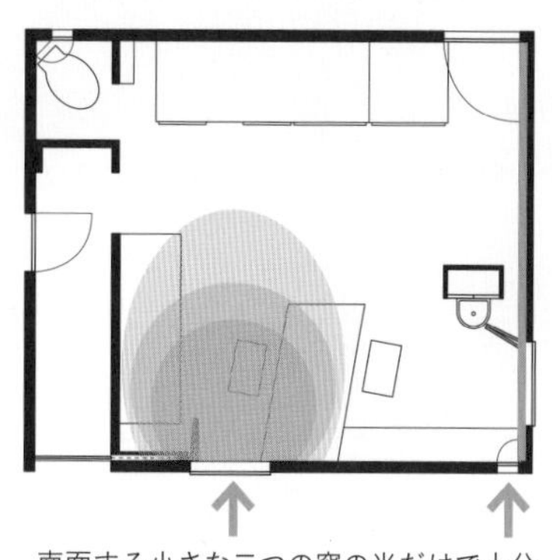

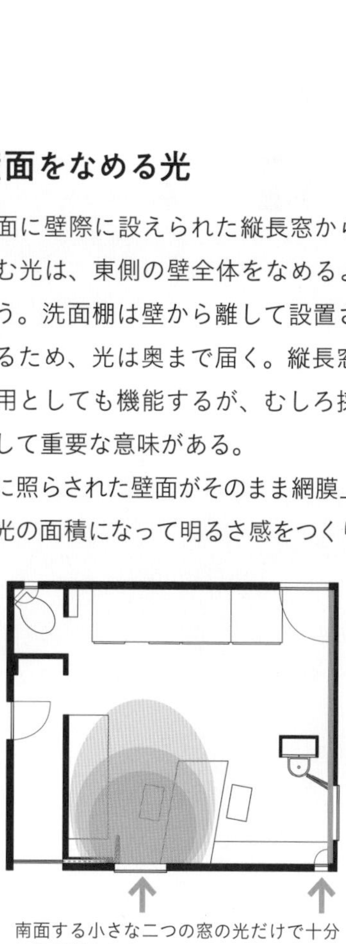

南面する小さな二つの窓の光だけで十分な光が得られる

色の錯視／手前の赤（進出色）と向こうの折上げ天井の青（後退色）が長い視線をさらに強調する

さまざまな視線、フレーミングされた窓

視線を集めて外へ導く正方形窓

ベッドに腰かけて海の方向に目をやると、窓から斜めに突き出た机と低めのクローゼットがパースペクティブをつくる。自然に視線が窓へ集まり、外へ導かれる。この計算された一点透視図法のような効果は、斜めに突き出た机により強調されて錯視が起こり、空間をより広く見せる。

コルビュジエがこの窓に海へのフレーミング効果を強く意識していたことはモデュロール寸法で決めてあった窓の位置を、現場で低く変更していることからも伺い知ることができる。

そしてこれほどまでに一点透視図的な視点（スタンディンポイント）からのパースペクティブにこだわるのは、31歳のときに左目を失明し、片目だけのより近似する一点透視的見え方によるものかもしれない。

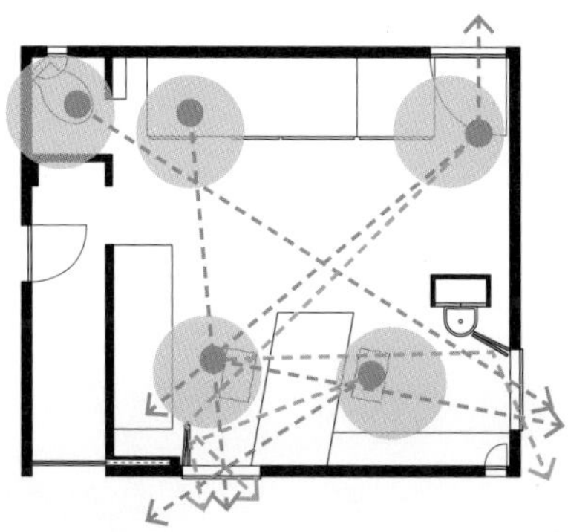

5つの居場所と5つの小窓。さまざまな居場所からの視線を遮らないよう家具が配置され、鏡の角度で変化する景色を楽しめる

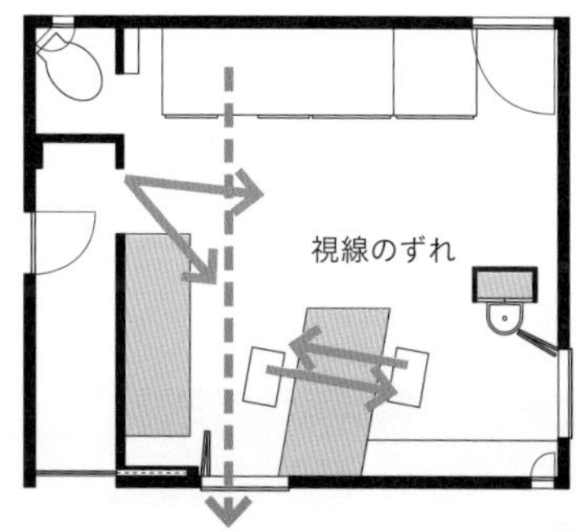

家具で生まれる遠近。低めのクローゼットは空間に広がりをつくる。斜めの机は空間にゆがみをもたらすと同時に、遠近法で自然に窓に焦点を集める

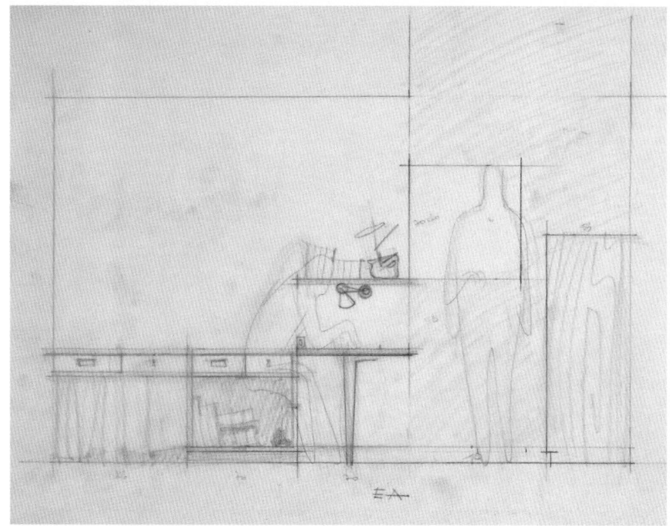

設計図では正方形の窓の位置はモデュロール寸法で設定されていたが、現場で低く変更された　

ベッドの位置からの視線。現地では窓の外に海の光景が広がる

風の道をつくる窓の配置

対角線上に配された縦長窓

さまざまな居場所をもつコーナーそれぞれに窓があるので、風の道が対角線状に長くなる。したがって、たとえ開口面積が小さくても、室の通風換気がすこぶるよい。仮に網戸のない正方形の窓を閉じていたとしても風が抜ける。
南東に設えられた縦長窓は、窓幅が枠見込みより小さいためプライバシーが守りやすく、採光による室内効果にも大きく貢献している。

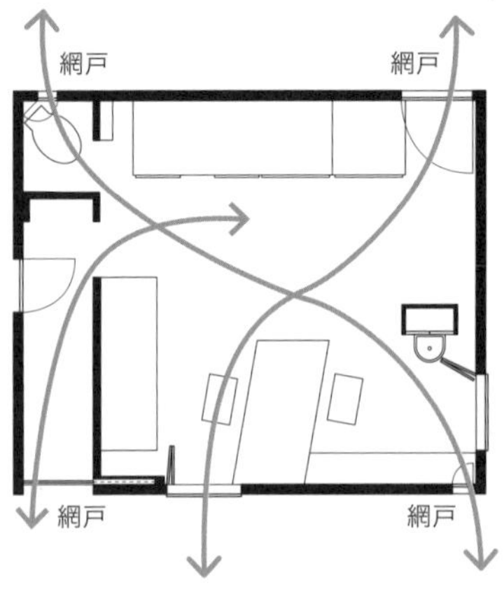

床から設けられた縦長窓は臭気対策に有効

窓は対角線上に配され、風が通るように計画されている

自然界の要素に対応する開口部

海・樹木・大地

休暇小屋の設計にあたり、コルビュジエは地中海を臨むこの急峻な崖地で水（海）、木（樹木）、土（崖）という自然界の3要素を選択し、それぞれの要素に対応するように開口部を設けている。

採光面積と方位の関係から、室内に入る光の量の多い順に窓を見ていくと、まず地中海に面した⑤の700㎜の正方形窓がある。ここからは、コルビュジエが何よりも愛した地中海を望むことができる。④の縦長窓からも、抑制のきいた光が導かれる。

③の正方形窓からは、敷地脇にあるお気に入りのイナゴマメの巨木が見える。そして裏の崖側に回った壁面には、②の土や岩が見える300×700㎜の横長窓、コート掛け裏のトイレの縦長窓①がある。

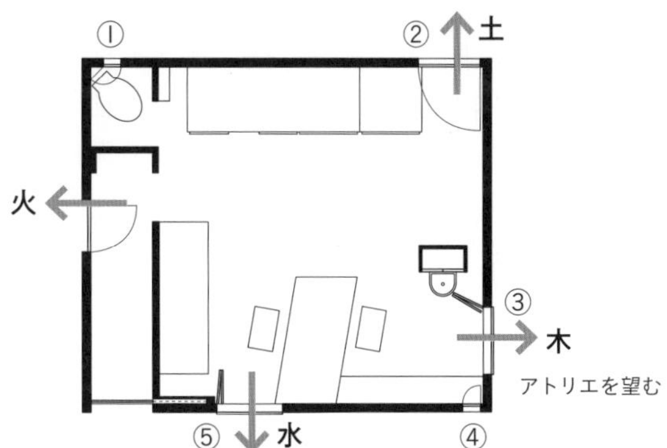

海を望む

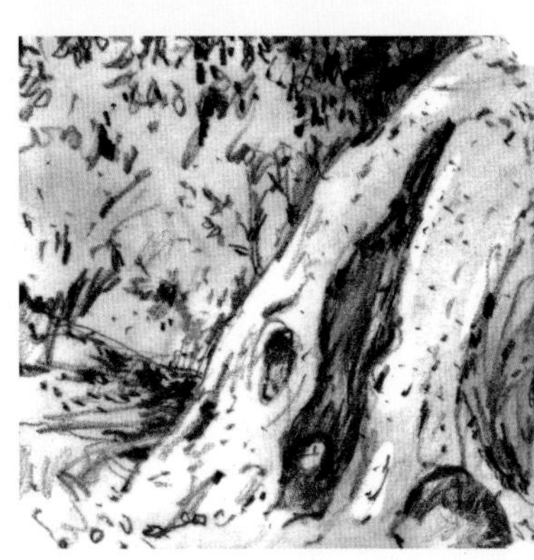

巨木を見る

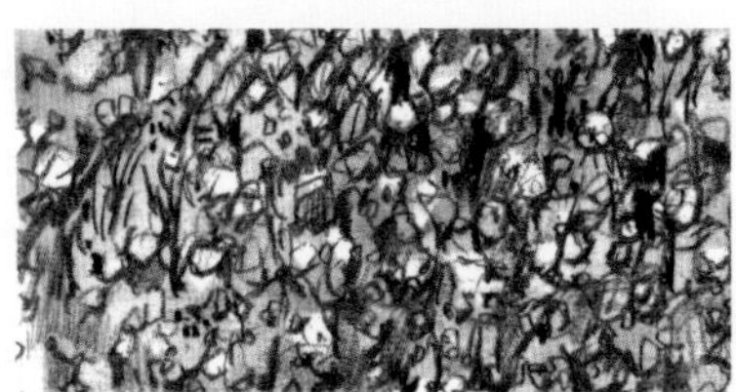

土を見る

船舶を模した扉の向こうに火を扱う調理場がある

見せる家具と隠れた収納

空間に変化を付ける造作

休暇小屋は、クローゼット、ベッドおよびサイドテーブル（ともに引出し収納付き）、スツールといった家具、コート掛けや本棚などの造作で変化に富む空間を生んでいる。特に、壁から離れて設えられた洗面棚は、ワンルーム空間を適度に仕切るだけでなく、空間に奥行きを与え、メリハリをつくる。
また、飾り棚や天井裏など、適所に建物と一体となった造付けの収納が設けられている。

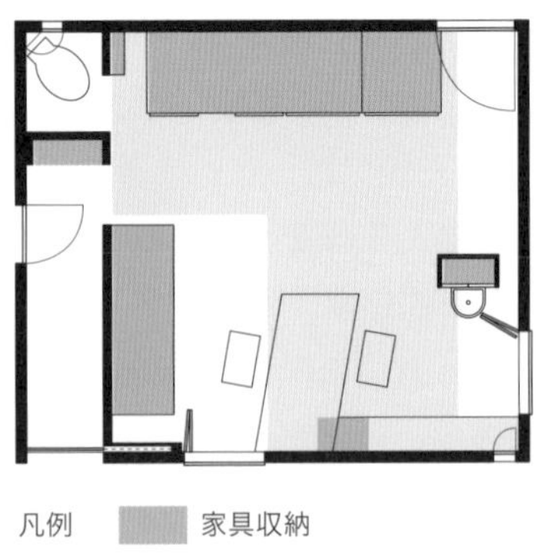

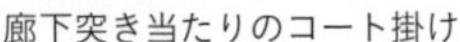
廊下突き当たりのコート掛け

天井懐の収納

クローゼット

棚と洗面器を備えた棚

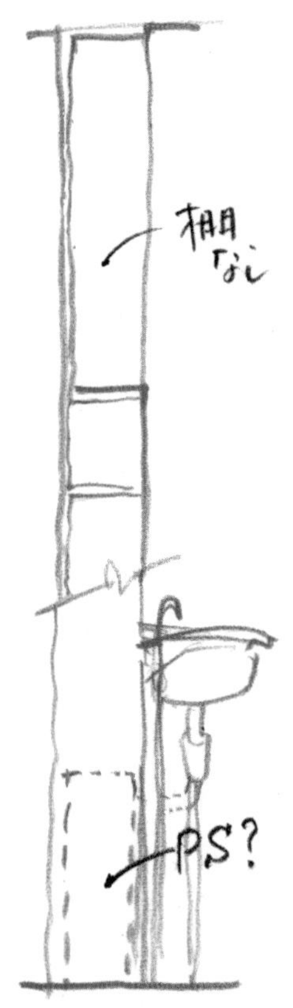

もっと収納に活用できたであろう棚は手の届くところまでとし、PS用と思われる下部は現地では露出配管のためデッドスペースになっていた

下部に収納を備えたベッド

ベッドと同じように収納を備えたサイドテーブル

カラースキーム

床・壁・天井を構成する基本色

人間の空間認識は五感（第六感もあろうが）を通して享受される。五感のなかで視覚の割合は87%、さらに視覚情報の80%を色彩情報が占めるとされる。そうであるならば、実に五感の約7割を色彩が占めることになり、私たちが「色」から得る情報が如何に多いことかと驚かされる。
コルビュジエは31歳のときに左目を失明したという。それに臆することなく、むしろそれまで以上にスケッチを重ねた。片目による距離感の喪失とそれに関わる諸問題に対して、画家を標榜する彼が「色」のもつ属性に活路を見出そうとしたことは想像に難くない。休暇小屋に用いられている色は、白黒も色とみなすと12色である。
ちなみに、キリストの図像学によると「赤」は「天の性愛」、イエス・キリストの血の色を意味し、愛、血、救済を意味する。マグダラのマリアは緑の下衣と朱色のマントを身につけるとされる。「青」は「天の真実」、聖母マリアの色であり、生命を育んだ母なる海の青に由来する。純潔、貞節、謙遜のシンボルである。「黄」はユダの衣の色、「緑」は茨の冠とされている。
西洋建築のインテリア空間では床（地）は暗色、天井（空）は明色とすることが多い。しかし、ここではその常識に反し、床を明色としている。その理由は、数少なくしかも小さい窓からの限られた外光を、床でより有効に反射・拡散させ、明るさを確保するためであろう。コルビュジエは自分を建築に導いてくれたシャルル・レプラトウニエから、「自然こそ師である」と教えられ、常にスケッチブックを携えて

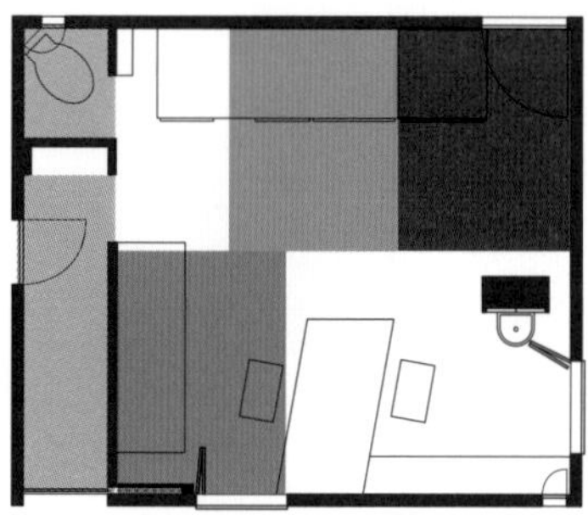

床（上図）と天井（下図、水平面）はコルビュジエの建築的ポリクロミー（統一的な色調をもたない多彩色）を構成する基本色と白と黒、計6色で全面塗装される。一方、壁（垂直面）はトイレの壁とカーテン、壁画、家具のアクセントおよび照明器具など部分的に色を置いている

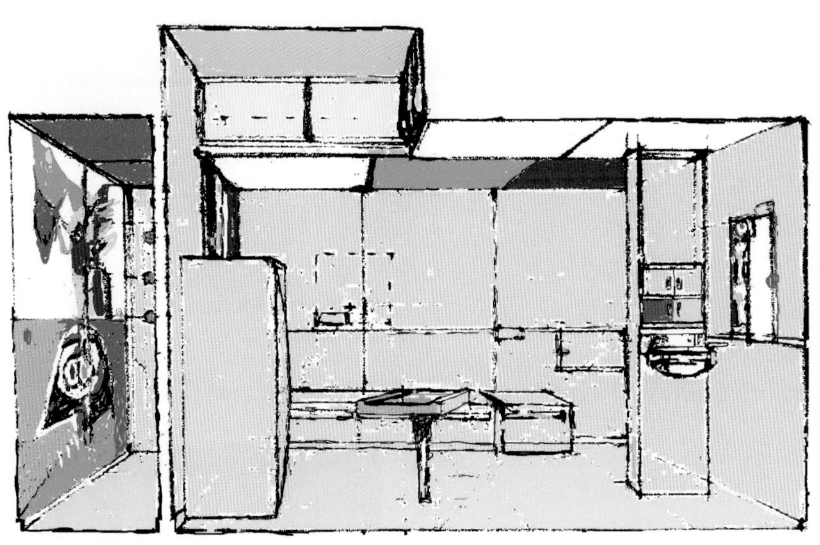

「色彩とは。それは生命のしるしである」
——ル・コルビュジエ

スケッチを怠らなかった。その観察眼を通してアウトプットしたことで、自然から得た宝物から大きく逸脱しなかったと思う。
室内の採光を確保する必要から発想された床の色は、大地の色として麦の穂、菜の花、向日葵の色である。ちなみにウクライナの国旗はその美しい自然をそのまま写したものであり、わが国の金屏風は黄金色に稲が実る野の風景に由来すると聞く。
折り上げ天井部分は空色を施している。顔料の発見地ドイツの旧王国名・州名プロイセンに由来してプルシアンブルーと呼ぶのが一般的だが、「ベルリンの青」という意味を込めてベルリンブルーと呼ぶこともある。コルビュジエはこのブルーを好んでいたようである。居室の天井のほとんどは白を基調として、床から反射した光に応答する。一部、緑と赤（補色）をペアリングしてコーナーに「座の空間」を形成する。赤は進出色として天井を低く見せる。
壁については、トイレのカーテン（赤）と壁（緑）に補色対比があるものの（204頁参照）、その他の多くは合板の木地のまま素材感が活かして、塗色は主にアクセントに使われている。
「ヒトデ軒」とのバッファーゾーンである前室の天井は、マルセイユのユニテと同じ黒色を用い静謐をもたらすとともに、壁画を引き立てる。なお、この空間は周興嗣の『千字分』の冒頭にある「天地玄黄」（てんちげんこう：天の色は玄黒、地の色は黄色）と一致する。さらに、コルビュジエは1952年（休暇小屋完成の年）までサント・ボーム計画を行っていたことを考え合わせえると、マグダラのマリアの洞窟を彷彿とさせ、妄想は尽きない。

胎内空間の闇と光

穿たれた壁の厚みが光の質を決める

窓をすべて閉め切ると、胎内空間を思わせる闇が生まれる。そして、極限までコントロールされたわずかな光が建具の隙間から漏れてくる。壁が厚くなると開口部に奥行きができる。光の質に変化が生じる。つまり、このことは窓は開口（見付）面積だけでなく、抱き（奥行き）が大切であることを示唆している。700㎜角の正方形窓に付属する折れ戸に戸当たりがないことで、光がストレートに室内に漏れて効果を増している。
ただ明るいだけではない光。マリア信仰のための聖なる空間である「ロンシャンの礼拝堂」の光を彷彿とさせる光を、コルビュジエはロンシャンに先立つこと3年前に獲得していたことになる。
光は古来より万物を浄化するものとされ、さまざまな瞑想にも用いられてきたことを思うと、コルビュジエがこの闇の中で光を見つめながら内省を重ね、深く思索する時間を過ごしていたことは想像に難くない。

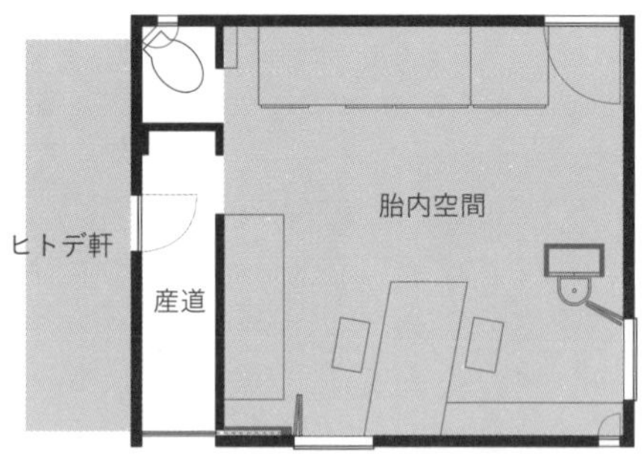

産道としての前室

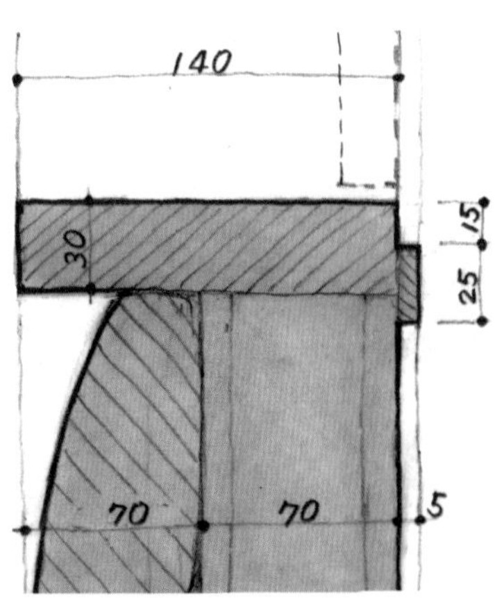

窓の抱きが光の質を変える

休暇小屋が完成した3年後の1955年に竣工したロンシャンの礼拝堂内部

胎内空間を感じる闇の中に光の筋が漏れる

灯りの重心・照らされる空間

抑制された灯りのかたち

「癒しの灯り」である橙色の光を浴びると、眠りを誘発するホルモンであるメラトニンが出て熟睡につながるという。人類は灯りの源である「火」で暖をとり、煮炊きをし、野獣から身を守り、時には合図や祭の象徴として用いてきた。照明による癒し効果は、灯りの原点が焚き火であったことに思いを馳せれば、「灯りの重心」を下げてこそ、より効果が得られることが容易に理解できる。ベッド脇の照明器具は、低い位置に設置して抑制された癒しの光を放つ。

照明器具のデザインは、器具から発した光によって照らされた壁や床、あるいは天井に映る「光のかたち」を意識している。コルビュジエは抑制されたグレア（眩しさ）のない間接照明を実現するため、傘の回転で調光可能なブラケット照明を考案している。

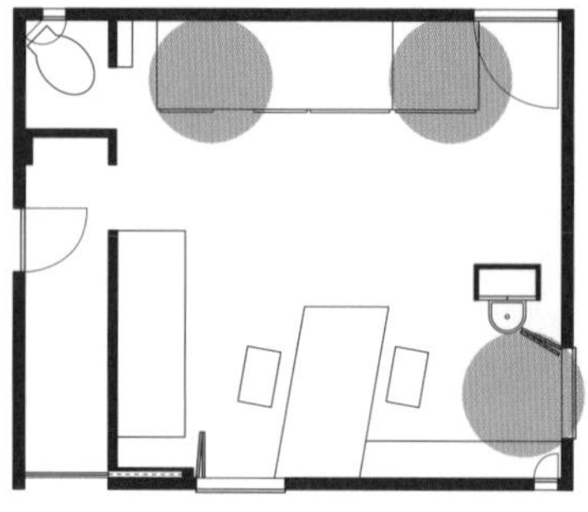

夜の照明は3カ所。光の重心を下げている

回転する傘をニュートラルにしたときのアンダーアッパーの灯り

下方を照らす灯りのかたち

上に向けて光を放つブラケット照明

癒しの灯りに満たされた休暇小屋内部

壁と天井の目地 ― たかが目地、されど目地 ―

面を強調する壁の押目地

休暇小屋は工業化を前提とした実験住宅としても考えられている。乾式工法により規格サイズの合板を内装の壁と天井に用い、工期短縮を図る。そのためパネルの割付けと目地の処理は重要である。目地の形状、種別、寸法は、その空間を決定づける。コルビュジエは壁と天井の目地タイプを相反する押目地と透かし目地としている。壁の太めの押目地は、木地そのままの壁に克明な影を落として空間を引き締めるためであり、一方、全面塗装された天井の幅広の透かし目地は、影をその目地の中に落として区画独立した色を互いに干渉することなく鮮やかに見せるためである。コルビュジエは小屋が完成した際、目地の割付けが気に入らず、工事のやり直しを命じたと伝えられている。木地中心の壁は目地が主役であり、色が主役の天井は目地が脇役を演じる。それぞれを活かすためにふさわしい目地が選ばれている。

居室空間に入り、否応なしに飛び込んでくる正面の壁のジョイント部は、見付幅の広い「押目地」で処理されている。縦長窓から射し込んだ光によって壁面がなめるように照らされるとき、この押目地を際立たせて明確な陰影をつくる。

床から1mの水平の押目地は腰壁をつくり、空間を広く見せている。このように意味をもつ目地であるが、取り付けは無造作でこだわりがない。天井の透かし目地の底目地部は場所だけに目立たないが、壁の押目地は脳天打ちで固定され釘の頭が見える。取り付けについては、「たかが目地」、しかしその意匠性、かたちについては「されど目地」ということになろうか。

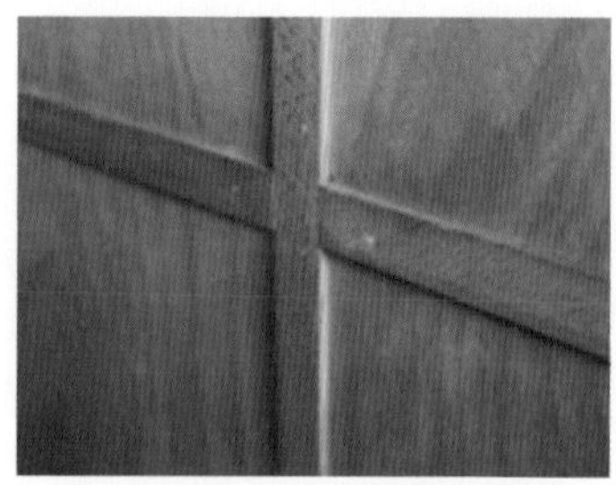

壁の押目地。釘の頭が見える

天井の透かし目地。縁辺対比（えんぺんたいひ※）をなくすため太い目地幅を確保

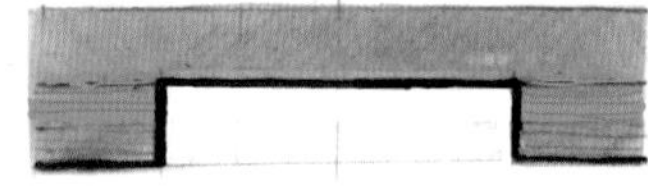

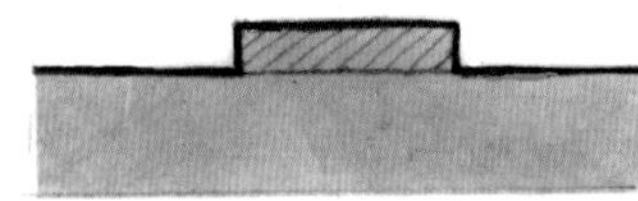

透かし目地（天井）と押目地（壁）

※縁辺対比とは、色と色とを隣接して配置したときに表れる対比現象のことで、境界付近は実際よりも差異が強調されて見える

縦長の窓から射す光のウォールウォッシャー効果で押目地があたかも十字架のように浮き上がる

色の干渉を避け自立を高める

色独自の個性を生かすには配色の際の相性、調和が大切である。現在多く用いられている「カラーキイプログラム」理論に、すべての色を「青み」と「黄み」のアンダートーンに分け、それぞれのトーンに統一することを旨とする、1928年にアメリカで発見された色彩理論がある。ここではコルビュジエも知っていたであろうこの色彩術には言及せず、建築化された色と目地の扱いに対して触れることとする。

パネルを着色する場合、色の独立性や補色対比（隣り合う色が補色関係にあるとき、彩度が高く見える現象）に配慮する必要がある。

分割を生むモンドリアン的フレームあるいはステンドグラスの枠は、フレームに納まる色をきれいに見せる効果がある。休暇小屋でも特に補色対比を美しく見せるため、互いが接して干渉しないように目地幅が決定されている。

天井の目地形状には、塗色部に影を落とさない「底目地」で、天井の目地幅は水平に近い視線であっても隣り合う色同士が接しない太めの寸法になっている。トイレの壁についても同様で、緑色の壁と手前の赤いカーテンと縁を切るため同様の処理をしている。

なお、折上げ天井部分は突付けとして他との区別化を図っている。天井の目地と壁の目地は揃えることなくそれぞれの理由にもとづいているが、この複合されたレイヤにより狭小空間に動きと変化をもたらしているともいえる。

天井の場合と同様に、入隅から入隅まで塗りがちなトイレの壁をあえて一部塗り残して、赤いカーテンとの補色を美しく見せる

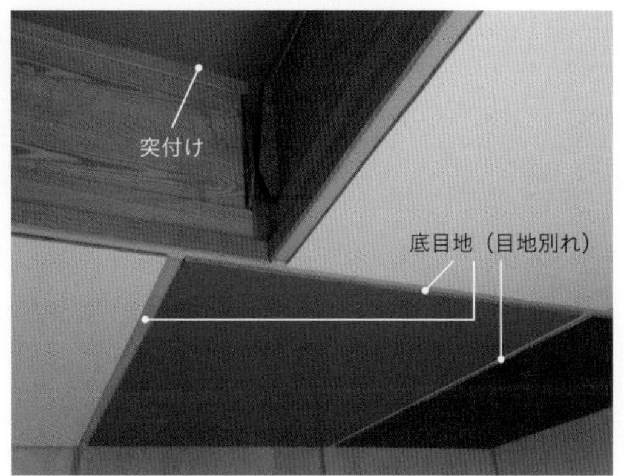

突付け
底目地（目地別れ）
天井の目地の種類

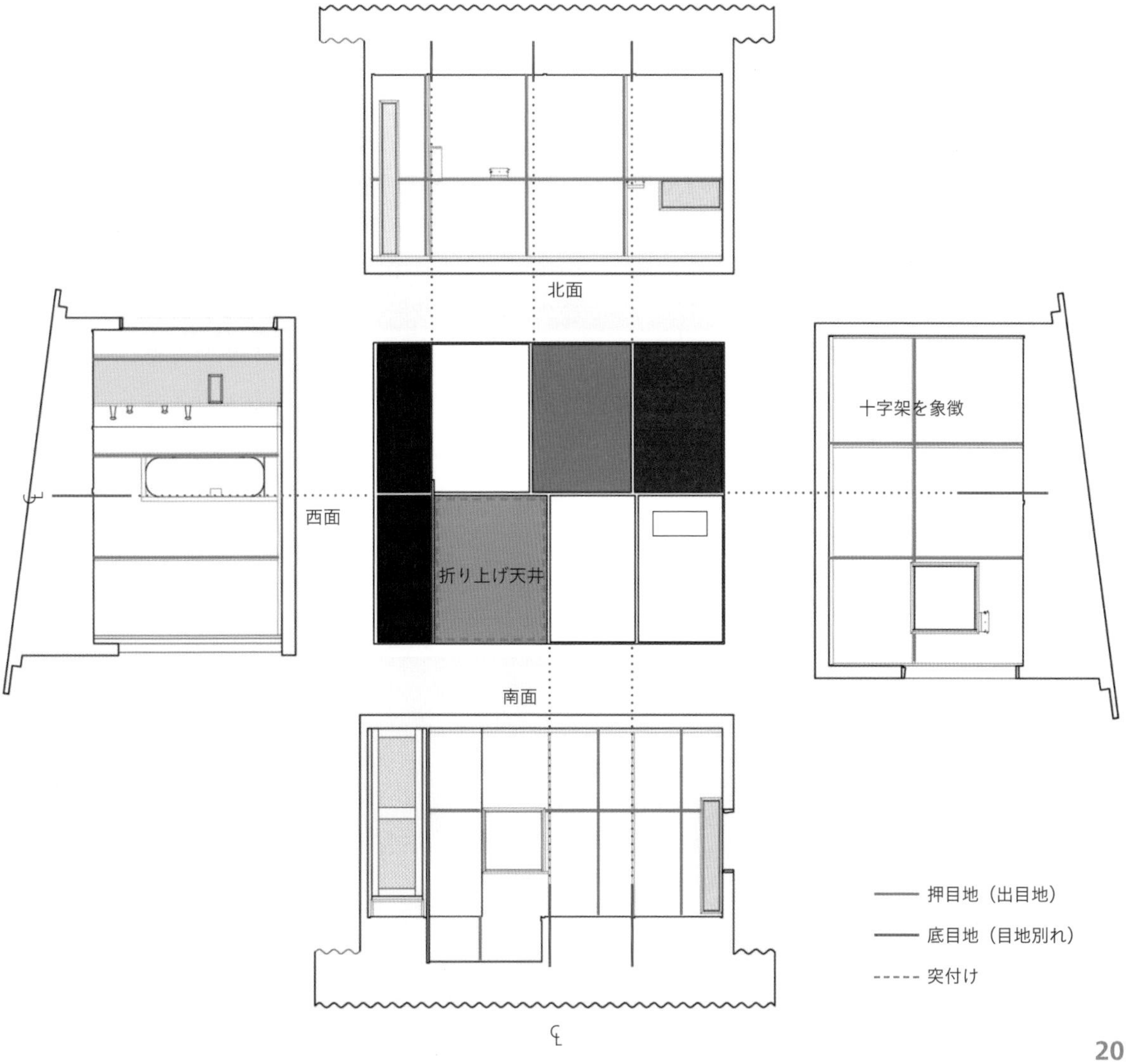

北面
西面
十字架を象徴
折り上げ天井
南面
押目地（出目地）
底目地（目地別れ）
突付け

穿たれた窓

室内の明るさ感は窓の大きさに比例

休暇小屋の開口部の面積を算出してみると、地中海に面した南側に縦長（1.30×0.18m＝0.23㎡）＋正方形（0.7×0.7＝0.49㎡）で計0.72㎡、残りの2面は反時計回りに、正方形（0.7×0.7=0.49㎡）、横長（0.3×0.7=0.21㎡）、縦長（1.83×0.15＝0.27㎡）で計0.97㎡なので、合計してもわずか1.69㎡である。床面積が3.6×（3.6＋0.7）＝15.48㎡であるから、開口部の床面積比は1/16を下回る。日本では居室の開口部の有効面積は1/7以上とされており、光を極限まで絞り込んだ暗さである。

英語のwindowの語源はwind（風）＋ow（眼）であり、閉じた暗闇空間に設けるものが開口部である。休暇小屋の窓は、まさに人類の原初の住まいである洞穴や分厚い組積造の壁に穿たれた穴を想起させる。

仮説としての窓

事実は認識されて初めて事実となる。認識されなければ、事実はないのと同じである。英語のFACTはFACTIVEを派生語にもつ。FACTIVEには「孕む」という意味があり、事実は初めから存在するものではなく、つくり出すものであることを示唆している。

1つの事象に豊かで多角的な判断を加えるためには、より多くの仮説を用意する必要がある。窓はときに「仮説」としての機能をもつ。窓という枠を通して見る世界、さまざまに変化する自然から受ける感化影響は計り知れない。窓を通して切り取られた風景は、記憶をより鮮明にする。

コルビュジエはその窓にさらに鏡を付加して折れ戸とし、角度を変えて鏡に映る外の景色を楽しんでいたという。虚像と実像の風景がコラージュされたシュールで非現実的な世界は、彼の絵画にもつながる新たな創造の世界をつくるよすがとなる。

『孔は明るくしたり、暗くしたりして、快活にしたり悲しくしたりする』
——ル・コルビュジエ

対を成す床と窓

南面する700㎜角の小さな開口を通った南仏の陽光を、床は受け止めて反射する。一方で、縦長に穿たれた窓の隙間からは一条の光が壁をなめるように射し込む。「光の当たる壁をつくるということは内部の建築的な要素を構成することだ」とコルビュジエは主張する。縦長窓は、通風・換気以上に採光のための大切なスリットである。

小さな窓から射し込む光の効果は絶大である

縦長スリット窓からの光

モデュロールというヒューマンスケール

人間らしい空間を生む寸法体系

モデュロール（Modulor）は、フランス語で寸法を意味するモデュール（module）と黄金比（section d'or）を組み合わせた造語で、コルビュジエが考案した建築の基準寸法システムである。赤系・青系という2つの系からなり、人体から割り出したそれぞれの基準値をフィボナッチ数列を用いて増やしていくと1つの寸法体系を構築し、家具のデザインから都市計画に至るまで適用し得る壮大な寸法体系である。コルビュジエはモデュロールのスタディ段階でアインシュタインに相談すると「これは悪を制し、善をすすめる一連の寸法である」「正確に命中する兵器だ」と激励の手紙を受け取ったという（※1・2）。

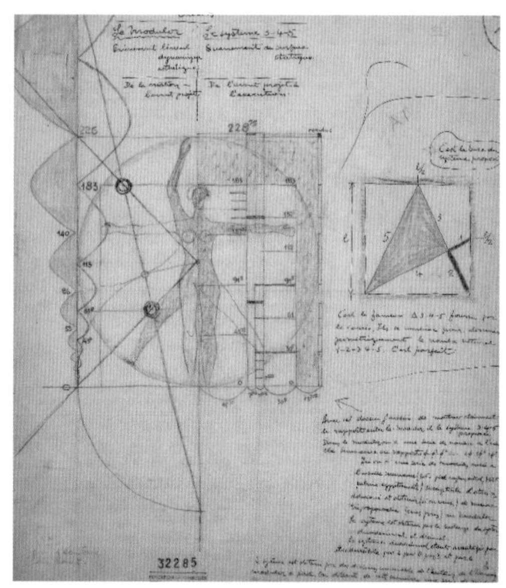

「黄金比＋尺度」でコルビュジエが創作した設計基準尺「モデュロール」 ©F.L.C./ ADAGP, Paris & JASPAR, Tokyo, 2023 E5027

モデュロールを世界に普及させ、インチ法とメートル法のどちらにも互換性があるようにするためには、フランス人の平均身長である175㎝では端数が出て不便だった。そこで、コルビュジエは基準となる人間の身長として、イギリス人の立派な身長とされる6フィート＝1,828.8㎜（約1,830㎜）を採用した。

一般的に建築空間に秩序を与える作法の1つにモデュール（建築を構成する基準寸法）を想定する方法がある。わが国では古くは「木割」があり、「尺貫法」から「一間」という単位を使って建築が構成される。畳1枚がほぼ大人1人の大きさなので、その枚数で部屋の大小が即座に理解できる。「立って半畳、寝て一畳」と動作空間の把握にも便利である。一方、西洋の寸法体系であるヤードは人間の手足を基準としながらも、畳のように直感的に物理的面積を把握できるものではない。メートル法も、地球を等分しただけのアンチヒューマンな単位である。

華美で余計な装飾を排除したシンプルなスタイルのモダニズムが工業化と結びつき推進することで、かつて一部の王侯貴族や権力者など特権階級だけの豪奢な空間であった建築とは別の新しい空間を、一般の市民が手に入れることができる。多くの市民が享受できるモダニズム建築をもたらすために、工業化は自然な流れであった。しかし、そのことで非人間的な空間になるのであれば、改めて対抗する手段を考える必要がある。モデュロールは、ヒューマンスケールで人間のための建築を構築するために考案された寸法体系であった。

亡くなる1カ月前に書かれたコルビュジエ

の文面）には、次のような言葉がある。「家庭に神聖感を導き入れなければならない。家庭を家族の神殿にしよう。…住宅の1㎤の空間が、万金に値するもの…このような価値観、このような住居観をもってすれば、人は今日一昔建てられた大伽藍外に一家族というもののもつスケールに合った神殿をつくりだすことができるであろう」（※2）。

彼はモダニストを標榜しながら、古代にも目を凝らし、西洋の美の規準といえる黄金比と人体に着目した。コルビュジエを執拗なまでにモデュロールへと向かわしめたものは、人間のための空間創出への希求であり、時代は自分たちが推し進めてきた道に向かっていないと感じていたことに対する反省と警鐘だったのではないだろうか。

モデュロールは目安

第2回CIAMのテーマであった「最小限住宅」からの長い道程を経て、休暇小屋はモデュロールによる最小単位空間の実践でもあった。ものをかたちづくるときに美しくなる寸法を与えてくれる道具として役立てようとしたモデュロールだが、コルビュジエ自身は最終的には自分の目で見て満足できないときはこれに固執することはなかった。モダニズム建築を推し進めながらも、最後は自分の目を信じて自らがブレーキを踏んで軌道修正した。

マルセイユの低所得者層のための18階建て337戸の集合住宅〈ユニテ・ダビタシオン〉。着手時期は異なるが休暇小屋と同じ1952年に完成し、「モデュロール」でつくられている点で共通する

〈ユニテ・ダビタシオン〉の壁面に記された「モデュロール」のレリーフ。モデュロールで構成された最小単位の各住戸をつなげていけば、巨大建築であってもヒューマンな建築となることを期待している

※1『現代建築の巨匠』（P・ブレイク著／彰国社 1967年）P147
※2「建築」1966年12月号 P58

建築と絵画の統合 — 外向きの壁画・内向きの扉絵 —

絵画と場所の関係

持ち運びできるタブローとしての絵画の歴史は浅く、額に入れて自由に掛け換えることができるようになったのは16世紀以降といわれている。かつて絵画は、土地や建築と分かちがたく存在していた。絵画の起源は洞窟や埋葬された墓石にあり、ラスコーやアルタミラの洞窟壁画は、狩猟採集時代のマーキングやその土地の歴史的記憶の継承の手立てとしての意味をもっていたと考えられる。つまり、絵画の原点は建築と同様、場所に根ざし依拠したものである。

全体を把握できない壁画

洞窟とでもいうべき胎内的な意味をもつ休暇小屋で、プライバシーの高い居室への導入路は食堂「ヒトデ軒」と居室の間の緩衝空間でもある。このセミパブリックスペースに描かれた壁画は、食堂に通ずる扉を隠すためのカモフラージュの役目を果たしている。狭さゆえに絵画の全貌を真正面から鑑賞することができないが、概ね中心を意識した三角形構図をさらに上下に分割した構図になっている。

自画像が描かれ自己主張する壁画

ピカソは晩年「私はやっと子供のような絵が描けるようになった」と語ったという。壁画は上下に2分され、上部が地上、下部が地下を表す。三角形の中心に自分自身であるカラス（コルビュジエという名はCorbu［コルビュ：カラスの意］からとられた）と牡牛が描かれている。社会へ向けた彼のメッセージが託され、下部は内に向けて内省的で見えない部分、内面的な葛藤が表現されているととれる。
コルビュジエは壁画に描いたのと同じモチーフを、心中を吐露するように絵画や彫刻で数多く残している。1963年に制作された絵画「牡牛」および彫刻作品「海」は、「二つの相反する世界」を表すとされる。強さ・たくましさ・男性性の象徴としての「牡牛」を、鼻腔と2つの角に認めることができる。
なお、壁画には1952年の竣工した年のサインに「×」印が残され、改めて1956年7月のサインが描かれている。小屋完成時の絵に加筆あるいは新たに描き改めたものと思われる。

壁画は画面を上下に分けた、
最も基本的な三角形構図

扉絵はマリア像か

居室では、二つの窓の扉に絵画が描かれている。これらのモチーフは壁画から一転して、女性・母性となる。居室が胎内空間であるとすれば、このことに不思議はない。壁画が外に向けたメッセージであるとすると、居室内の扉絵はイコンに相対するように内に向けられた、女性に対するオマージュとも考えられる。

さらに、休暇小屋の3年後に完成する、マリア信仰のための聖なる空間である「ロンシャンの礼拝堂」をここで構想していたことは十分に考えられる。居室に入るときに正面になる西面の壁の押目地は十字架であり、女性像は聖母マリアにも見えてくる。

鏡を含んで1枚の絵に

折れ戸の片方に扉絵が描かれており、片方には鏡が張られている。鏡は絵の半分を構成する大切な要素として風景を映し、ときには我が身を映し出す。絵と鏡の外側には、押縁が額縁のように設けられている。ここで注目すべきは、鏡の周囲にまで絵が描かれている点である。鏡と絵は面一になっておらず、鏡の厚み分が絵画の面より飛び出している。初めから鏡を含めて一つの絵画として想定されていたのか、あるいは鏡は絵の上に後から設えたため周囲の縁だけが残されたということも考えられる。

いずれにしても折戸を閉めたときには、絵の中から光が漏れてくることに変わりはない。単なる鎧戸としての建具の機能を逸脱し、額縁のなかで虚と実、動と静の世界がつくられている。

内省を促す2枚の鏡

日常は、洗面器脇の鏡であったり、あるいは、内外の風景を映し出す鏡だが、ひとたび戸を閉ざすと、自分を見つめる「内省する鏡」に変貌する。朝に日が昇れば、南仏の陽光がわずかに漏れ、夕に暮れれば、灯りのなかの閉じられた空間に扉絵と自分自身が浮かび上がる。

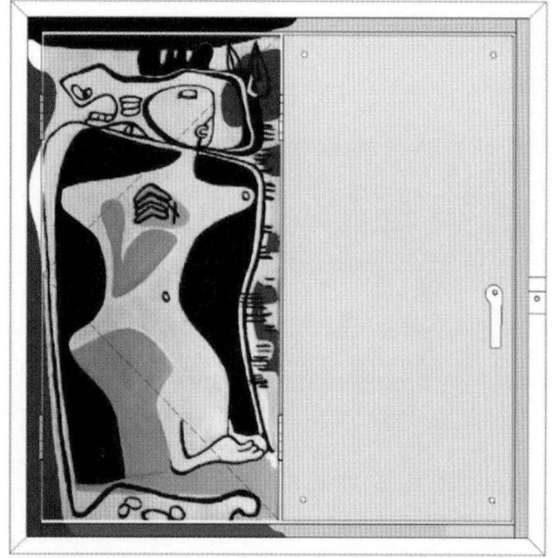

南面の折れ戸（上）と東面の折れ戸（下）。それぞれに女性をモチーフとした扉絵が折れ戸の片側に描かれ、もう一方の戸には鏡が張られている

合理性の近傍にある美

知的に構築、感性で飛躍

「真の美は、合理性の近傍にある」という。機能や合理の追求の末に出た答えが最終形ではなく、最後にひと手間を加えることで真の美が生まれることを意味する。これを広義に捉えると、理詰めでつくられたもののなかに不合理的な意味のないものを付加したり、デフォルメすることである種のきらめきが出ると解釈することもできる。

五感について思うことは、私たちは、概ね視覚と聴覚で外界の情報を受け取る。「視」が80％で、「聴」を加えると「視聴」の占める割合は圧倒的優位にあり、残りの嗅覚、触覚、味覚は極端に少ない。しかし、人間同士の信頼関係はこの「嗅、触、味」の上に築かれるともいわれる。だから、容姿や甘い囁きに騙されやすく、共食やスポーツで信頼関係が築かれやすい。五感は「距離」とも関連し、遠い順に「視、聴、嗅、触、味」となり、興味深い。感染症の多くは口から入るがこれも密接距離（※）に関係する。さらに、日本人の言葉の表現には「味をみる」、「香をきく」などがあり五感が複雑に交錯し、世界を多角的に解釈しようとする心がある。

余談だが、建築家村野藤吾の現場での色決めでのエピソードがある。あれこれ試行錯誤するペンキ職人とのやりとりの中で最後に村野は調合した塗料を口に入れて決定したという。色を見たのではなく、人を見て信頼関係を築くためのパフォーマンスもあるかもしれないが、恐らく触手より舌のほうがより敏感に感じられる有効な作法だったのだろう。

すべてを理屈でつくっていくことの限界を感じたであろうコルビュジエは、この小さな休暇小屋でさまざまな試みを行っている。例えば、光と陰影（202頁）、装飾性（机の脚の形状［92頁］や壁画［210頁］）、開口部（小窓［206頁］、窓の抱き［198頁］、鏡［76頁］）などである。

機械文明の価値観は、過剰な装飾を嫌う教義とも呼応するが、広い意味での装飾をコルビュジエは否定してはいない。機能主義は、装飾全否定の機能主義とは異なる。機能主義と合理主義とも同じではない。

機能は重視しつつも、合理的であること。理性を優先し知的に構築したその先に、感性をもってジャンプする余地がある。そこにコルビュジエの得も言われぬ不思議な魅力がある。

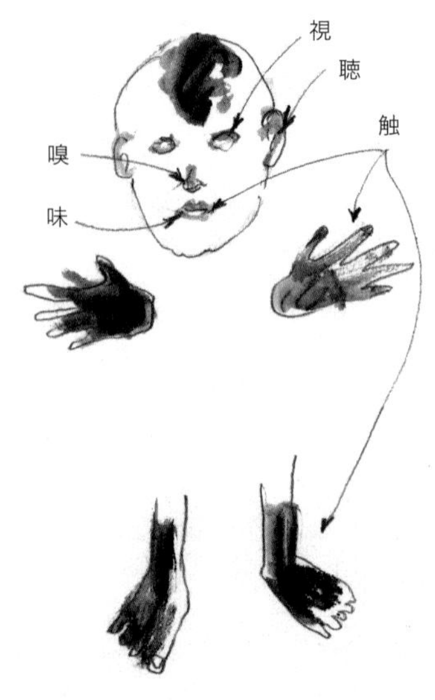

五感の器官はすべて顔にある

※『かくれた次元』（エドワード・ホール著）のプロクセミックスの知覚における遠距離と近接距離の相互作用から引用。

『すべてを理性的に考えることは、世界を凍りつかせる』
——ル・コルビュジエ

「建物の柱は女性の腿の曲線美のようでなければならない」という言葉を想起させる机の脚。すべてを「用即美」だけで捉えることはできない

コスモスとカオスの二元対比

西洋の二元論と東洋の一元（全体）論

建築は一定の秩序（コスモス）を求める。その多くを合理性と機能性が占め、分析的で個別的であるので理解しやすい世界である。一方、世界は放っておくと無秩序な状態、つまり混沌とした状態（カオス）に近づく。カオスの世界は連続的で全体的に見ると複雑で不規則な予測不可能であり、矛盾に満ちている。この両極にある二つの世界は理論上は想定できるが、実際、両者の境界は時代や地域の伝統や習慣などで変化し、定かでない。

西洋近代主義は、二元論で人間が自然をコントロールするという考えが主流であるのに対し、東洋では人間と自然の関係を分けないで一体と見る一元（全体）論の傾向が強い。デカルトの精神と物質の二元論や機械論的自然観に影響を受けたとされるカルテジアン（※）としてのコルビュジエが東洋思想に興味を示していたとしても不思議はない。太極図に示された陰陽は必ずしも対立するものではなく、一元化することはないが併立・調和すべきものとして描かれる。

前川國男は「虚の空間、ヴォイドの部分が美しいか美しくないかって騒ぐわけだけども、そこに、言ってみれば虚実皮膜の間に建築にとって大事な問題が隠されているんじゃないか」と語り、篠原一男は「（コルビュジエの）最大の関心事は“虚”と“実”とで空間をつくること」と推論する。

コルビュジエにとって休暇小屋は不易流行を念頭に置きながら、独自の弁証法で、例えば、空間の物理的広さと精神的広がり、チープな材料とリッチな空間、小さな窓に明るい室内…など思考を重ね、対比的な二項対立を超えるべき試行を重ねるのにふさわしい場所だった。

陰陽太極図

中国を中心に発達した陰陽思想を図にしたもの。陰陽思想とは世界を陰と陽の二つの要素から成立すると考えるが、その二つはそれぞれ自立しながら相互依存して、必ずしも対立することを意味せず、むしろ調和すべきものとして捉える。そして一元化することはないとする考え方

※カルテジアンとは、近代科学の父と呼ばれるデカルトのラテン名（カルテシウス）にちなんでデカルト学派、デカルト主義者のことをいう

アポロとメデューサ

ギリシャ神話の登場する神アポロと怪物メデューサをコルビュジエが描いた1945年のスケッチ。ニーチェが「悲劇の誕生」で定式化した芸術上の世界観・精神では「アポロ的なものとデュオニュソス的なもの」との争いが、ギリシャ悲劇を生んだとする。アポロは理性の太陽神として形式・秩序への衝動、メデューサは型として扱われ、陶酔的・創造的衝動を意味する。

コルビュジエ自身の二重肖像という見方（『ル・コルビュジエ』C.ジェンクス）もあろうが、描かれた1945年は第二次世界大戦の終結した年であり、「人間の愚かさ」と「平和への希求」がこめられ、1937年に「ゲルニカ」を描き親交のあったピカソに重なるように思える

『景色を望むには、むしろそれを限定しなければならない』
——ル・コルビュジエ

「小さな家」との共通点

敷地と一体化した胎内空間から景色を望む

コルビュジエが両親のために設計した「レマン湖畔の小さな家」は、1924年に竣工した。写真やスケッチでこの家の説明をして書籍化したのは30年後の1954年であり、「カップ・マルタンの休暇小屋」完成の2年後のことである。改めて「小さな家」を見ると、休暇小屋と数多くの共通点が見て取れる。

まず、本の表紙となっているスケッチは、この家の特徴を如実に表している。「手袋に手を入れる」ように敷地は建物にフィットし、塀（太い線）に囲まれた内側の外部空間も胎内として扱われているように見える。

南のレマン湖側に視界を開きながらも、プライバシーは守られている。コルビュジエはあるとき前川國男に「自分にはプロテクトされている感じがいい」と一所懸命に説明したことがあるという（※1）。11mにおよぶ横長の連続窓で切り取られる景色や「囲われた庭」からの眺望も、閉じた世界の中から発想されたことを示している（※2）。

コルビュジエのいわゆる「白の時代」に属すとされる「小さな家」だが、その底流にあるテーマは休暇小屋を設計したころも変わることなく持ち続けていたことが分かる。

フレーミングされた庭からレマン湖を見る

増築した小部屋に設けられた横長窓

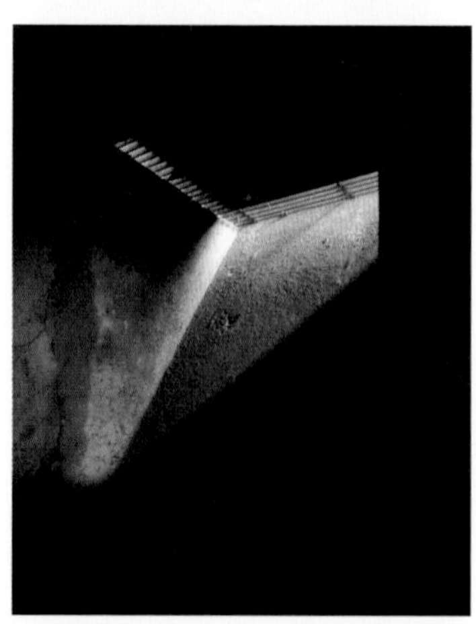

地下への明かり取り

※1『一建築家の信條』（前川國男著、晶文社刊）95頁
※2『ル・コルビュジエ全作品ガイドブック』（Debeorah Gans著・加藤道夫監訳、丸善刊）124頁

コルビュジエの弟子の言葉

1929年第2回CIAM（近代建築国際会議）のテーマは、「最小限住宅」だった。当時それを手伝っていた前川國男は後に、コルビュジエが「これだけで完結せず、これが核になっていろんな展開が住宅としてではなく、建築の空間としてバリエーションをつくり出せるようにするためのものでなくてはならない」と述懐している。すでにこの頃からカップ・マルタンの休暇小屋につながる要因があった。

前川國男

▼アトリエ在籍期間
1928〜1930年（23〜25歳）
▼関わったプロジェクト
最小限住宅

坂倉準三

▼アトリエ在籍期間
1931年〜（1936年一時帰国）〜1939年
（30〜38歳、所員としては35歳まで）
▼関わったプロジェクト
ソヴィエトパレス、ナンジェセール・エ・コリ通りの集合住宅、アルジェ・デユラン地区計画、ストックホルム都市計画、救世軍本部、シュヴァイツ・レンタンシュタット、アルジェ都市計画

「家は住むための機械」というコルビュジエの一文を、単なる機能主義宣言とみなすことに坂倉順三は強く抗議している。
「コルビュジエは人間の生活を常に考えていた。1日24時間の人間的営み（住む、働く、心身を育成すること）のエネルギーの基は住まいと大いに関係していて、彼の都市計画の主体をなすのはやはり住宅の計画であり、人間に対する深い愛情だった」と主張する。

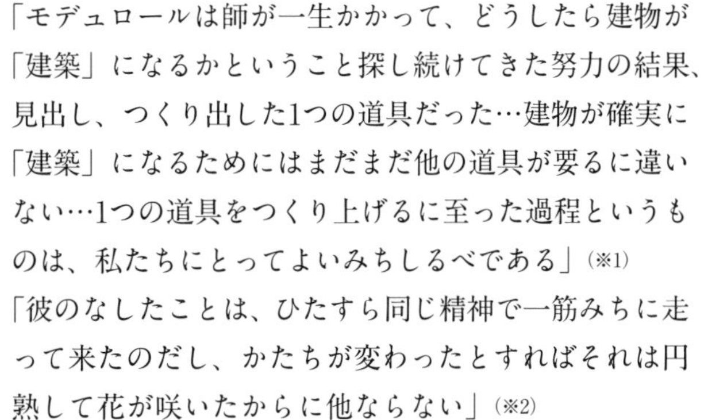

「モデュロールは師が一生かかって、どうしたら建物が「建築」になるかということ探し続けてきた努力の結果、見出し、つくり出した1つの道具だった…建物が確実に「建築」になるためにはまだまだ他の道具が要るに違いない…1つの道具をつくり上げるに至った過程というものは、私たちにとってよいみちしるべである」（※1）
「彼のなしたことは、ひたすら同じ精神で一筋みちに走って来たのだし、かたちが変わったとすればそれは円熟して花が咲いたからに他ならない」（※2）

吉阪隆正

▼アトリエ在籍期間
1950〜1952年（33〜35歳）
▼関わったプロジェクト
ユニテ・ダビタシオン、ラ・サント・ボーム平和と免罪の教会堂、カップ・マルタンのロク・ロブ計画

※1『モデュロールⅠ』ル・コルビュジエ、吉阪隆正訳、鹿島出版会、1976年 訳者の言葉
※2『建築をめざして』ル・コルビュジエ、吉阪隆正訳、鹿島出版会、1967年あとがき

コルビュジエの言葉

「20世紀は結局金のために建設したけど、
人間のためには何も建設しなかった。
…かつて中世に人々はその仕事に喜びと誇りをもっていた。
どうして万人が幸福な「家」をもつことができないのだろうか。」

『輝ける都市』ル・コルビュジエ、白石哲雄訳、河出書房新社、2016年

「私はそこで幸せな修行僧のように
生活をしている。」

――S.ギーディオンへの手紙（1954.4.15付）より
『コルビュジエー幾何学と人間の尺度ー』
建築巡礼⑫、富永讓、丸善、1989年、98頁

「この休暇小屋の住み心地は最高だ。
私は、きっとここで一生を
終えることになるだろう。」

『ル・コルビュジエ　カップ・マルタンの休暇』
ブルノ・カンプレト、TOTO出版、1997年、11頁

「君は窓をどんな風に作るか？
所で、一体窓とは何の役目を果たすものであるか？
何の為に窓はつくられるのであるか、君は本当に知っているか？
知っていたら、言って見たまえ。」

『闡明　建築及都市計画の現状に就いて』
ル・コルビュジエ、古川達雄訳、二見書房、1942年、344頁

「触れることそれはもう1つの視覚である。」

『ル・コルビュジエ建築家の講義』ル・コルビュジエ、
岸田省吾・櫻木直美訳、丸善、2006年、50頁

「家は住むための
（人間のための）機械である。」

『建築をめざして』ル・コルビュジエ、吉阪隆正訳、鹿島出版会、1967年
（日本での初出は『建築芸術へ』ル・コルビュジエ、宮崎謙三訳、構成社書房、1929年）

「オベリスクが1本、それは何も意味しない。
オベリスクが2本…それは建築である。」

『ル・コルビュジエ全作品ガイドブック』
デボラ・ガンズ、加藤道夫監訳、丸善、2008年、91頁

「家は生活の宝箱でなくてはならない」
映画「人生フルーツ」

「内から初めて徐々に外へ動くのが
自然の法則であり建築の法則である。」
『ル・コルビュジエ建築家の講義』ル・コルビュジエ、
岸田省吾・櫻木直美訳、丸善、2006年、24頁

「かくして単純とは貧困のことではなく、それは選択であり、
識別であり、純粋そのものを目的とする品化作用なのであります。
単純とは精選なのであります。」
『闡明　建築及都市計画の現状に就いて』
ル・コルビュジエ、古川達雄訳、二見書房、1942年、135頁

「私の芸術創造の鍵は、実は1918年に始められ、
それ以来毎日描き続けられた絵画作品にある…。
私の探求と知的な活動を密かに支えてきたのは、
滞ることなく続けてきた絵を描く行為である。」
『ル・コルビュジェ ラ・トゥーレット修道院』セルシオ・フェロ他、TOTO出版、1997年、75頁

「《家庭（foyer）に神聖感を導き入れなければならない。
家庭を家族の神殿にしよう》
この時以後、全てのものが
今までと異なった様相を帯びて見えるようになった。
住居の1立法センチの空間が
万金に値するもの、可能な幸福の姿を象徴するものに
思えてきたのである。」
「思想のほかに伝え得るものはない」『建築』1972年5月号

「たとえ素材は質素であろうが粗末であろうが、
あるいはディオゲネスが指示するような
簡素な計画であろうがまったく質に欠けることなく、
私は建築家としての生涯を通して
家は宮殿であるという確信に動かされてきたのだ。」
『ル・コルビュジエ建築家の講義』ル・コルビュジエ、
岸田省吾・櫻木直美訳、丸善、2006年、57頁

CHAPTER 6 資料編
折り紙建築ほか

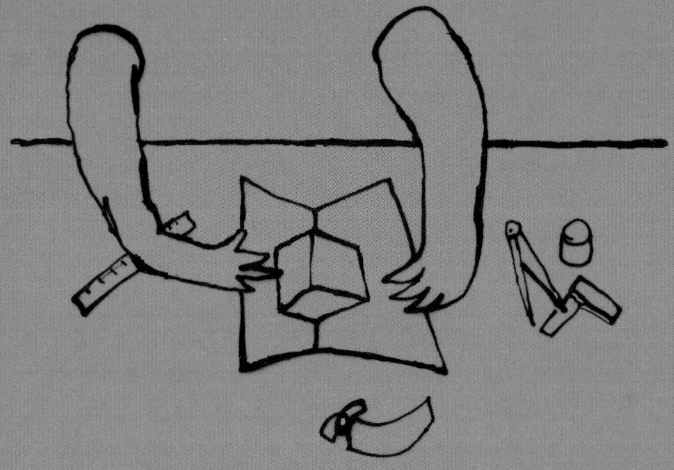

カップ・マルタン実測調査と視察

2011年2～3月　フランス調査旅程（教員6名　学生10名　計16名）

No.	月/日	スケジュール	宿泊先
①	2/23	・出発の 30 時間前からインターネットでチェックイン可能	
		20:00　成田空港 AF カウンター集合 21:55　東京（成田）発 AF277 →	
②	2/24	04:30　パリ（シャルル・ド・ゴール）着 【朝食】空港 07:25　パリ（シャルル・ド・ゴール）発 AF7700 → 08:55　ニース着 タクシーでホテルへ（荷物を置く） 旧市街見学 【昼食】ニース	ニース① Grand Hotel Le Florence 3 rue Paul Déroulède 06000 Nice https://www.hotel-florence-nice.com
		ニース→列車 30 分→ロク・ブリュヌ・カップ・マルタン駅 現場確認＋コルビュジエの墓見学 ロク・ブリュヌ・カップ・マルタン駅→列車 30 分→ニース 【夕食】ニース	
③	2/25	【朝食】ホテル ニース→ロク・ブリュヌ・カップ・マルタン駅 9:45 に駅パーキング前集合 カップ・マルタン内部見学ツアー（€ 5 ／人） ＋調査時間：約 1 時間 30 分	ル・トロネ① Logis Hotel Hostellerie De L'abbaye 1 Place des Epoux Laurant, 79370 Celles-sur-Belle https://hostellerie-de-abbaye.fr
		【昼食】カップ・マルタン コルビュジエの墓見学 列車にてロク・ブリュヌ・カップ・マルタン駅→ニース ホテルで手荷物ピックアップ ニース→ Les Arcs Draguignan →タクシー 18km →ホテル 【夕食】ホテル	
④	2/26	【朝食】ホテル ホテル→徒歩 2 分→ル・トロネ修道院見学 ル・トロネ修道院→ホテル 【昼食】ホテル	マルセイユ① Unite d'Habitation Hotel Le Corbusier 280 Boulevard Michelet, 13008 Marseille https://www.hotellecorbusier.com
		ホテル→タクシー 18km Les Arcs Draguignan →列車 1.5 時間→マルセイユ マルセイユ→タクシー→ユニテ・ダビタシオン 【夕食】ユニテ	
⑤	2/27	【朝食】ユニテ ユニテ見学 【昼食】ユニテ	パリ① Hotel Choiseul Opera 1, rue Daunou - 75002 Paris https://www.hotelchoiseuloperaparis.com/
		ユニテ→タクシー→空港 16:00 マルセイユ AF7667 →パリ CDG17:30 ホテルチェックイン 【夕食】ホテル	
⑥	2/28	自由行動	パリ②
		自由行動	
⑦	3/1	自由行動	
		13:00　建築遺産博物館見学（ユニテ原寸模型見学） 14:00　コルビュジエ財団図書館訪問（3 名まで） 16:15　コルビュジエ財団訪問＋見学（16:30-） 18:30　ホテル発 【夕食】CDG 空港 23:20　パリ CDG 発 AF278 →	
⑧	3/2	19:10　東京（成田）着	

2011年2月から3月にかけて行ったカップ・マルタン調査の旅程。実測調査を済ませた後、ル・トロネ修道院視察、マルセイユの「ユニテ・ダビタシオン」泊、パリ市内のル・コルビュジエ財団訪問など8日間の旅であった

日本からカップ・マルタンまで

成田空港から約1万km、14時間のフライトでフランス・パリのシャルル・ド・ゴール空港に到着。さらにトランジットして約900kmを1時間半で、ニースのコート・ダジュール空港に降り立つ。ニース駅から目的とするロク・ブリュヌ・カップ・マルタン駅までは列車で30分ほどである。

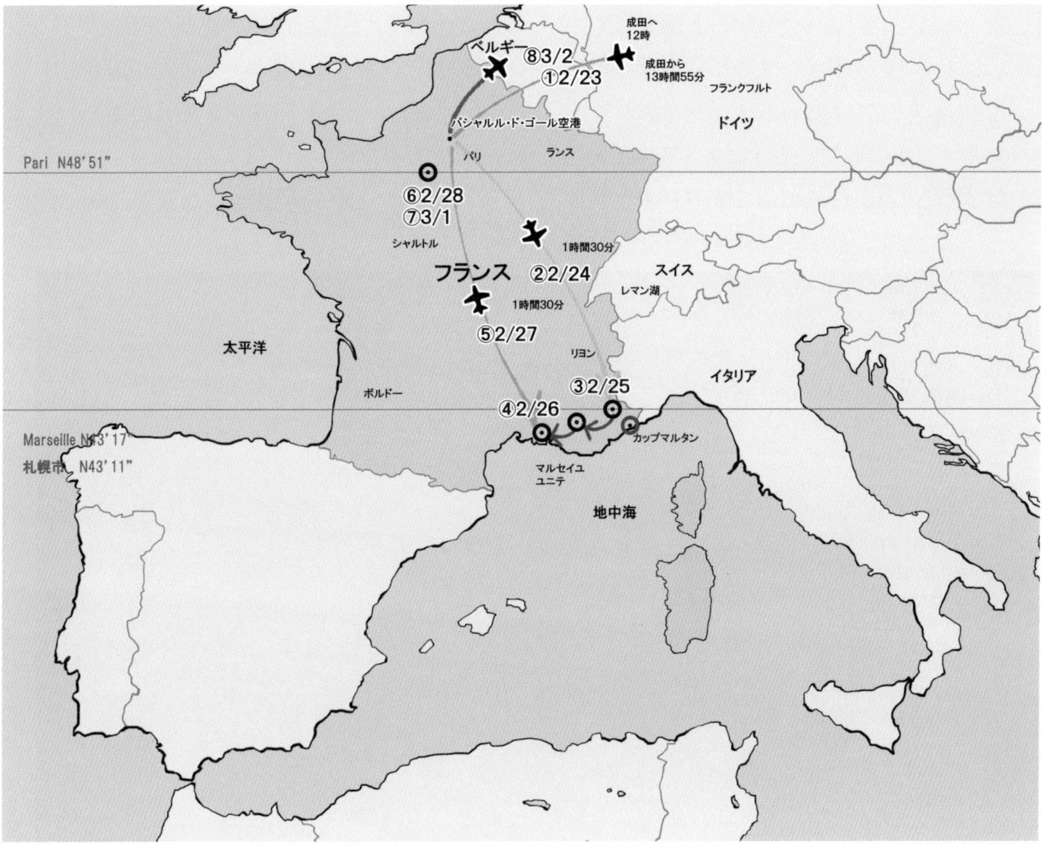

南仏は札幌と同緯度であるが、メキシコ湾流の影響で温暖な気候を構成する

「スケッチノート」と称するフィールドノート。常備し携帯するには、掌サイズのB6版が望ましい。表紙・裏表紙（左）と機内食のスケッチ（右）

カップ・マルタンへ ― 小空間を補完する周囲の環境 ―

地域の特性

カップ・マルタンは、フランスの地中海に面したコート・ダジュール（紺碧海岸の意）の東端にある風光明媚なモナコに近接する住宅地であり、リゾート地として知られている。南フランスのニースから列車で30分ほどで、ロク・ブリュヌ・カップ・マルタン駅に到着する（ロク・ブリュヌとは「褐色の岩山」のことであり、カップ・マルタンとは「カップ岬」を意味する）。夏は過ごしやすく冬は暖かい、1年を通して温暖で日照豊かなところであり、海のもつ母性と山のもつ父性が共存する。南仏はコルビュジエ自身の先祖ゆかりの地であり、この地はまた、妻イヴォンヌ・ガリの生まれ故郷であるマントンにもほど近い。

南仏、地中海沿岸の保養地は北海道（札

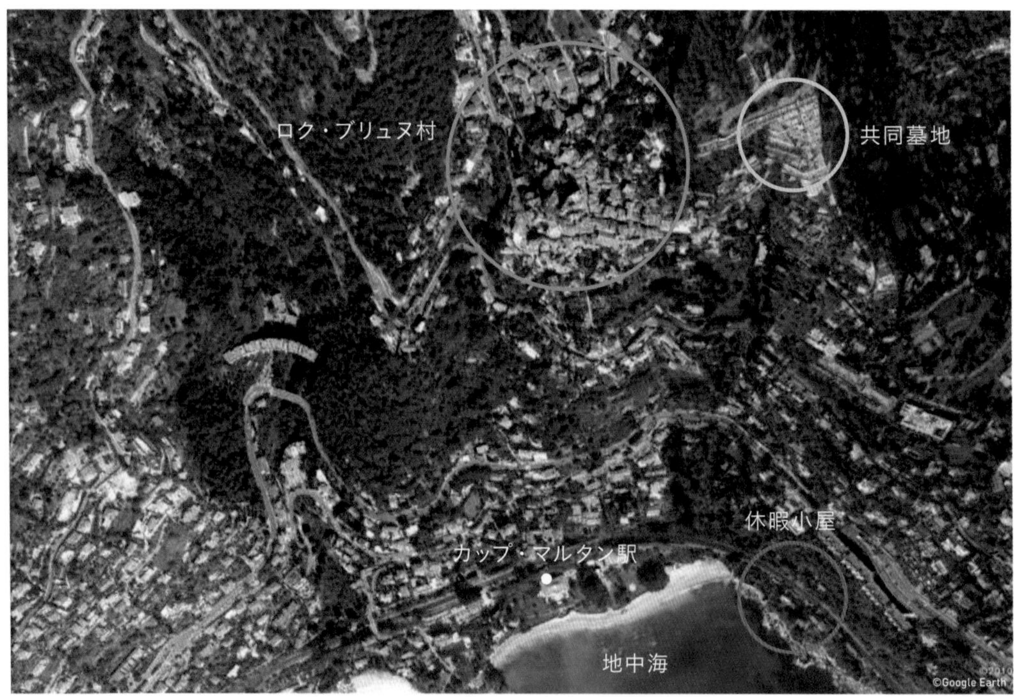

ロク・ブリュヌ・カップ・マルタン駅から東へ歩くとカベ海岸に面して休暇小屋、北へ坂を登ればロク・ブリュヌ村とコルビュジエ夫妻が眠る共同墓地がある

ロク・ブリュヌ・カップ・マルタン駅。ニースからTGVに乗り約30分で、この駅に到着する

幌）とほぼ等しい緯度。にもかかわらず、ケッペンの気候区分によると温帯に属する。冬に一定の降雨はあるが、基本的に地中海性気候の地は温暖で日照に恵まれており、リヴィエラやニースをはじめカンヌ、モナコなど風光明媚なバカンスに適した地として知られている。

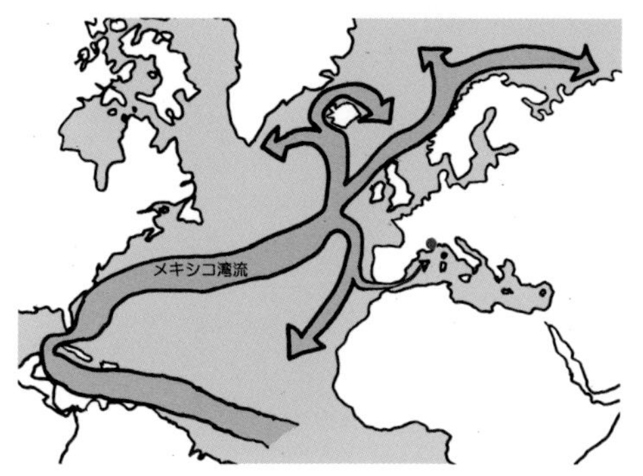

カップ・マルタン城から地中海を望む

階段を下りた先に身を隠すように佇む休暇小屋

イトスギは墓地の木であり、死を予感させる。天と地を結び、天国と関連して死の架け橋の象徴とみなされる

カップ・マルタン駅から休暇小屋へ

左／ロク・ブリュヌ・カップ・マルタン駅
右／駅の脇にあるコルビュジエ財団のアンテナオフィス。ガイドツアーの集合場所になっており、ル・コルビュジエにちなんだショップも併設する（2011年の調査時にはなかったが世界遺産登録後に開設）

ルートA：線路伝いにプロムナード・コルビュジエを通って山側から至るアプローチ

1 線路沿い（ル・コルビュジエの径）からのルート

ルートB：カベ海岸に下りて海側から至るアプローチ

1 海岸からのルート

2 駅から民家脇の階段を下り、海岸伝いに歩く

3 目指す休暇小屋は海岸からほとんど見えない

4 さらに歩を進めると上り口が見つかる。スロープに沿って行くと水飲み場に出る

5

駅から始まる螺旋状のアプローチ

ロク・ブリュヌ・カップ・マルタン駅から休暇小屋へのアプローチは、線路伝いに山側からと海岸に下りて海側から二つのルートがある。ここでは仮にA、Bとする。通常のルートAは「プロムナード・ル・コルビュジエ」と名付けられた線路伝いの小路を行く。駅から時計回りに大きく螺旋を描くようにアプローチする。歩いていくうちにやがて屋根が見え、さらに階段を下りると今度は逆向きに微妙に左へカーブし、螺旋はいったんアトリエを巻き込むように小さく反転しながら誘導される。アトリエまで降り切ると真正面に地中海が広がる。このように巧みに演出された視覚効果は、そこからさらに奥へ10数m先の小屋へと続く。小屋の手前にあるシンボリックなイナゴマメの木がアトリエと隔絶させ、結界をつくる。

ルートBは、コルビュジエの亡くなったカベ海岸から近づくルート。目指す休暇小屋は緑に溶け込みカベ海岸から認めることができない。アイリーン・グレイ設計の白いヴィラ(E1027)を頼りに歩を進めると、向かう先にかろうじて小さくアトリエが見えるが休暇小屋は身を隠したままだ。それに対して背景の山の中腹には、斜面を大規模開発した建物が否応なしに目に入る。休暇小屋の自然とともに寄り添って建つ、景観に溶け込んだ姿とは対照的である。

カベ海岸で拾った石に似顔絵を描く

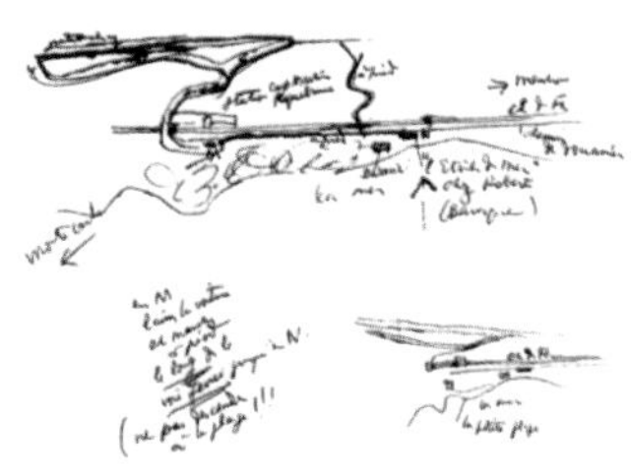
コルビュジエが描いた休暇小屋の案内図
©F.L.C./ ADAGP, Paris & JASPAR, Tokyo, 2023 E5027

2 線路下を右に潜ると水飲み場に出る

3 さらに進むと右下前方に休暇小屋の屋根が見えてくる

4 屋根越しに地中海を望み、ニース方向を見る

5 階段を下りると左手にアトリエが現れる

6 眼前に広がる地中海

7 右奥に休暇小屋が現れる

休暇小屋の周囲の建築

環境と同化する休暇小屋

ル・コルビュジエはアイリーン・グレイが設計した「ヴィラE1027」をきっかけに、カップ・マルタンに関心を抱くようになる。
休暇小屋は1952年に食堂（ヒトデ軒）に増築して建てられ、その2年後の1954年にアトリエが完成する。さらに3年後の1957年には、休暇小屋をもとにカップ・マルタンプロジェクトとして構成された「ユニテ・ド・キャンピング」が竣工している。
これらの建物のなかにあって、休暇小屋は存在を主張せずに目立たず、誠実で慎ましく驕らない。まさに「わびの精神」ともいえる姿勢で、周囲の環境と溶け合っている。

休暇小屋と周辺の建築の遠景。休暇小屋は周囲に溶け込んでいる

❶ユニテ・ド・キャンピング／1957年竣工
カップ・マルタンプロジェクトの一つ。休暇小屋が下敷きとなっている

❷レストラン（ヒトデ軒）
コルビュジエお気に入りの地元のレストラン。主人トマ・ルビュタトとは生涯の友人関係を築く。コルビュジエはルビュタトのためにいくつかの建物を建てたことで、引き換えとしてレストランと隣接する土地を提供され、休暇小屋はその土地を利用して建てられた

❸休暇小屋／1952年竣工
粗末な素材でつくられた豊かな空間。コルビュジエ生涯の終の棲家

❹アトリエ／1954年竣工
「ヒトデ軒」の主人ルビュタト（かつてニースで水道業を営んでいた）が組み立てたという、コルビュジエの仕事部屋

❺ヴィラE1027／1929年竣工
コルビュジエとは生涯公私にわたり友情のあったジャン・バドヴィッチ（建築家・編集者）の別荘。E・グレイが設計した建築で、コルビュジエが彼女に無断で描いた壁画が現在も残っている

ロク・ブリュヌ村を抜けて墓碑へ

ロク・ブリュヌ村の起伏に富んだ迷宮的世界

休暇小屋からコルビュジエ夫妻の墓碑のある共同墓地へは、ロク・ブリュヌ村を抜けていくことになる。墓地へ至る途中、どこを見ても中世の歴史的風景が残されていて、ついスケッチを描かずにはいられない。

モダニストであり、インターナショナルスタイルを標榜したコルビュジエにとって、この村の営みが身近に存在する意義は大きい。

吉阪隆正はコルビュジエの死を追悼し「人が見落としていった日常の当たり前のものに大事なものがある」と書いている。

休暇小屋から地中海を見渡す共同墓地へ向かう際のシーン

周辺を歩く

周辺観察も実測のうち

休暇小屋の環境を知るために、その周辺を歩いてみる。初めての土地へ行ったら高いところに登ると、道に迷うことが少ない。右頁のスケッチは、周辺を見渡すことのできる高台に建つ城へ向かう途中、「ビューヴィレッジ」と呼ばれるロク・ブリュヌ村を描いたもの。コルビュジエにとって、このヴァナキュラーな中世の村の存在意義は大きかったに違いない。村の東端に位置するコルビュジエ夫妻の墓碑に至るまでの行程も含めて、広い意味で「実測」なのだと思う。

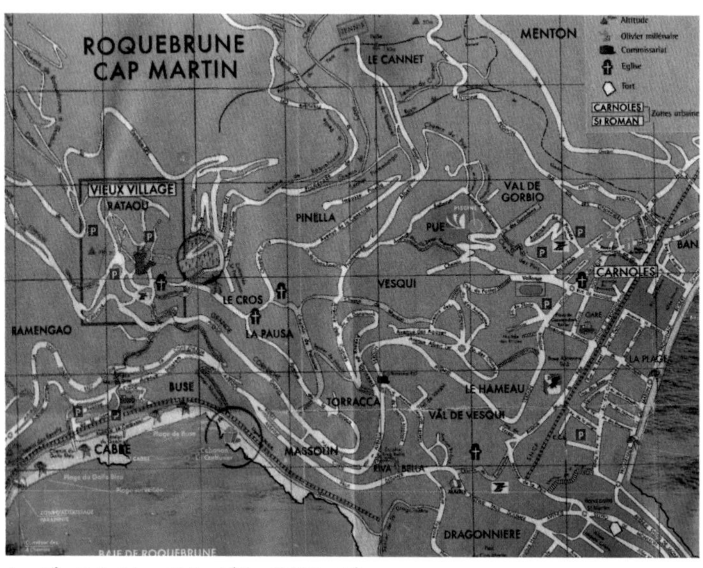

カップ・マルタン、ロク・ブリュヌ村マップ

カップ・マルタン城からの眺望

カップ・マルタン城

ロク・ブリュヌ村へ向かう坂道

アイストップの壁

すべてがその土地の素材でできている

至る所にある迷宮のような世界

景観に馴染むアースカラー

迷路のような路地的空間

個性ある玄関

生活の歴史が刻まれるファサード

スロープと階段で構成された石畳

建物周囲を見る

スケッチも実測のうち

「建築はその建っている場所に従え」とコルビュジエの弟子の一人である前川國男はいう。休暇小屋の実測調査をするにあたり、まずはその場所がどんなところなのか、しばらくじっと佇む時間がほしい。その環境に触れながら、目に映ったものより心に響いたところをスケッチしたい。カメラは覗いたファインダー内のすべてを一瞬にして写し撮ることが可能であるが、その記録はカメラの中に残る。便利さに甘え、特にデジタルカメラの撮り過ぎには注意したい。後で見直したときにいったい何を撮ろうとしたのか思い出せないことがある。一方でスケッチは、否が応でも観察しないと描けず、相応の時間がかかる。そのため、描きながら対象が見えてきて、心の中に残ることもしばしばである。

五感からインプットされた情報を自分というフィルタを通して指先からアウトプットすることは、記録から記憶への架け橋となる。ときに雨が降ればそのスケッチに残る滲みは、後に見返したときの鮮明な記憶の痕跡である。現地に到着したらすぐに物差しをあてるのではなく、その場所の雰囲気を味わいつつ、まずは右脳に感覚的な情報をインプットし、スケッチでアウトプットしてほしい。左脳による論理的・分析的な実測調査は、そのあとに行えばいい。

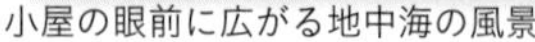
小屋の眼前に広がる地中海の風景

小屋の屋根越しに見る地中海

目のような小窓が木陰からこちらを覗いている。古代ゲルマンの北欧語「vindauga」に由来する「window」の本来の意味は、「wind：風＋ow：目、覗く」であるとされ、日本の「間戸」とは異なる

カップ・マルタンの休暇小屋図面集

平面詳細図

S＝1：20

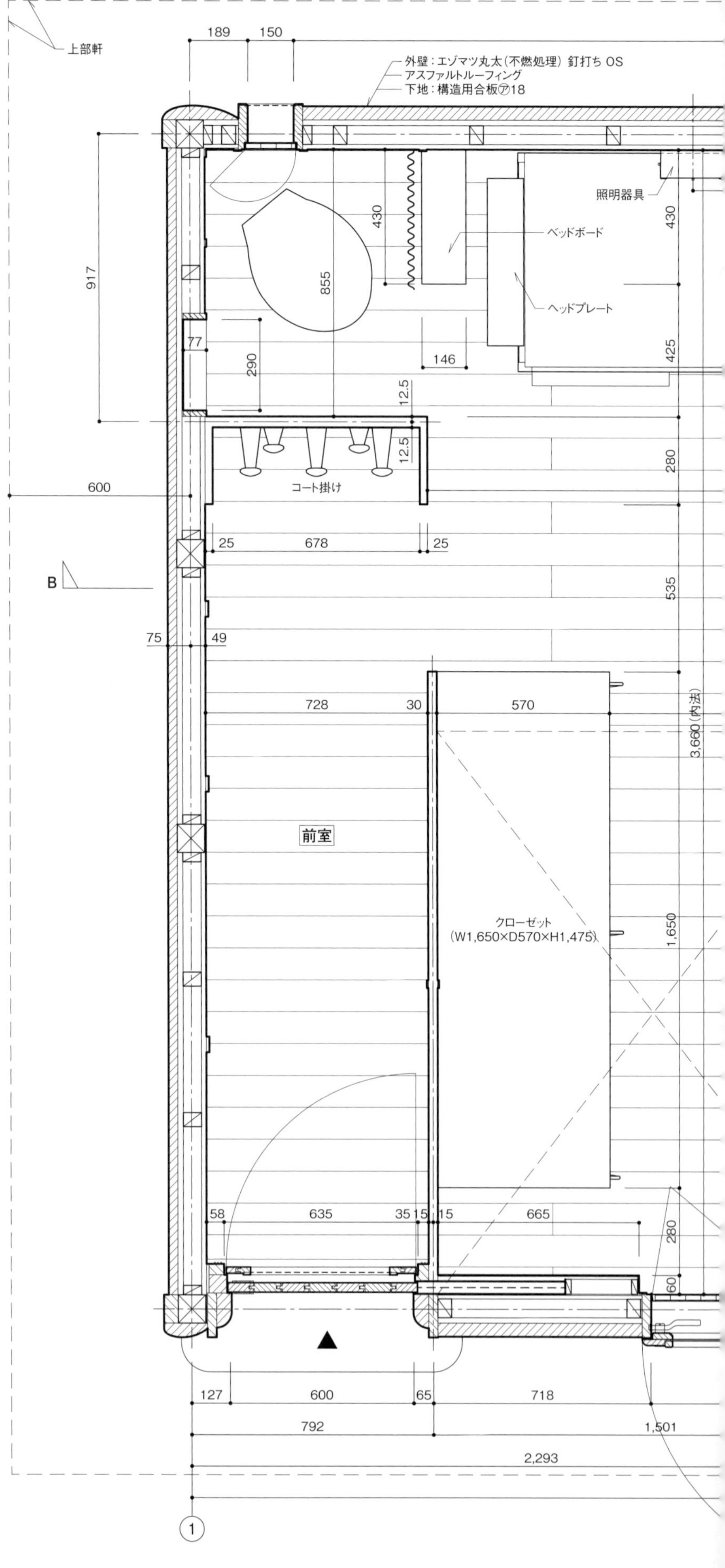

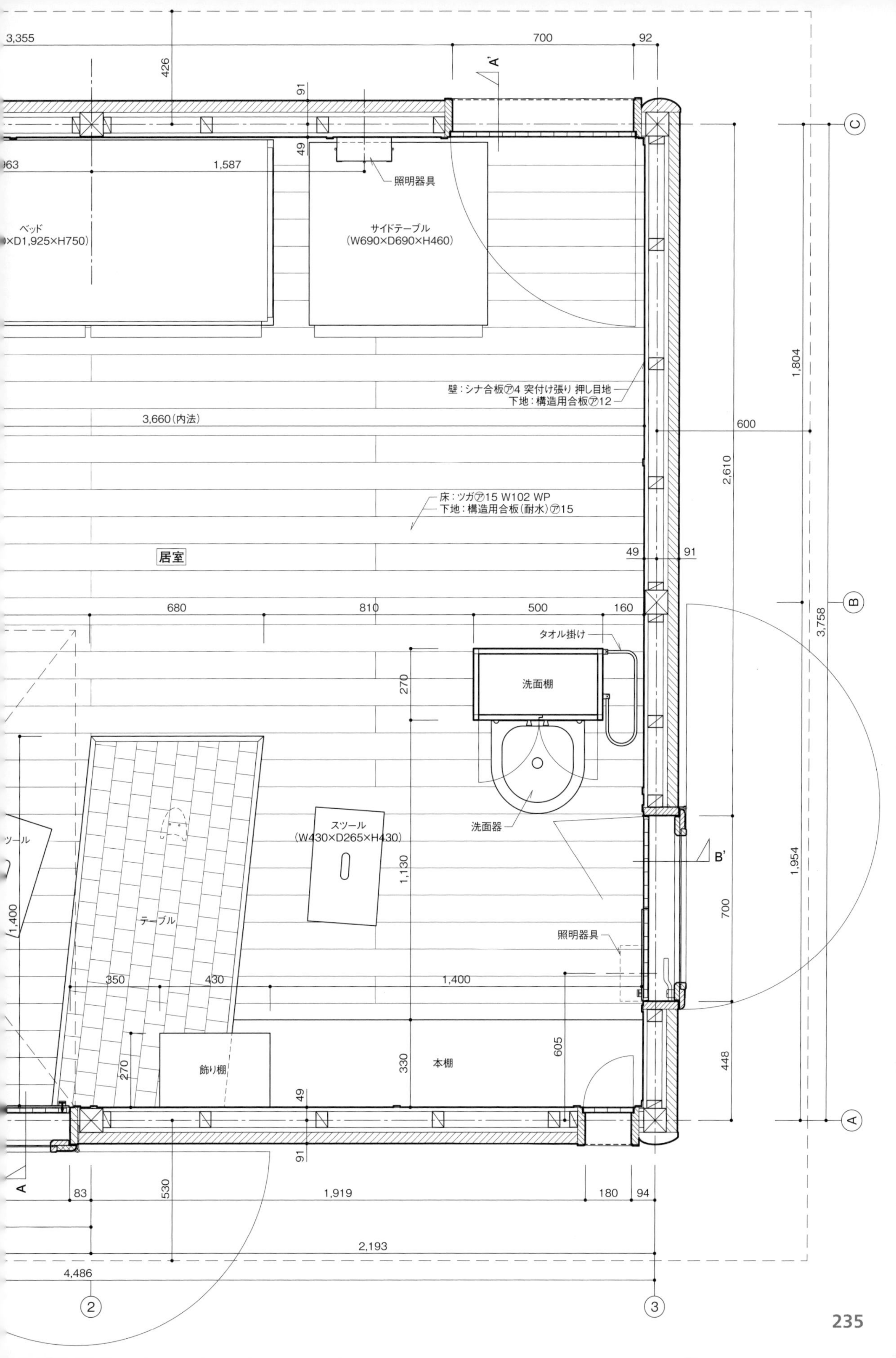

照明器具
ベッド
×D1,925×H750)
サイドテーブル
(W690×D690×H460)
壁:シナ合板⑦4 突付け張り 押し目地
下地:構造用合板⑦12
3,660(内法)
床:ツガ⑦15 W102 WP
下地:構造用合板(耐水)⑦15
居室
タオル掛け
洗面棚
洗面器
スツール
(W430×D265×H430)
テーブル
照明器具
飾り棚
本棚

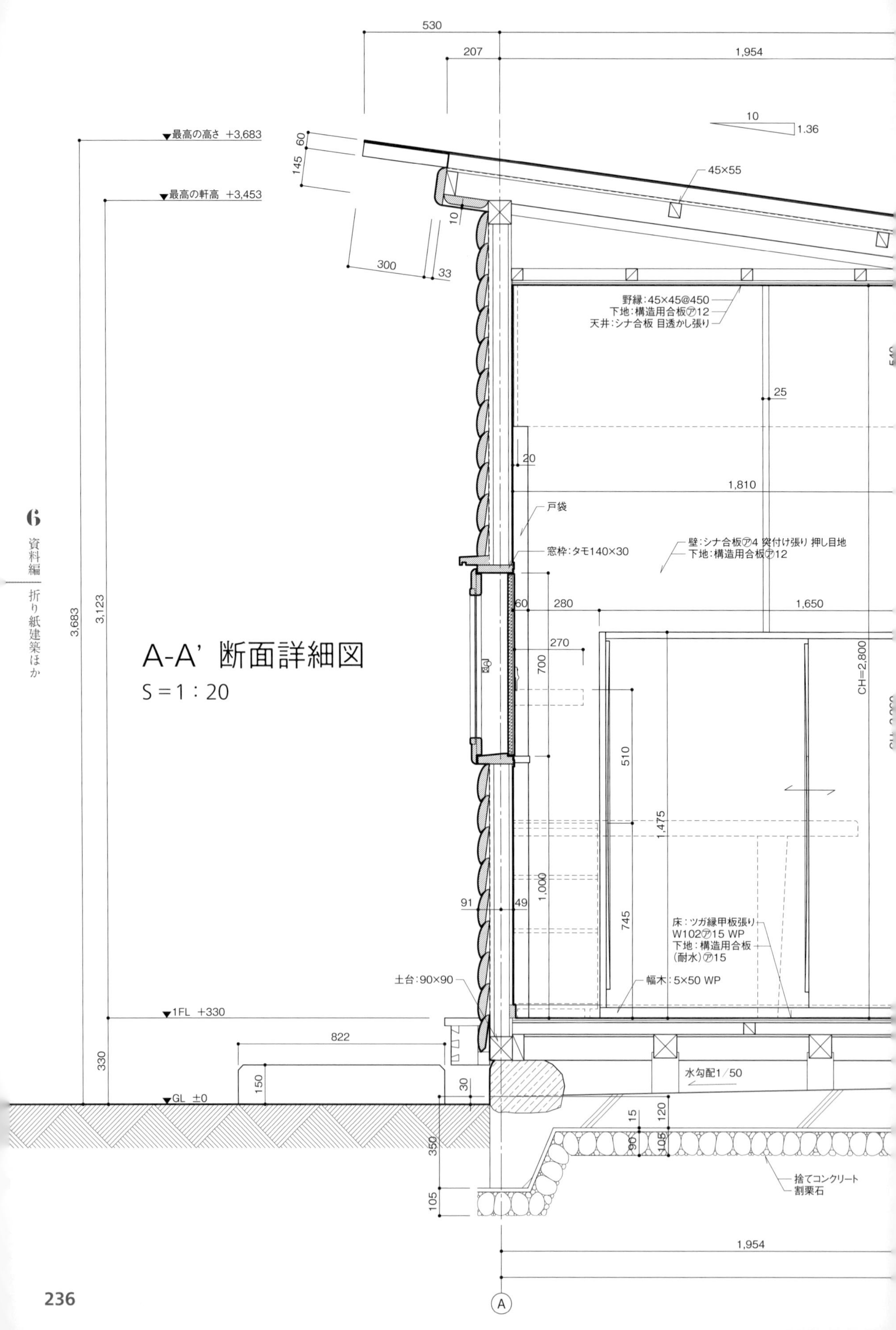
A-A' 断面詳細図
S＝1：20
最高の高さ ＋3,683
最高の軒高 ＋3,453
1FL ＋330
GL ±0
530
207
1,954
10
1.36
45×55
野縁：45×45@450
下地：構造用合板㋐12
天井：シナ合板 目透かし張り
戸袋
窓枠：タモ140×30
壁：シナ合板㋐4 突付け張り 押し目地
下地：構造用合板㋐12
1,810
1,650
280
270
700
510
1,475
1,000
745
CH＝2,800
床：ツガ縁甲板張り W102㋐15 WP
下地：構造用合板（耐水）㋐15
幅木：5×50 WP
土台：90×90
822
水勾配1／50
捨てコンクリート
割栗石
1,954
3,683
3,123
330

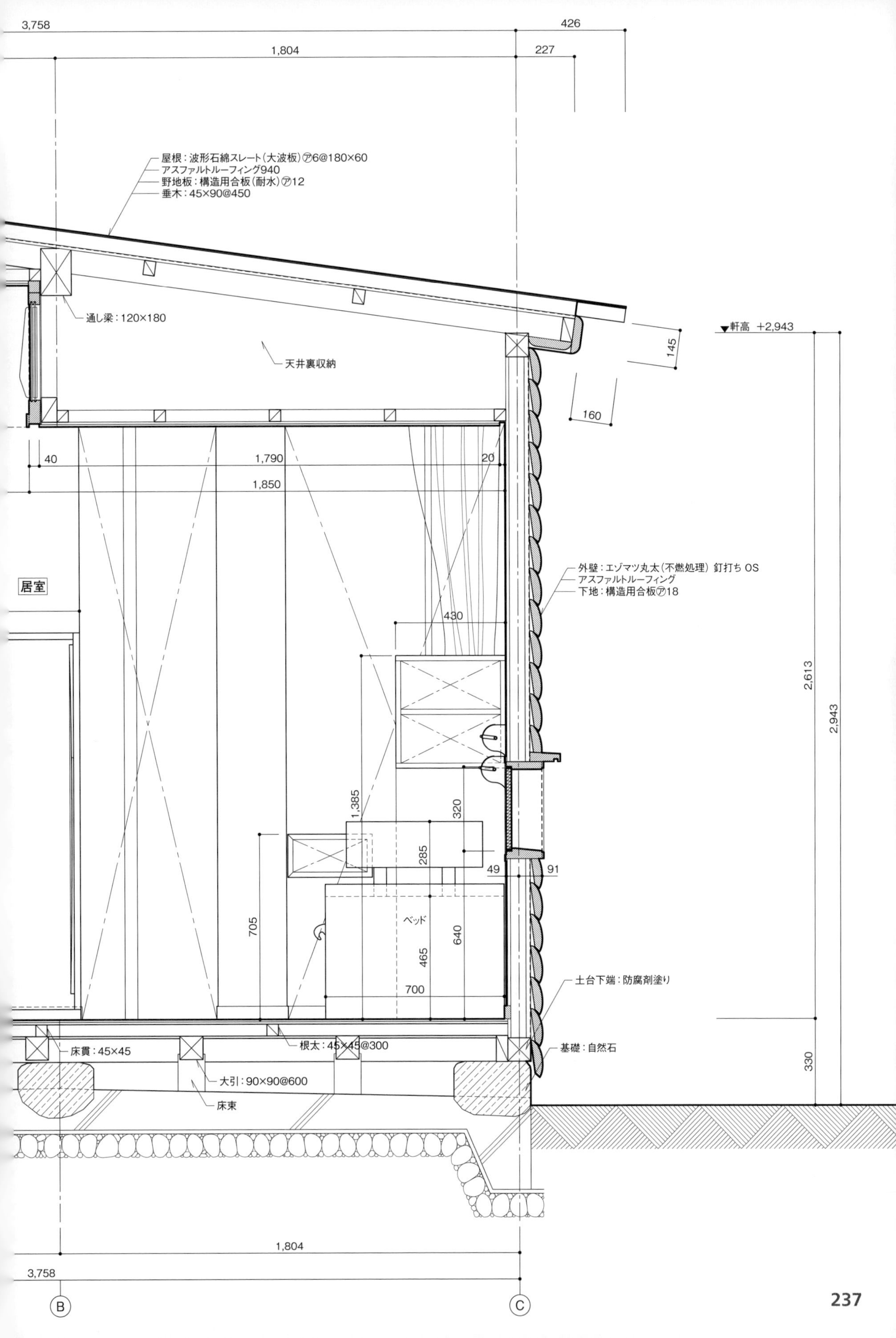

3,758
426
1,804
227
屋根：波形石綿スレート（大波板）㋐6@180×60
アスファルトルーフィング940
野地板：構造用合板（耐水）㋐12
垂木：45×90@450
通し梁：120×180
天井裏収納
軒高 +2,943
145
160
40
1,790
20
1,850
居室
外壁：エゾマツ丸太（不燃処理）釘打ち OS
アスファルトルーフィング
下地：構造用合板㋐18
430
2,613
2,943
1,385
320
285
49
91
705
ベッド
640
465
700
土台下端：防腐剤塗り
床貫：45×45
根太：45×45@300
基礎：自然石
大引：90×90@600
床束
330
1,804
3,758
B
C

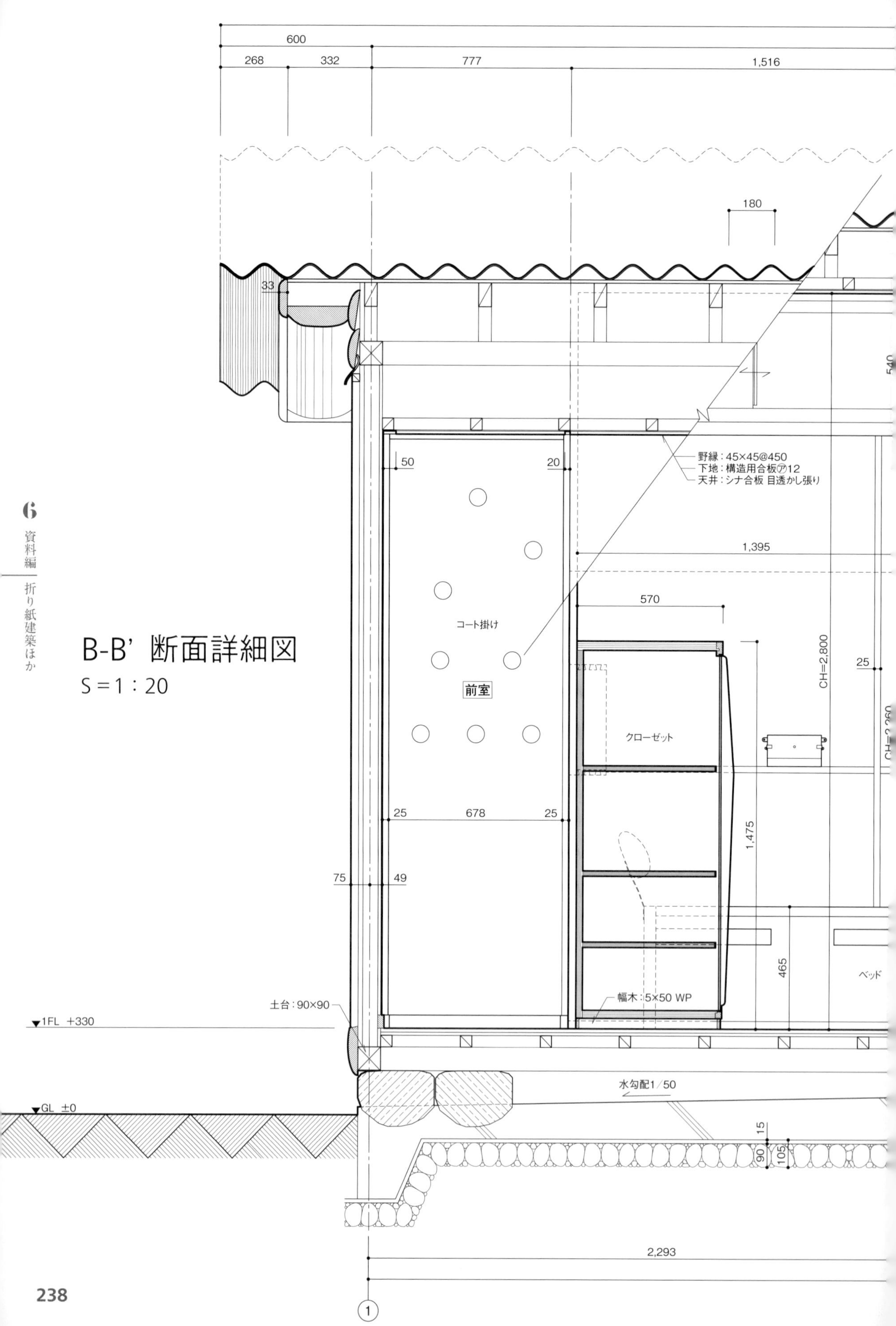
B-B' 断面詳細図
S＝1：20
600
268
332
777
1,516
180
33
540
野縁：45×45@450
下地：構造用合板㋐12
天井：シナ合板 目透かし張り
50
20
1,395
570
コート掛け
前室
クローゼット
CH=2,800
25
CH=2,260
25
678
25
1,475
75
49
465
ベッド
幅木：5×50 WP
土台：90×90
1FL +330
水勾配1／50
GL ±0
15
90
105
2,293
1

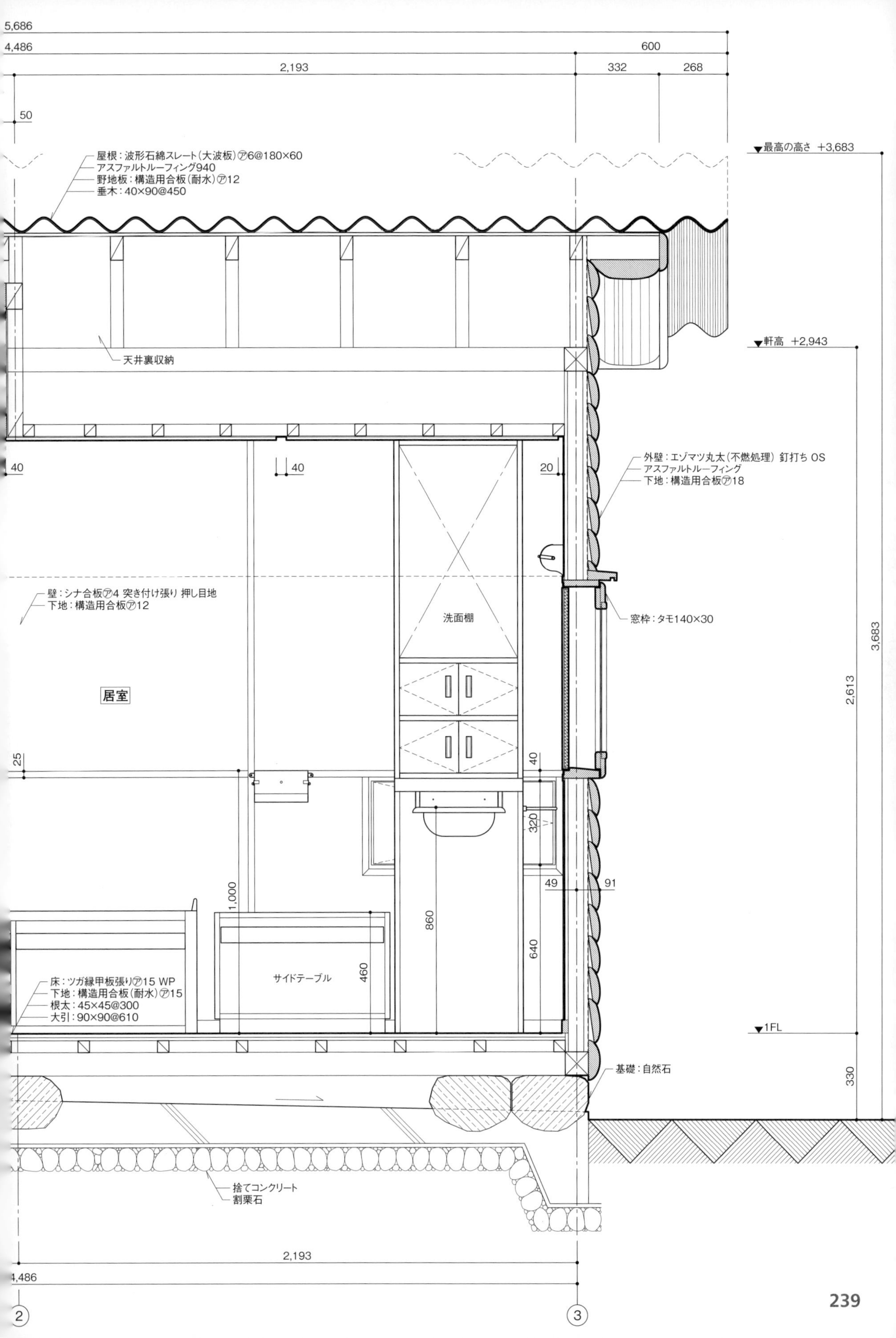

5,686
4,486
600
2,193
332
268
50
屋根：波形石綿スレート（大波板）㋐6@180×60
アスファルトルーフィング940
野地板：構造用合板（耐水）㋐12
垂木：40×90@450
▼最高の高さ　+3,683
天井裏収納
▼軒高　+2,943
40
40
20
外壁：エゾマツ丸太（不燃処理）釘打ち OS
アスファルトルーフィング
下地：構造用合板㋐18
壁：シナ合板㋐4 突き付け張り 押し目地
下地：構造用合板㋐12
洗面棚
窓枠：タモ140×30
3,683
居室
2,613
25
40
320
49
91
1,000
860
640
460
サイドテーブル
床：ツガ縁甲板張り㋐15 WP
下地：構造用合板（耐水）㋐15
根太：45×45@300
大引：90×90@610
▼1FL
基礎：自然石
330
捨てコンクリート
割栗石
2,193
4,486
2
3

立面図

S＝1：20

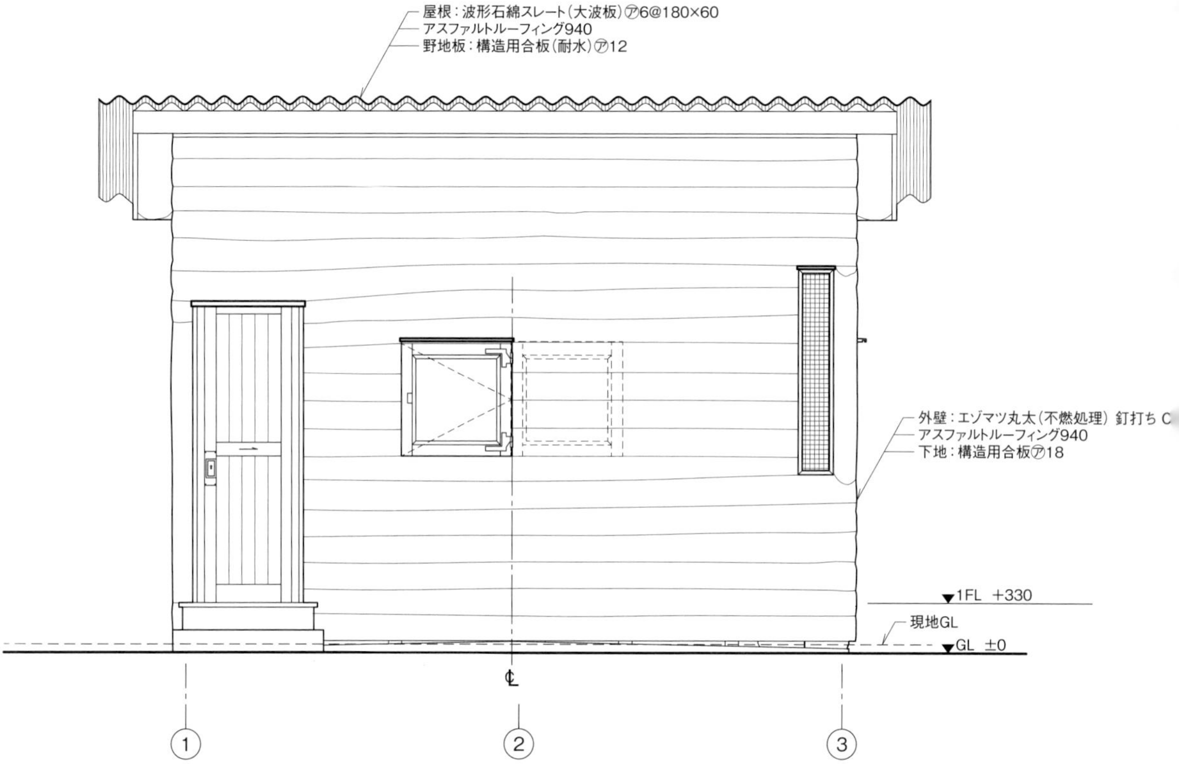

屋根：波形石綿スレート（大波板）㋐6@180×60
アスファルトルーフィング940
野地板：構造用合板（耐水）㋐12

外壁：エゾマツ丸太（不燃処理）釘打ち C
アスファルトルーフィング940
下地：構造用合板㋐18

▼1FL ＋330
現地GL
▼GL ±0

℄

1 2 3

南側立面図

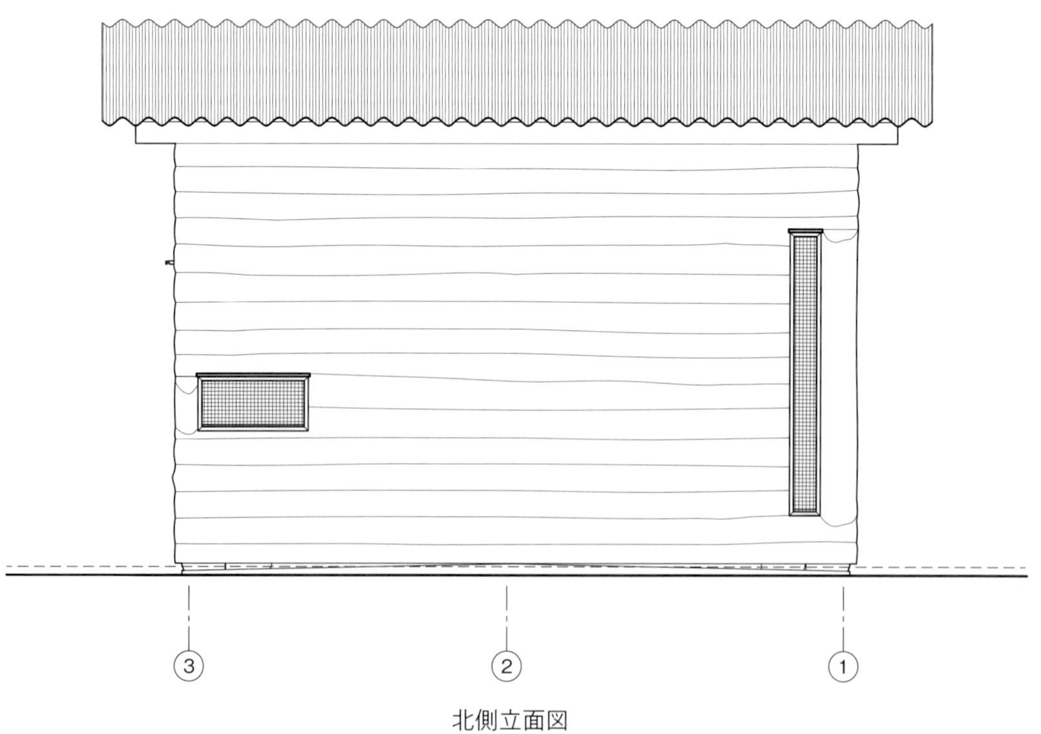

北側立面図

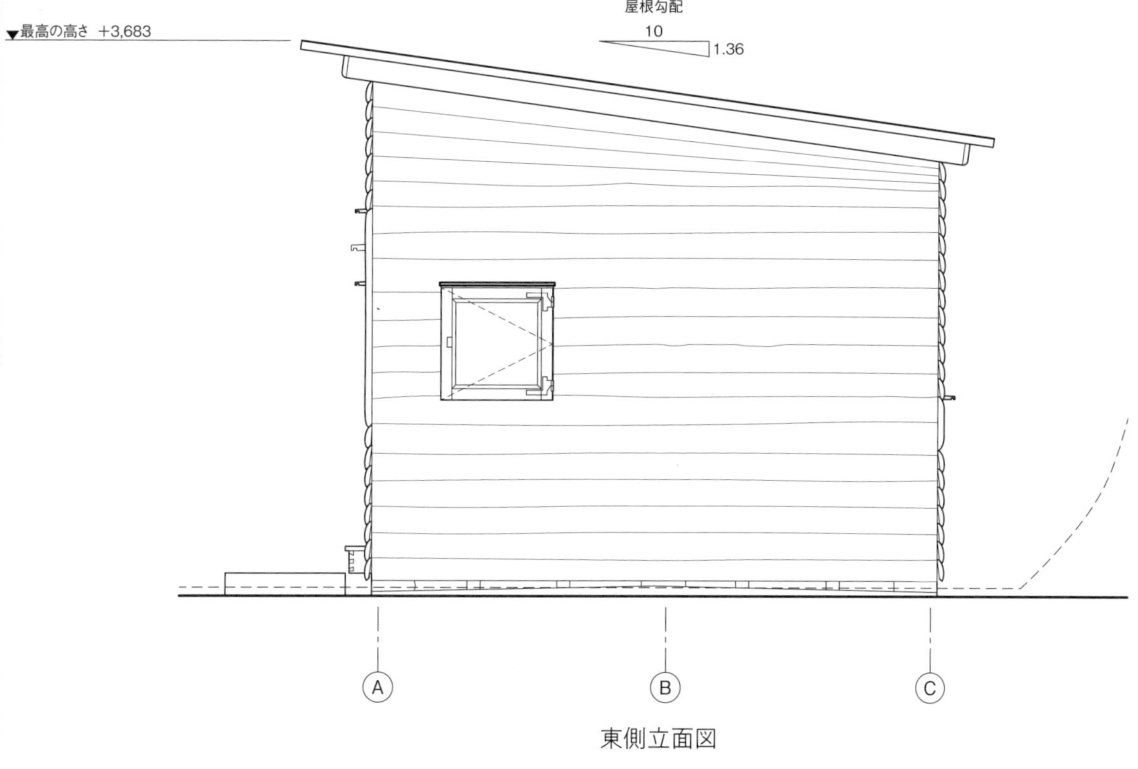

東側立面図

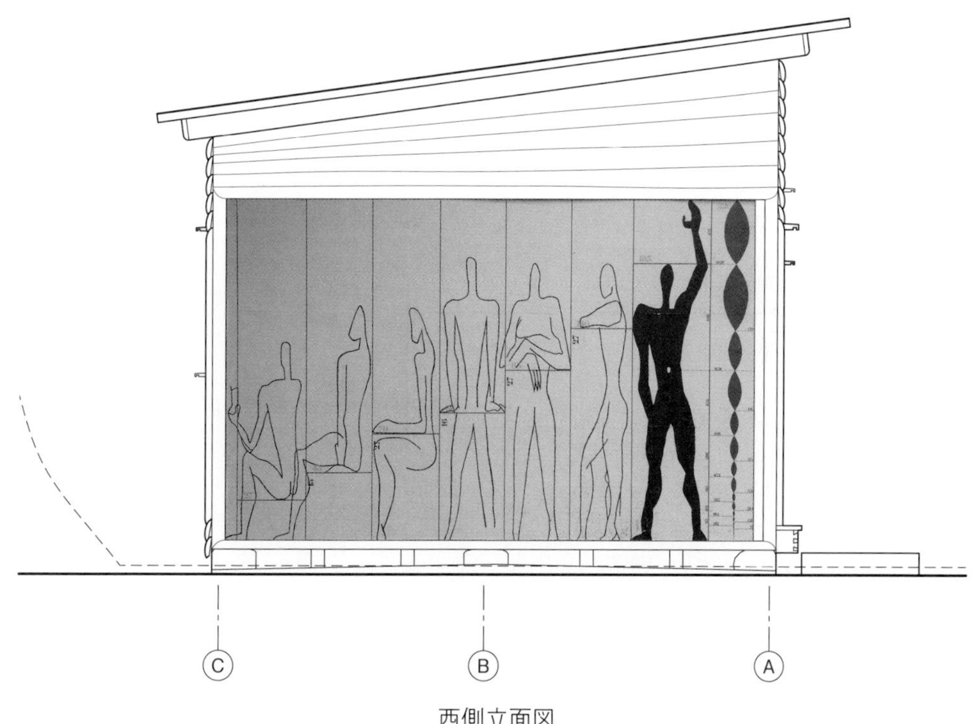

西側立面図

カップ・マルタンの休暇小屋
ドローイング集

アナログに回帰する

一般に設計図書とは、設計図面と仕様書の両者揃ったものをいう。設計図面は、主として意匠・構造・設備などの図面で構成されるが、とりわけ意匠図がその中心を成す。

「意匠」の「意」は心の中にあるイメージを、「匠」は形につくりあげることを指すことから、「意匠」とは「工夫を凝らす」の意味につながるという。思いを伝えるために「意匠」を極めたショードローイングは設計図を特化させる。

建物の完成予想のために透視図や模型、CG動画などが多く用いられるが、ここに示すのは、逆にすでに存在している建築を二次元に再現するというデザインサーベイ的ドローイングである。この行為を通して、対話と思考が生まれる。

紙面上で縮尺を定めて行うドローイングは、CADによるノンスケールのディスプレイ上の操作とは異なる、通っておきたい究極のインプットとアウトプットなのかもしれない。

SOUTH ELV. 1/20
Mar. 22. 2021.

SECTION②. 1/20
Mar 22 2021

EAST ELV. 1/20
Mar. 22. 2021.

SECTION (1) 1/20
Mar. 1. 2021.

NORTH ELV. 1/20
Mar. 22. 2021.

SECTION(5) 1/20
Mar. 22. 2021

SECTION(4) 1/20
Mar 22 2021

カップ・マルタンの休暇小屋を「起こし絵」（折り紙建築）でつくってみよう

空間構成：モデュロール×基準線

休暇小屋は、モデュロールにもとづいた目に見えない基準線（規制線図：trace regulateur）で支配されている。70cm幅の入口廊下を除く居室部分は、内法366×366cm（13.4㎡）の正方形で、日本でいうと二間四方の8畳間の広さである。ここにコルビュジエは、いわば不可視の畳を5枚敷き詰めた。ちょうど4枚の長方形が、中央の1枚の正方形を、卍形つまりスパイラルに取り囲むように。寸法は、長方形①②③④が140×226cmの黄金比であり、中央の正方形⑤が1辺86cmである。
イメージだけに留まらず、掌（てのひら）サイズの模型と触覚的に対峙してみよう。

型紙（設計図）

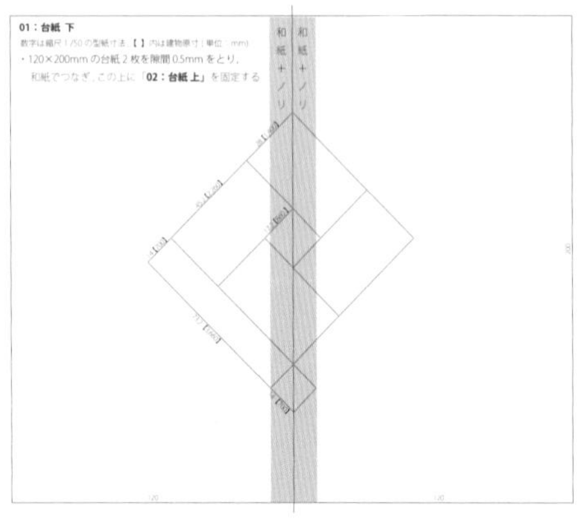

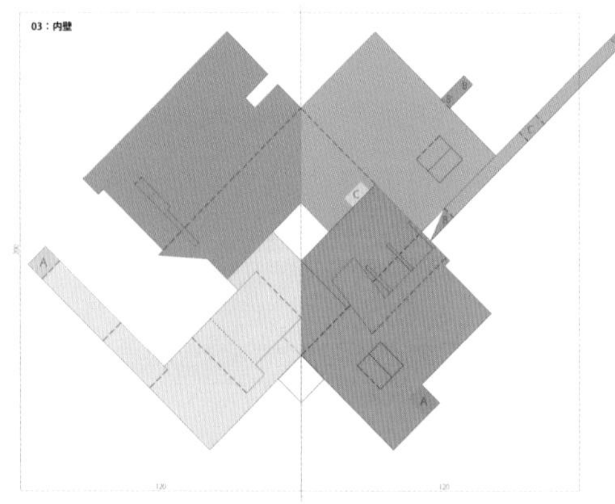

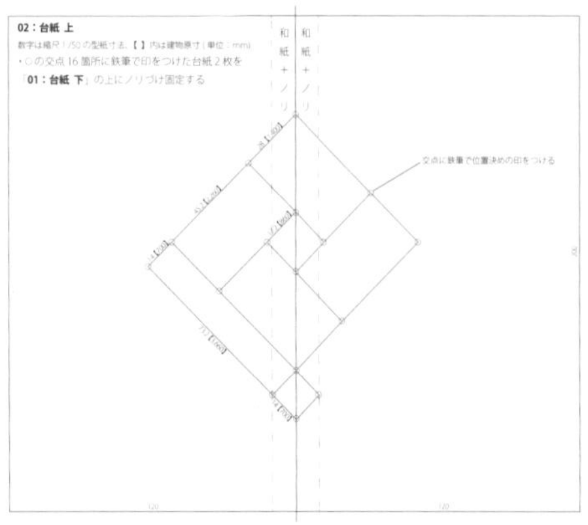

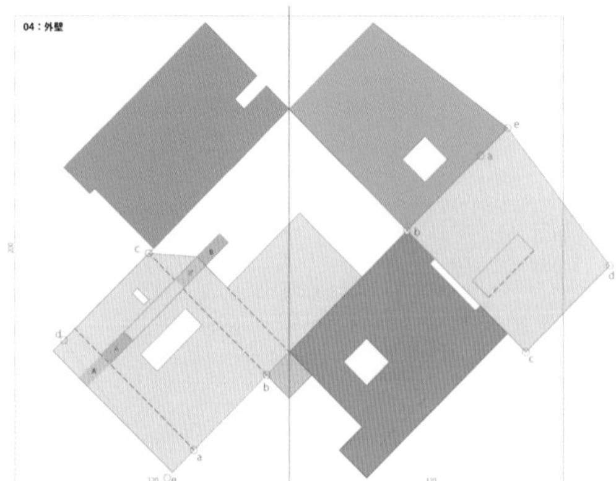

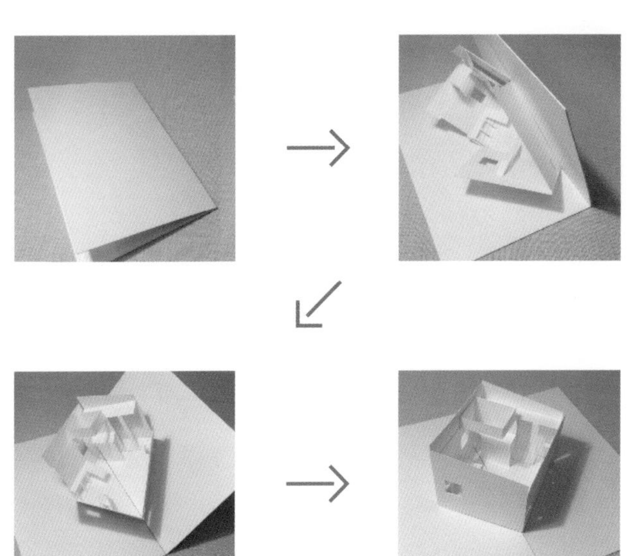

恩師、茶谷正洋が創始した「折り紙建築」。原則1枚のケント紙に折り線と切り線を入れていろんな角度に折り曲げて建築物を立体的に表現する、いわば伝統的「起こし絵」のニューバージョンである。なかでもこの180度に開いて建築物が飛び出すタイプは圧巻！　徐々に想いもよらぬカタチで立ち現れるさまは、まるで建築の施工過程を見るような醍醐味がある。設計・施工を手触りで体感するにはもってこいである（八代）

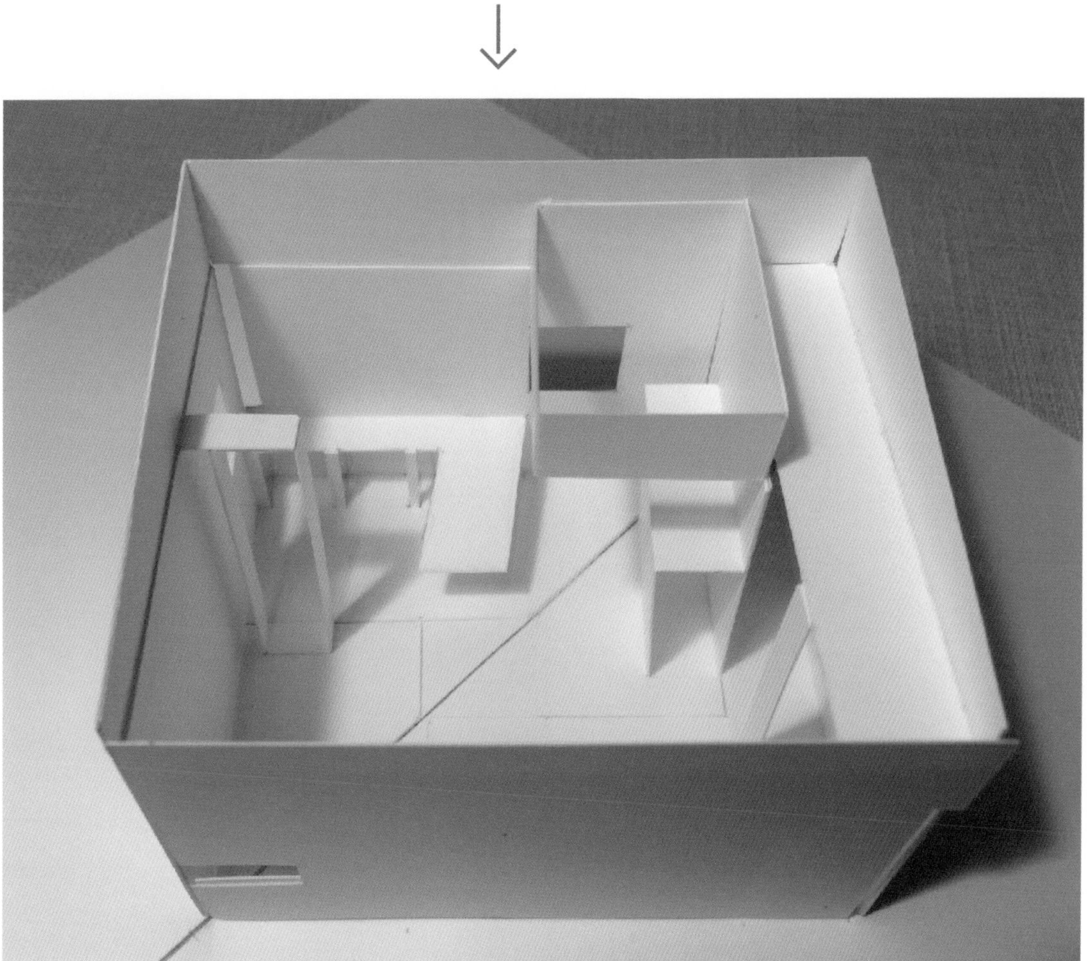

28【1,400】
45.2【2,260】
17.2【86
14【700】
73.2【3,660】
14【7
120

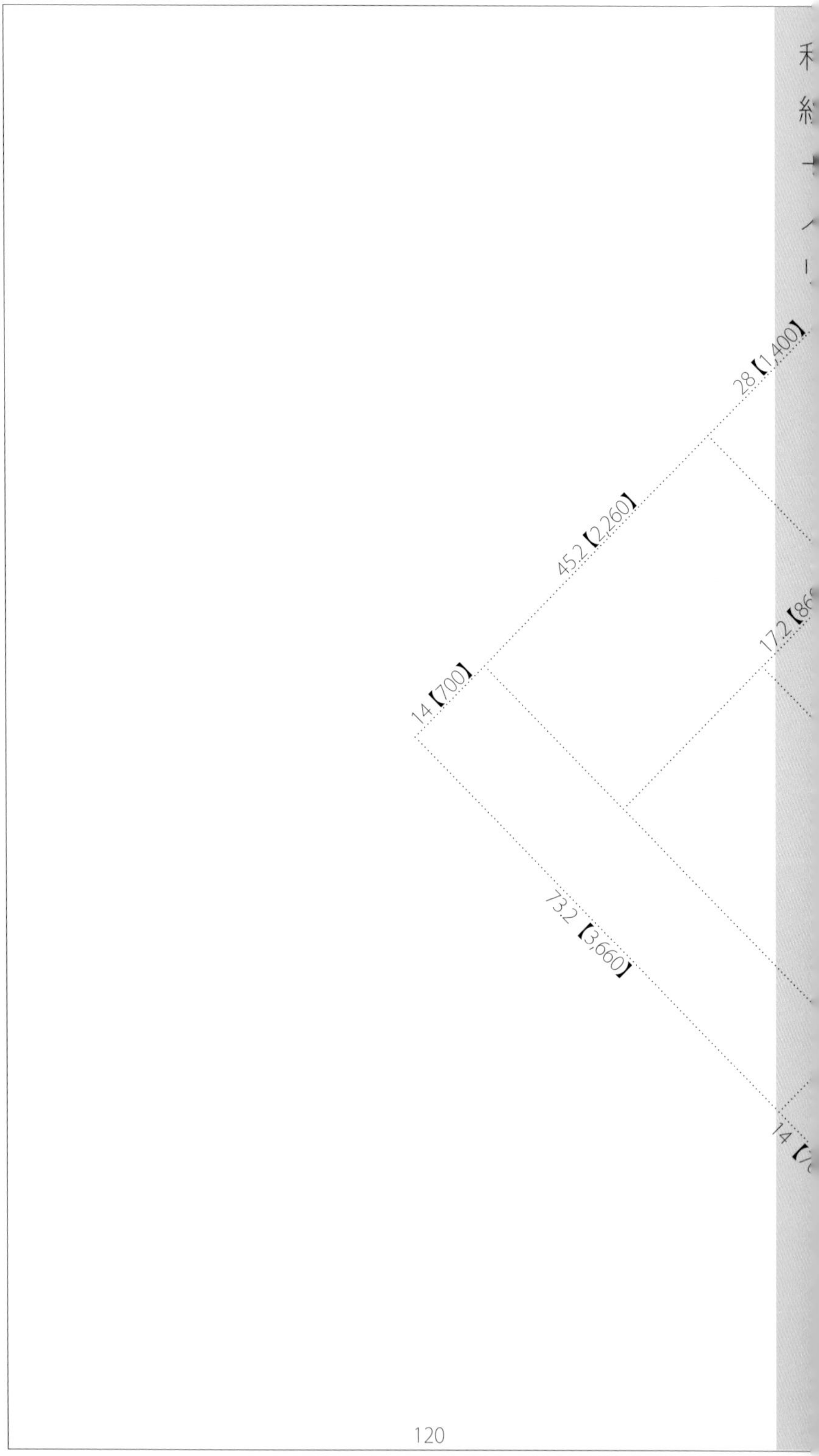

数字は縮尺1/50の型紙寸法、【】内は建物原寸（単位：㎜）
・120×200㎜の台紙2枚に隙間0.5㎜をとり、和紙でつなぎ、この上に「02：台紙 上」を固定する

200
120

02:台紙 上

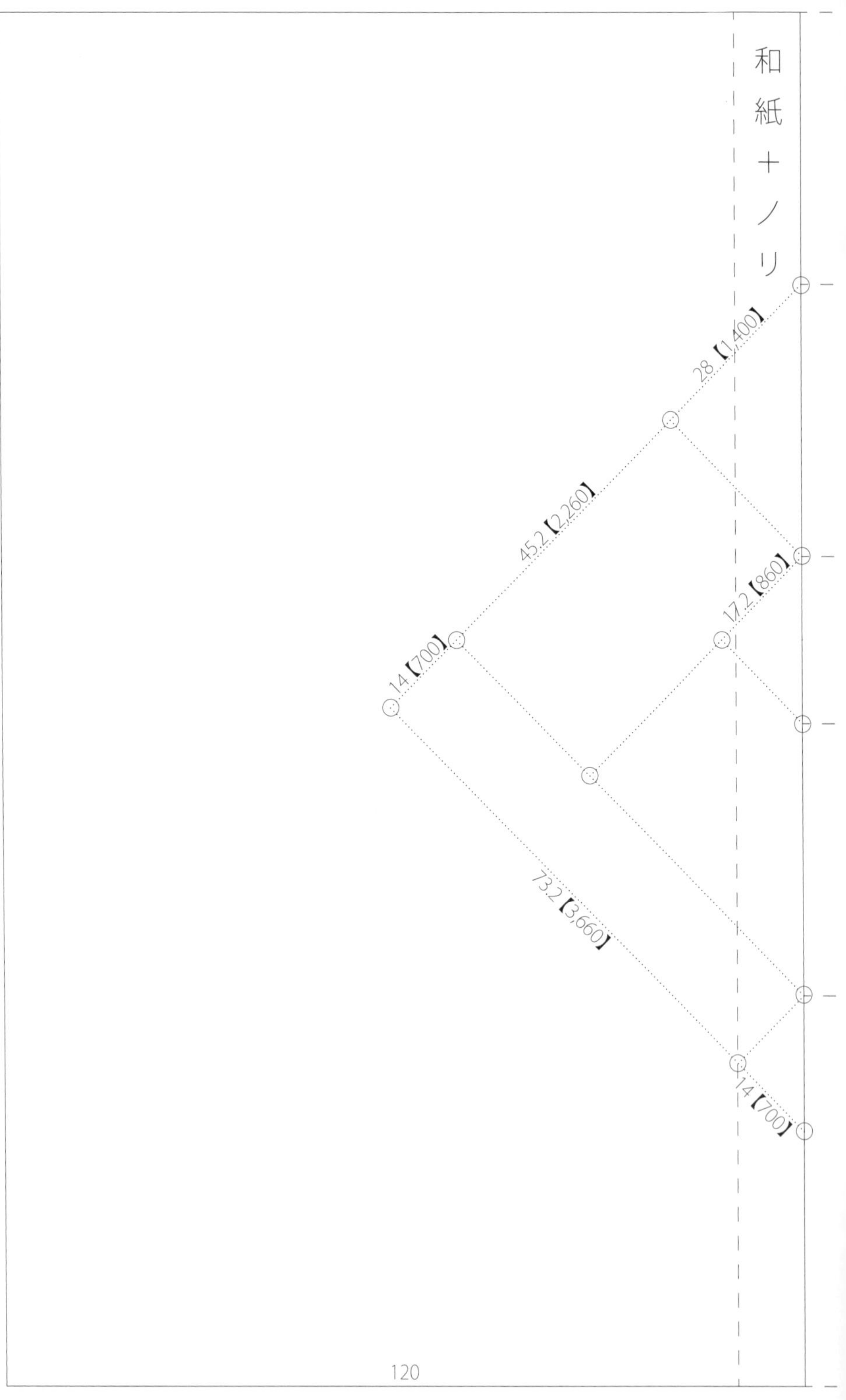

数字は縮尺1/50の型紙寸法、【】内は建物原寸（単位：mm）

・○ の交点16カ所に鉄筆で印をつけた台紙2枚を「01：台紙 下」の上にノリ付け固定する

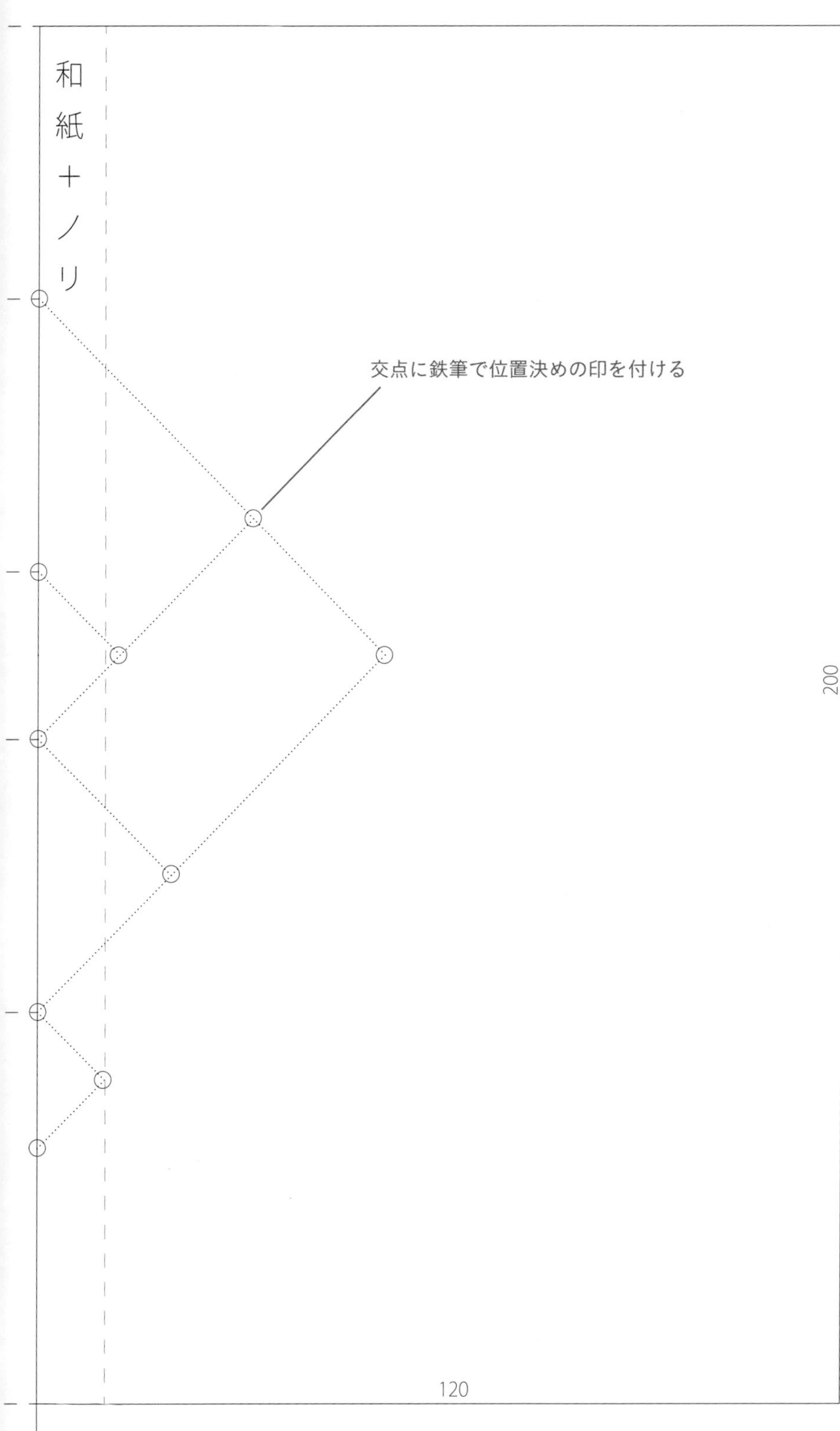
和紙＋ノリ
交点に鉄筆で位置決めの印を付ける
200
120

03：内壁

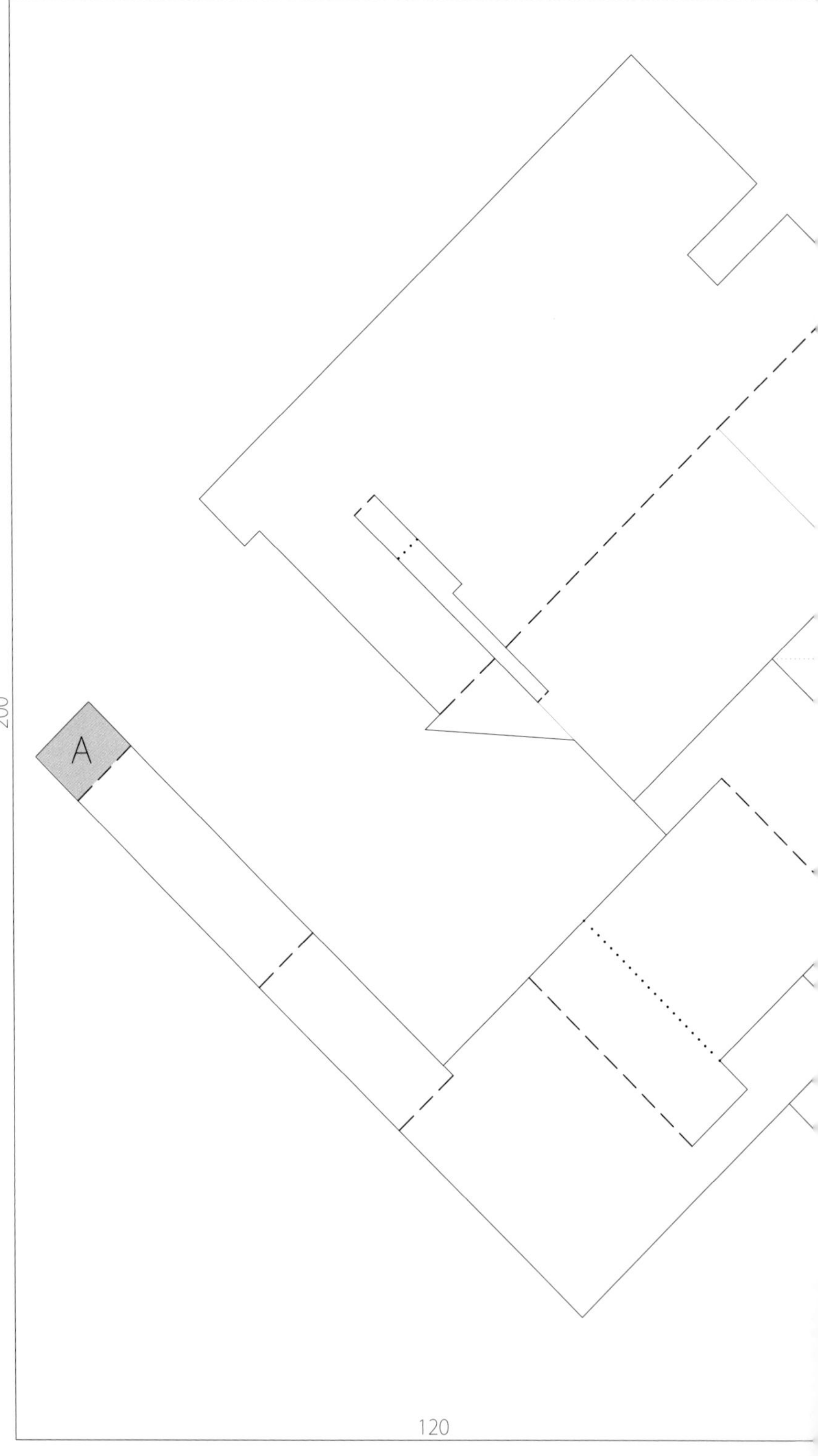

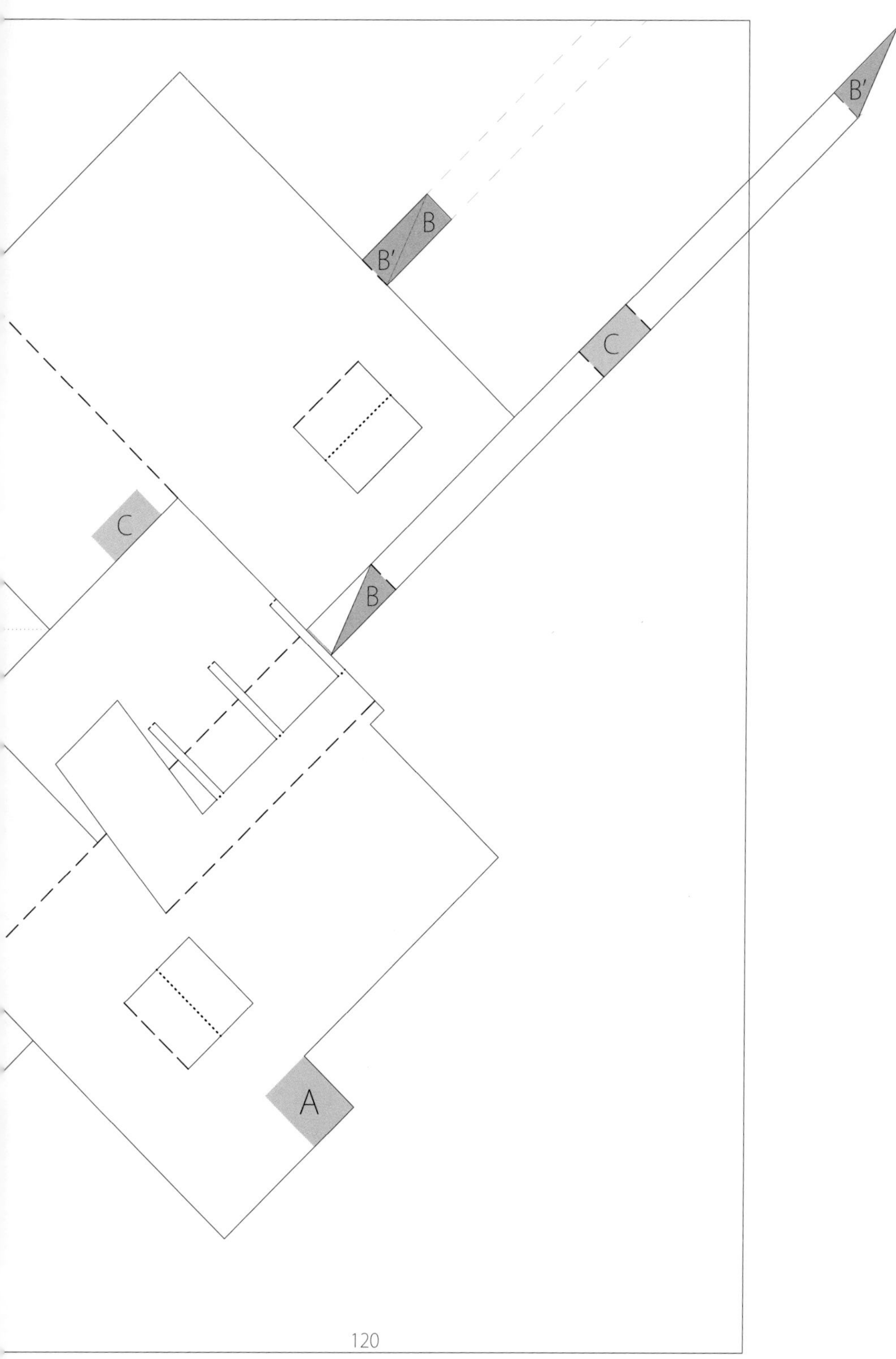
B
B′
B′
C
C
B
A
120

04：外壁

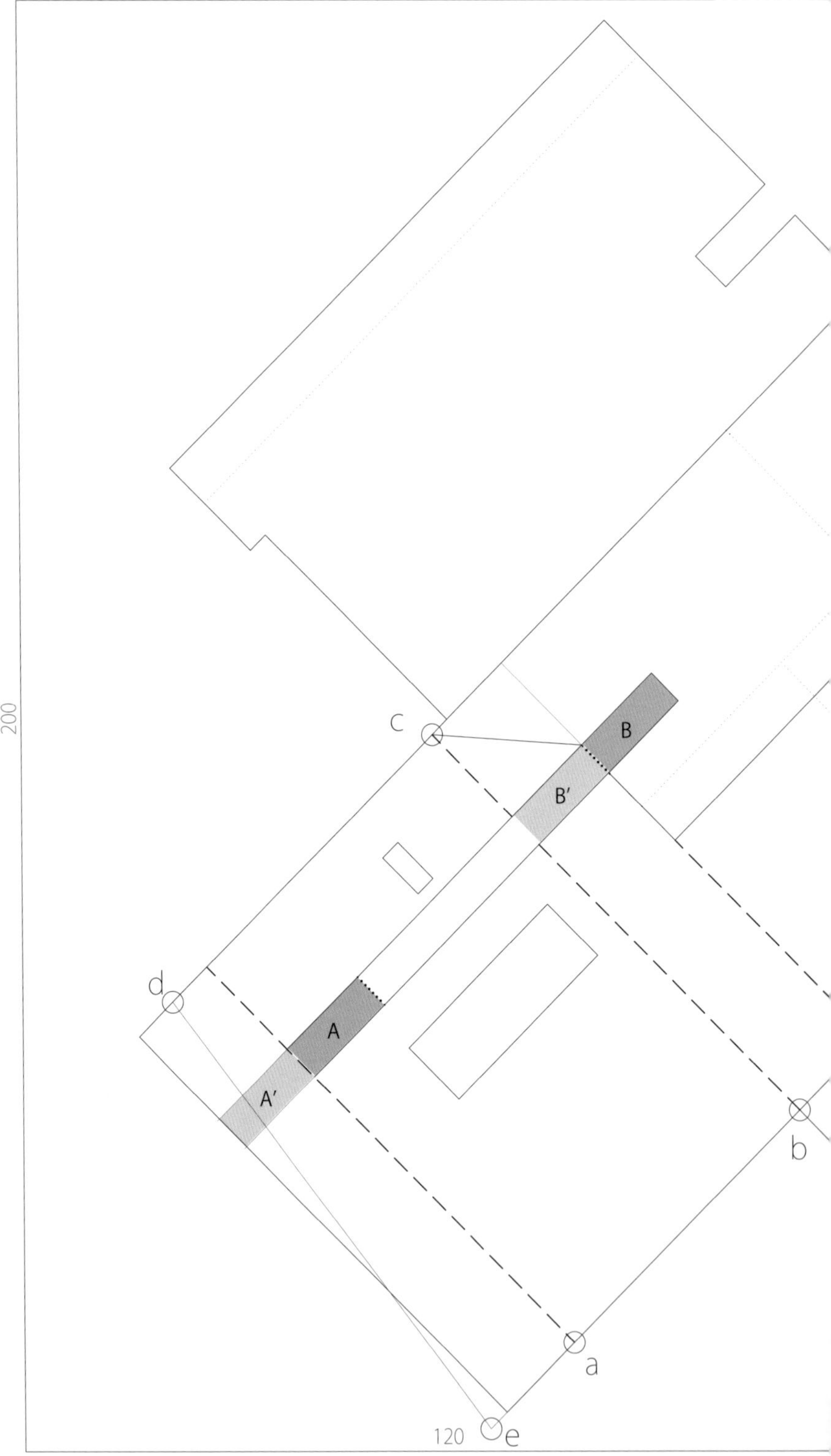

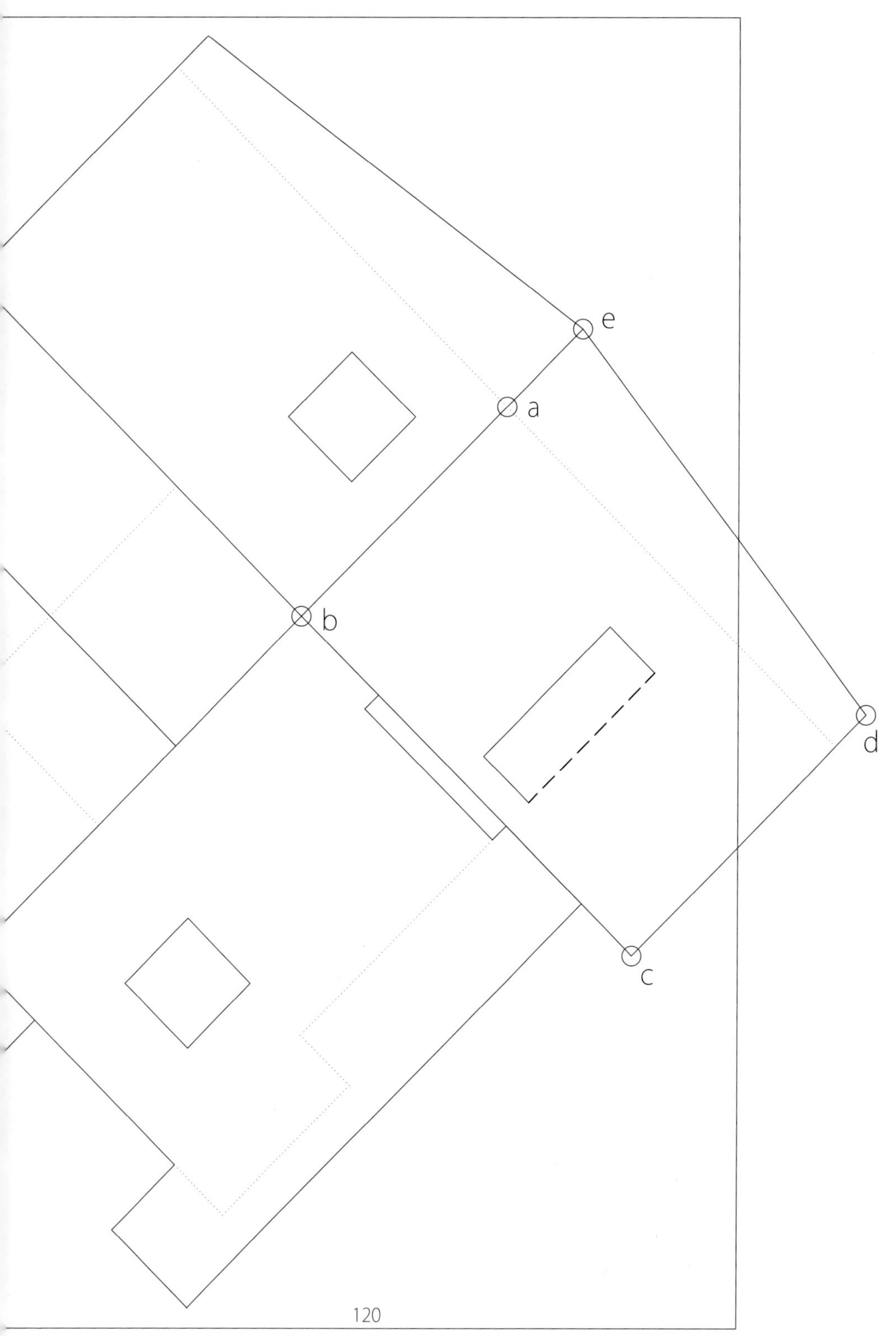
e
a
b
d
c
120

ル・コルビュジエ、思想の遺伝子

1965年夏、予言どおり終の棲家となった南仏カップ・マルタンの地で他界したコルビュジエ。前川國男はその死を偲んだ追悼文のなかで、師と交わした会話を紹介している。「イヴォンヌと結婚するとき子供は持てないよと念をおした。建築家としての私の生涯は恐らく苦難に満ちたものであろうと心に定めていたから」と。
「勝てば官軍、負ければ賊軍」に端を発し、建築家の自由と独立を世に問いながら、実践を通して建築界を牽引してきた前川國男が好んで引用するセナンクールの「闘いながら滅びようではないか」(※)には、奇しくも師であるコルビュジエをトレースしているように思える。
コルビュジエがその死のひと月前に書いた「遺言」ともとれる文章が残されている。吉阪隆正は、その文章のタイトル「Le Corbusier：Rien n'est transmissible que la pensée」を「人の心ほど伝えられないものはない」と訳している（『ル・コルビュジエ全作品集 第8巻』日本語版P162、A.D.A.EDITA Tokyo、1979年）。
他方、さかのぼること7年前に「思想のほかに伝え得るものはない」(「建築」1972年5月号 P13、平本健治訳、青銅社）という名訳もあるが、解釈は微妙に異なる（詳細はそれぞれに当たっていただきたい)。
実現したコルビュジエの建築は、その多くのプロジェクトに比べるとわずかである。建築家資格を持たない彼のパスポートには「文筆家」と記され、著作も多く、画家としての一面もあり、誤解も多かったに違いない。しかし、その根底にある人としての生き方は「建築家である前に優れた生活学者であらねばならない」という彼の言葉によく現れているように思う。
果たして、母なる地中海に抱かれて「運命との和解」があったのだろうか。大きな問いに変わるコルビュジエの遺伝子は、これからも様々な時代をさまざまに解釈されていくだろう。

※「人間は所詮滅びるかもしれず、残されたものは虚無かもしれない。然し抵抗しながら滅びようではないか。そして、そうなるのは正しいことではないというようにしよう」（渡辺一夫訳）

参考文献

- 『闡明』ル・コルビュジエ、古川達雄訳、二見書房、1942年
- 『ル・コルビュジエ追悼 / 前川國男』「国際建築」1965年10月号
- 『ル・コルビュジエのこと / 前川國男』上野のれん会、1965年10月号
- 『今日の装飾芸術』ル・コルビュジエ、前川國男訳、鹿島出版会、1966年
- 『現代建築の巨匠』ペーター・ブレイク、彰国社、1967年
- 『宿命に耐えた男 / 前川國男』「文芸春秋」1967年5月号
- 『建築をめざして』ル・コルビュジエ、吉阪隆正訳、鹿島出版会、
  1967年（日本での初出は『建築芸術へ』ル・コルビュジエ、宮崎謙三訳、構成社書房、1929年）
- 『思想のほかに伝えるものはない』ル・コルビュジエ「建築」1972年5月号
- 『モデュロールⅠ』ル・コルビュジエ、吉阪隆正訳、鹿島出版会、1976年
- 『モデュロールⅡ』ル・コルビュジエ、吉阪隆正訳、鹿島出版会、1976年
- 『人間の家』ル・コルビュジエ、F・ド・ピエールフウ、西澤信彌訳、
  1977年（日本での初出は月刊誌「SD」1972年1〜12月号連載）
- 『ル・コルビュジエ全作品集　第1巻〜第8巻』ウィリ・ボジガ編、吉阪隆正訳、
  A.D.A.EDITA Tokyo、1977 - 1979年
- 『一建築家の信條』前川國男、宮内嘉久編、晶文社、1981年
- 『ル・コルビュジエ ー幾何学と人間の尺度ー』建築巡礼⑫、富永譲、丸善、1989年
- 『建築の前夜ー前川國男文集ー』前川國男、而立書房、1996年
- 『ル・コルビュジエ　ラ・トウーレット修道院』セルシオ・フェロ他、TOTO出版、1997年
- 『ル・コルビュジエ　カップ・マルタンの休暇』ブルノ・カンプレト、TOTO出版、1997年
- 『ル・コルビュジエの著作 における色彩理論の変容』
  鈴木基紘、千代章一郎、日本建築学会学術講演梗概集（東海）2003年9月
- 『再発見 ル・コルビュジエの絵画と建築』林 美佐、彰国社、2000年
- 『住宅巡礼』中村好文、新潮社、2000年
- 『ル・コルビュジエの全住宅』東京大学建築学科安藤忠雄研究室編、TOTO出版、2001年
- 『ル・コルビュジエ：建築・家具・人間・旅の全記録』エクスナレッジ、2002年
- 『前川國男　賊軍の将』宮内嘉久、晶文社、2005年
- 『ル・コルビュジエ建築家の講義』ル・コルビュジエ、岸田省吾・櫻木直美訳、丸善、2006年
- 『ル・コルビュジエの手』アンドレ・ボジャンスキー、中央公論美術出版、2006年
- 『ル・コルビュジエ事典』ジャック・リュカン監修、加藤邦男監訳、中央公論美術出版 2007年
- 『ル・コルビュジエを見る』越後島研一、中公新書、2007年
- 『ル・コルビュジエ：建築とアート、その想像の軌跡』森美術館、Echelle-I編、リミックスポイント、2007年
- 『ル・コルビュジエ全作品ガイドブック』デボラ・ガンズ、加藤道夫監訳、丸善、2008年
- 『サヴォワ邸 / ル・コルビュジエ（ヘヴンリーハウス —20世紀名作住宅を巡る旅1）』
  中村研一、東京書籍、2008年
- 『ギャルリー・タイセイ　15年のル・コルビュジエへの眼差し　ル・コルビュジエ生誕120周年』
  大成建設ギャルリー・タイセイ、2007年
- 『ル・コルビュジエ光の遺産—20世紀モダニズム建築の巨匠 世界遺産への歩み』
  林美佐、アーキメディア、2008年
- 『ル・コルビュジエ　建築図が語る空間と時間』加藤道夫、丸善、2011年
- 『Casa BRUTUS特別編集 最新版 建築家ル・コルビュジエの教科書。』マガジンハウス、2016年7月
- 『Le Corbusier：Inside the Machine for Living』George H. Marcus、Monacelli、2000年
- 『Le Corbusier plans 1〜16』Echelle-1、CodexImages、2010年
- 『Le Corbusier 1910-65』Willy Boesiger, Hans Girsberger、Birkhauser、1999年
- 『Le Corbusier Polychromie Architecturale：Color Keyboards from 1931-1959』
  Le Corbusier, Arthur Ruegg、Birkhauser、2006年
- 『2011年 F版日本塗料工業会（日塗工）塗料用標準色ポケット版』（社）日本塗料工業会、2011年
- 『Le Corbusier』Gérard Monnier、La Manufacture、1986年
- ル・コルビュジエ財団資料

掲載誌、紹介記事など

- 「ル・コルビュジエ『カップ・マルタンの休暇小屋』の制作」ものつくり通信No.6　ものつくり大学　2012.1
- 「ル・コルビュジエ『カップ・マルタンの休暇小屋』原寸制作」ものつくり大学紀要　2012.2
- 「ル・コルビュジエ『カップ・マルタンの休暇小屋』制作」ものつくり大学通信No.7　2012.5.11
- 「ル・コルビュジエ　カップ・マルタンの休暇小屋　原寸制作」日本建築学会発表　2012.9
- 「ル・コルビュジエの終の住処　カップ・マルタンの休暇小屋を訪れて」
  藤原成曉　建築東京（東京建築士会）2014.2
- 「カップ・マルタンの休暇小屋」東京建築士会主催銀座建築デザイン大学見学会　2014.10.4
- 「埼玉建築スケッチ　カップ・マルタンの休暇小屋」青山恭幸　埼玉新聞　2014.2.5
- 「ル・コルビュジエ体感!」埼玉住まいの会　2015.2.14
- 「ル・コルビュジエとカップ・マルタンの休暇小屋」　日事連　日本建築士事務所協会連合会　2015.8
- 「復元　カップ・マルタンの休暇小屋」見学＋セミナー　コア東京　東京都建築士事務所協会　2016.4
- 「カップ・マルタンの休暇小屋」原寸レプリカ訪問記　世界遺産登録推進ニュースNo.48
  台東区世界遺産登録推進室　2016.12
- 「ル・コルビュジエと前川國男と埼玉会館」八代克彦　埼玉会館リニューアルオープン建築セミナー　2017.5.4
- 「小屋入門」地球丸、2017年
- 「カップ・マルタンの休暇小屋　見学会」東京藝術大学建築科同窓会　2017.2.28
- 「世界遺産の休暇小屋を体感しませんか」藤原成曉　埼経協ニュース（埼玉県経営者協会）　2017.2・3合併号

本書のスケッチ、イラスト及びドローイング：藤原成曉

レプリカ写真撮影：鳥村鋼一（鳥村鋼一写真事務所）
トレース　　　　：長谷川智大

ブックデザイン　：米倉英弘、鈴木沙季（細山田デザイン事務所）
編集協力　　　　：加藤純（context）
DTP協力　　　　：竹下隆雄（TKクリエイト）
印刷製本　　　　：シナノ書籍印刷

あとがき

藤原成曉（ものつくり大学 名誉教授）

近代建築を代表する巨匠の1人、ル・コルビュジエは謎も多く、死後半世紀以上経った今なお、さまざまに語られている。私たちは「終の棲家」と呼ばれる彼の作品「カップ・マルタンの休暇小屋」の現地実測調査にもとづき、ものつくり大学の学生諸君の手によってレプリカ制作を行った。その結果、わずか5坪ほどの小さな「キャバノン」ではあるが、その制作と完成後の空間体験を通して、休暇小屋のみならずル・コルビュジエに対する理解を深めることができたように思う。

小屋の制作にあたっては、事前にパリのル・コルビュジエ財団から許諾が得られ、最終的に2012年キャンパス内に完成を見た。その後2016年7月、ル・コルビュジエの17の建築作品がユネスコ世界遺産に認定され、その中にわが国に唯一存在する上野の「国立西洋美術館」と「カップ・マルタンの休暇小屋」が含まれている。いつか滅びるであろう「もの」としての命をレプリカで再現することは難しい。ましてや、その意味を数字に置き換えるのに、いささかの戸惑いを感じるが、ビス1本から再現しているものつくり大学のレプリカは本物を1とすると、少なくとも0.5の価値はある、と私は考えている。たとえレプリカであろうと、より忠実に再現された建築の内部空間に長時間身を置くことが少なからず気づきを与えてくれるからである。

2018年9月に再調査のため現地を訪れたが、世界文化遺産登録後、休暇小屋はさらに厳しい管理下に置かれていた。以前の調査の時は敷地内に自由に入ることができたが、そのときすでに門扉で閉ざされ、キュレーターの案内のもとに小屋内部での滞在時間は5分もなく、窓辺に近寄ることも許されない状況となっていた。今後、どうなるか分からないが、残念ながら、現地にレプリカでもつくらないかぎりは長時間の滞在は難しいだろう。しかし、それでも現地を訪ねる意味はおおいにある。建築はその場所に多くを負っているからである。眼前に広がる地中海と、背後の山などの自然環境またロク・ブリュヌ村という歴史的景観があり、村の共同墓地にはコルビュジエが妻イヴォンヌとともに眠っている。この三位一体の環境は、現地に足を運んでこそ感得できるものである。

拙著は現代の情報化社会にあってなお、改めて現地に赴いて実測し、コツコツと手足を動かした実践の記録である。その地道な活動の一端が伝われば、幸甚である。そして本当に小さな小屋ではあるが、コルビュジエ自身が終生愛したキャバノン、「素のコルビュジエのいた場所」として彼の残したほかの16の建築遺産とは一味も二味も違うこの小屋にこめられたメッセージを少しでも汲み取り、単なる機能主義者ではない近代建築の巨匠としてのル・コルビュジエを改めて見直す機会になれば望外の喜びである。

本プロジェクトを発意してからレプリカ建設を通してこのたびの図面作成に至るまで、右頁に示すとおり、ものつくり大学の学生諸君をはじめ多くの御支援をいただいた。ここに改めて関係者各位に感謝の意を表したい。特にレプリカ完成の立役者、八代克彦教授の行動力にはただ脱帽するばかりである。最後に、私たちの提案「世界を変えたモノに学ぶ / 原寸プロジェクト」を受け入れ応援を惜しまなかった、今は亡きものつくり大学神本武征元学長に本書を捧げる。

全体編集構成

ものつくり大学 技能工芸学部 教員
藤原成曉（建設学科教授）
八代克彦（建設学科教授）

図面編集作成

ものつくり大学 技能工芸学部 建設学科 学生（当時）
上竹悠太（建設学科4年・藤原研究室）
大川結花（建設学科3〜4年・八代研究室）
竹田弥生（建設学科3〜4年・八代研究室）
秦 彩乃（建設学科4年・藤原研究室）
茂﨑凌子（建設学科4年・藤原研究室）

世界を変えたモノに学ぶ／原寸プロジェクト実行委員会
（※は現地調査参加者）（五十音順）

ものつくり大学教員（当時）
赤松 明（教授）※
市川茂樹（教授）
朽木 宏（客員教授）※
坂口 昇（教授）
佐々木昌孝（講師）
日向輝彦（教授）
藤原成曉（教授）※
細田保弘（教授）
町田清之（教務職員）※
松本宏行（准教授）
八代克彦（教授・実行委員長）※
横山晋一（准教授）※

協力
株式会社 生川工務店
クチキ建築設計事務所
野田真紅（パリ在住）※
株式会社 浦野建具
森美術館
株式会社 緑栄

現地調査・制作
ものつくり大学学生（当時）
阿部祥吾（建設学科4年・八代研究室）
井上雄介（建設学科4年・土居研究室）※
栗田 徹（建設学科4年・佐々木研究室）
池田竜彦（建設学科院2年・藤原研究室）※
梅津さとみ（建設学科4年・八代研究室）※
加藤 遥（建設学科4年・八代研究室）
近藤彰太（建設学科4年・赤松研究室）
齋藤弘樹（製造学科4年・市川研究室）
鈴木尭幸（製造学科4年・細田研究室）
中鉢勝也（建設学科4年・藤原研究室）
田中 亮（建設学科4年・八代研究室）※
豊田航平（製造学科4年・細田研究室）※
八久保裕文（建設学科4年・横山研究室）
船山浩司（建設学科院2年・藤原研究室）※
安田志信（建設学科4年・横山研究室）
山本賢人（建設学科4年・八代研究室）※
宮本 哲（建設学科院1年・藤原研究室）※
吉田 翔（建設学科4年・佐々木研究室）
渡辺薫恵（建設学科4年・赤松研究室）※

図面参考資料作成

ものつくり大学 技能工芸学部 建設学科 学生（当時）
大山加那子（建設学科4年・八代研究室）
小野田亜希（建設学科4年・八代研究室）
日向野 凌（藤原研究室4年）

マルセイユのユニテ・ダビタシオンにて　2011.2

図解
世界遺産ル・コルビュジエの小屋ができるまで

2023年3月2日　初版第1刷発行

著者　藤原成曉　八代克彦

発行者　澤井聖一

発行所　株式会社エクスナレッジ
〒106-0032
東京都港区六本木7-2-26
https://www.xknowledge.co.jp/

問合せ先

編集　Tel. 03-3403-1381
Fax 03-3403-1345
info@xknowledge.co.jp

販売　Tel. 03-3403-1321
Fax 03-3403-1829